SCORPIO

Grigor Nussbaumer

WOZU BIST DU DA?

Die 7 Schritte zu Ihrer wahren Berufung

SCORPIO

Dieses Buch enthält Links zu externen Webseiten Dritter, auf deren Inhalte der Scorpio Verlag keinen Einfluss hat. Deshalb können wir für diese fremden Inhalte auch keine Haftung übernehmen. Für die Inhalte der verlinkten Seiten ist stets der jeweilige Anbieter oder Betreiber der Seiten verantwortlich. Die verlinkten Seiten wurden zum Zeitpunkt der Verlinkung auf mögliche Rechtsverstöße überprüft, rechtswidrige Inhalte waren nicht erkennbar. Bei Bekanntwerden von Rechtsverletzungen werden wir derartige Links umgehend entfernen.

FSC
www.fsc.org
MIX
Papier aus verantwortungsvollen Quellen
FSC® C014496

Umschlaggestaltung und Motiv:
Hauptmann & Kompanie Werbeagentur, Zürich
Layout und Satz: BuchHaus Robert Gigler, München
Druck und Bindung: GGP Media GmbH, Pößneck
ISBN 978-3-95803-071-8

www.scorpio-verlag.de

INHALT

EINFÜHRUNG

DAS SCHLIMMSTE GEFÜHL

Ich schreibe dieses Buch nicht für Menschen, die die meiste Zeit wie in Trance vor sich hinleben. Die sich eine Scheinwelt aufgebaut und sich darin zurückgezogen haben, ohne echten Kontakt sowohl mit der Realität als auch mit sich selbst. Menschen, deren Alltag angefüllt ist mit unhinterfragten Gewohnheiten, und deren offene Augen nur darüber hinwegtäuschen, dass sie sich in einem dauerhaften Schlafzustand befinden. Nein, diese Menschen meine ich nicht.

Man erkennt sie zum Beispiel daran, dass sie sich am Morgen bereits auf den Feierabend freuen, am Montag auf den Freitag hinfiebern und ihr Renteneintrittsalter wie ein Ziel vor Augen haben. Vielleicht reisen sie auch möglichst jedes Jahr an denselben Ferienort, wo sie sich auskennen und auf diese Weise erholen können.

Ihre Motivation für eine Reise basiert nicht auf Neugier und Offenheit, sondern auf dem Bedürfnis, sich abzukapseln und Ruhe zu haben. Anders, so glauben sie, können sie sich nicht von den Strapazen der Arbeit erholen.

Wahrscheinlich kennen auch Sie solche Menschen. Ob im Urlaub oder in der Freizeit – sie müssen ständig irgendetwas tun. Sie scheinen vollkommen unfähig zu sein, für ein paar Minuten die Seele baumeln zu lassen.

Vielmehr sehen sie täglich stundenlang fern, wischen auf ihrem Smartphone oder ihrem Tablet herum, surfen im Internet oder schicken sich Nachrichten über die sozialen Medien.

Ohne ihre Fernsehserie glauben sie nicht mehr leben zu können, und oft erscheint ihnen ihr eigenes Leben einfach zu trüb, zu fad, zu langweilig.

Ihr Handy ist immer an. Und wenn sie gerade mal kein Netz haben, werden sie nervös, denn sie möchten minütlich ihre SMS checken.

Hat ihnen jemand eine Nachricht über WhatsApp geschickt? Was tut sich auf der Facebookseite? Es wirkt, als hätten sie Angst, etwas zu verpassen.

Manche von ihnen kümmern sich auch den ganzen Tag ständig um die Kinder, wobei es permanent nur um die Bedürfnisse der Kleinen geht. Andere wiederum stellen das Wohl ihrer Tiere vollkommen in den Mittelpunkt ihres Lebens. Auf diese Weise sind auch sie abgelenkt von ihren eigenen Bedürfnissen. Und um nur ja nichts fühlen und spüren zu müssen, vernebeln einige Menschen ihre Welt mit Alkohol oder sonstigen legalen und illegalen Drogen. Manche sind von Nahrungsmitteln abhängig, weil sie versuchen, mit Koffein oder Zucker ganz bestimmte Gefühle zu erzeugen. Oder sie zerstreuen sich mit Glücks- oder Computerspielen, bis sie es kaum mehr erwarten können, sich das nächste, leicht erreichbare Erfolgserlebnis als kleinen Kick im Hirn zu verpassen: Level completed!

Andere wiederum rennen fast täglich ins Fitnessstudio oder gehen laufen. Und das nicht, weil sie Freude am Sport hätten, sondern weil sie meinen, ohne einen durchtrainierten Körper unattraktiv zu sein. Dabei fühlen sie sich dann nicht einmal wohl in ihrem gestählten, geformten und täglich gewogenen Körper. Was sie nicht davon abhält, ständig das Verhalten und Aussehen anderer Menschen zu verurteilen – vielmehr hilft ihnen das, sich selbst etwas besser zu fühlen. Trotzdem verkleiden und schminken sich viele von ihnen allmorgendlich übermäßig, als würden sie sich für ihr wahres Aussehen schämen.

Überhaupt vergleichen sich diese Menschen permanent mit anderen. Die Ursache hierfür ist ein Gefühl der Minderwertigkeit – und der Effekt davon ist nichts anderes. Die ewigen Vergleiche helfen einfach nicht aus dieser Falle heraus. Viele Menschen glauben aus dem gleichen Minderwertigkeitsgefühl heraus, nur mit einem Lebenspartner glücklich sein zu können – nämlich mit dem, den sie gerade haben. Darum halten sie an ihm fest, auch wenn sie sich gar nicht glücklich fühlen. Um ihren Partner an sich zu binden, passen sie sich an und begeben sich in eine emotionale Abhängigkeit von ihm.

Kurzfristig kann man die eigene innere Not auch durch den Erwerb von Gegenständen lindern. Wenn man ein teures Auto besitzt, ein repräsentatives Haus bewohnt, Schmuck, Markenkleidung, hochwertige elektronische Geräte oder andere Konsumgüter um sich herum hat, dann ist es für viele Menschen so, als würde dieser Wert auf sie selbst abfärben. So sind sie auch für Werbung, Propaganda und politische Botschaften empfänglich. Sie sind manipulierbar, finden Meinungen anderer unreflektiert gut oder schlecht und richten ihr Leben danach aus. Regeln, Anweisungen und Vorgaben in ihrer Familie, in der Gesellschaft oder am Arbeitsplatz hinterfragen sie nicht mehr, sondern passen sich an, fügen sich in ihr »Milieu« ein.

Diese Menschen, um die es mir hier gar nicht geht, arbeiten im Endeffekt dafür, dass andere ihre Ziele erreichen. Dabei vergessen sie mit der Zeit ihre eigenen Visionen, Vorstellungen und Ziele vollkommen. Sie haben ständig das Gefühl, etwas leisten zu müssen, um sich geliebt und anerkannt zu fühlen. Ansonsten treibt sie die Sorge um die Zukunft um, sie haben Angst vor sozialem Abstieg, Angst um ihren Arbeitsplatz, Angst vor dem Alter, Angst vor gesellschaftlichen Entwicklungen. Und diese Sorgen beherrschen ihre Gedanken manchmal vollkommen. Früher war alles besser, denken sie vielleicht, und dann wirkt die Vergangenheit auf sie wie ein rettendes Ufer, obwohl sie es niemals erreichen können. Es ist fast so, als würden sie mit dem Blick im Rückspiegel durchs Leben fahren und sich wundern, dass sie immer wieder die nächste Kurve verpassen. Aber zumindest hilft das Schwelgen in der Vergangenheit dabei, die Gegenwart nicht aktiv gestalten zu müssen. Sie sehen sich vor allem als Opfer der Umstände und suchen darum häufig, wenn nicht gar ständig nach den Schuldigen, den Tätern in ihrem Leben.

Nun, für diese Menschen schreibe ich jedoch nicht.

Ich schreibe – für Sie! Denn um niemand anderen geht es mir hier.

Es geht um Sie!

Wenn Sie zu sich selbst, zu den anderen, zu Ihren Tätigkeiten oder den Sachen um Sie herum kein natürliches, entspanntes Verhältnis haben, wenn Sie die Realität aus Ihrem Leben unbewusst herausgedrängt haben und sich in Ihre Alltags-Trance zurückgezogen haben, dann werden Sie sich in der Beschreibung dieser Menschen an irgendeiner Stelle wiedererkannt haben.

War es nur an einer Stelle? Oder vielleicht an mehreren? Seien Sie ehrlich zu sich selbst!

Genau hier ist Ihre Chance. Nur wenn Sie sich Ihrer aktuellen Situation bewusst werden, können Sie aus Ihrer Trance, in der Sie vielleicht schon fast Ihr ganzes bisheriges Leben verbringen, aufwachen. Und nur wenn Sie aufwachen, können Sie etwas verändern und Ihr Leben in die eigene Hand nehmen. Lesen Sie noch einmal den Anfang des Kapitels: Ist es wirklich nur eine Kleinigkeit, bei der Sie sich wiedererkennen? Oder sind es doch mehr Punkte, die Sie betreffen?

Morgens aufstehen, Kaffee trinken, zur Arbeit fahren, E-Mails beantworten, Meetings absolvieren, Mittags in der Cafeteria Menü drei wählen, nachmittags an den immer gleichen Problemen herumdokten, abends heimkommen, mit der Tochter Mathe lernen, fernsehen, ins Bett gehen. Morgens aufstehen, Kaffee trinken, zur Arbeit fahren, E-Mails beantworten, Telefonate tätigen, Mittags in der Cafeteria Menü drei wählen, nachmittags an den immer gleichen Problemen herumdoktern, heimkommen, mit der Tochter Englisch lernen, fernsehen, ins Bett gehen.

So könnte Ihre Alltags-Trance ablaufen. Tag für Tag mit kleinen Variationen spulen Sie dasselbe Programm ab. Die Wochenenden mit Ihren Freizeitaktivitäten sind bei Lichte betrachtet nur eine Weiterführung der beruflichen Hyperaktivität auf einem anderen Spielfeld. Das Leben ist eintönig. Aber unter Kontrolle. Ohne Highlights. Aber auch ohne größere Katastrophen.

Natürlich gibt es auch Momente der Freude: Eine Beförderung, ein Konzert, das unter die Haut geht, ein Entwicklungsschritt der Kinder ... Natürlich. Und es gibt unweigerlich Momente der Trauer, des Entsetzens, der Ohnmacht, der Angst oder der Wut, wenn ein Angehöriger stirbt, wenn einem ein Unfall zustößt, ein Unrecht widerfährt oder eine Krankheit einen aus den gewohnten Bahnen wirft. Diese Momente werden aber schnell wieder überlagert vom Alltag. Sie erfüllen Ihre Aufgaben routiniert – ohne Begeisterung, aber auch ohne größeren Widerwillen. In emotionalen Mittelgrautönen. Obwohl Ihr Körper wach ist, sind Sie doch irgendwie bewusstlos.

Und perspektivlos. Irgendetwas stimmt nicht, es ist aber nicht ganz klar, was falsch läuft. Sie wissen auch nicht so recht, in welche Richtung Sie eigentlich wollen. Denn sonst wären Sie ja bereits dorthin unterwegs. Sie sind auch immer irgendwie leicht unzufrieden. Um nicht zu sagen: Ihres Lebens ein wenig überdrüssig. Sie wurschteln sich mehr recht als schlecht durch, aber es kommt nicht wirklich etwas dabei heraus, weder finanziell noch emotional. Immer öfter ertappen Sie sich bei dem Gedanken: Wozu das alles? Eine Stimme in Ihnen sagt vielleicht: »Hier läuft irgendetwas schief.« Oder: »Das ist nicht der Ort, an dem du sein solltest.«

Eines Ihrer wichtigsten Bedürfnisse wird zu dem Wunsch nach Erlösung: Sie möchten endlich aus dieser ewigen »Erschöpfung« herauskommen. Sie fühlen sich ausgelaugt. Nicht mehr richtig auf der Lebensspur. Matt, müde, wie ferngesteuert. Sie wissen ganz genau, dass das Leben auch anders sein könnte. Sie erinnern sich, einmal viel frischer und fröhlicher gewesen zu sein. Aber Sie wissen nicht, wie Sie da wieder hinkommen können.

Gut, ich sage Ihnen, wie das gehen könnte: Als Erstes dürfen Sie nun realisieren, dass das alles um Sie herum gar nicht das wirkliche Leben ist.

Sie schlafen.

Wachen Sie auf!

Wer könnten Sie sein?

Wenn Sie erwachen, wird es sich wie eine Wiedergeburt anfühlen. Als ob Sie Ihr nun duftiges Leben frisch gewaschen und gebügelt erneut anziehen. Bei mir war das jedenfalls so.

Ich war gerade 20 Jahre alt geworden und auf dem besten Weg, mein Leben in den Abgrund zu fahren. Auf diesem Planeten ging es mir einfach nicht gut. Und so wollte ich nur weg. Mein Zufluchtsort lag auf irgendwelchen geistigen Ebenen, zu denen ich mich hinbeamte. Dort fühlte ich mich zu Hause.

Ich konnte immer dort »hinfliegen«, wenn ich das wollte. Dafür musste ich mich lediglich hinlegen. Ich schloss die Augen und verließ meinen Körper innerhalb von Minuten. Diesen Zustand kannte ich nach einiger Zeit so gut, dass er mir realer vorkam als das Leben im Hier und Jetzt. Die Sehnsucht war so groß, dass es mich immer weiter »hinüber« zog. Ich war mir damals sicher, dieses fade Leben nicht mehr lange leben zu müssen. Es machte mir nichts aus, meinem irdischen Körper zu schaden. In meiner Freizeit kiffte ich und trank Alkohol, um mich immer wieder wegzubeamen.

Bei alldem gab es jedoch noch einen anderen Impuls: Eigentlich wollte ich irgendwie die Welt verbessern. Doch dies erschien mir völlig unmöglich. Was sollte ich schon bewegen können? Wenn ich die Ohnmacht fühlte und die Perspektivlosigkeit mich erdrückte, verlosch jeder Funke Hoffnung. Und ich verließ wieder lieber meinen Körper und reiste im Universum herum.

Eines Tages hörte ich von einem Seminar, in dem es um Entspannungstechniken und Meditation ging. Das Thema war mir nicht fremd, ich hatte schon viel über solche Methoden gelesen und einiges im Selbststudium ausprobiert. Dennoch meldete ich mich zu diesem Wochenendtraining an. Warum auch nicht …

Eine ältere Dame führte durch das Seminar. Auch die Teilnehmer waren im Schnitt deutlich älter als ich. Wir lernten uns zu entspannen und innere Reisen anzutreten. Das war ja nun wirklich nichts Neues für mich. Doch dann kamen wir zu einer Meditation, bei der es um das eigene Potenzial ging. Ich saß also da und sollte mir vorstellen, wer ich sein könnte. Ehrlich gesagt, zuerst schwirrten mir vor allem viele Gedanken kreuz und quer durch den Kopf. Entspannen konnte ich mich nur schwer. Doch mit der Zeit gelang es mir: Ich ließ alles Störende los und mein Kopf wurde langsam leer. Immer wieder stellte die Seminarleiterin die Frage: »Wer könntest du sein?«, und ich wiederholte den Satz wie ein Mantra innerlich immer und immer wieder: »Wer könnte ich sein? Wer könnte ich sein?«

Plötzlich war da ein Bild vor meinem inneren Auge: Ich stand und redete. Vor mir saßen Menschen und hörten mir zu. Ich hielt Vorträge. Die Leute hörten mir gebannt zu und waren begeistert. Dann sah ich Bilder, wie ich Menschen in Einzelsitzungen begleitete und sie durch schwierige Lebensphasen lotste.

Was war das? War es das, was ich sein könnte? Es sah so aus, als würde ich als Coach und Seminarleiter arbeiten. Ich war sehr erstaunt über diese Bilder, denn sie wirkten so real auf mich. Obwohl ich eine solche berufliche Zukunft noch niemals im Sinn gehabt hatte. Bis dahin hatte ich keinerlei Pläne oder Vorstellungen davon gehabt, Vorträge zu halten oder Seminare zu leiten. So etwas lag mir völlig fern. Wie sollte ich anderen Leuten helfen können? Ich hatte ja schließlich mehr als genug eigene Probleme zu meistern.

Was aber mein Leben wirklich veränderte, war der Moment, als zu dieser inneren Vision auch noch starke, unbeschreibliche Gefühle dazukamen. Diese Gefühle schienen aus meinem tiefsten Inneren, aus einer mir bis dahin unbekannten Ebene meines Seins zu stammen. Sie überfluteten mein ganzes Wesen mit Fülle, Dankbarkeit und Liebe. Es war wie ein Regen, der sanft alle meine Zweifel wegwusch und mich mit Zuversicht und Hoffnung durchströmte. In diesem Moment wusste ich, dass ich eines Tages genau das tun würde. Es gab keinen negativen Gedanken, kein »Ja, aber«, das diesen wunderbaren Augenblick zerstören konnte.

Plötzlich war ich wach. Ich hatte gar nicht gewusst, dass ich vorher geschlafen hatte, aber es war genau dieses Gefühl des Erwachens: Plötzlich war ich voll da. Plötzlich hatte ich eine Aufgabe. Plötzlich hatte mein Dasein einen Sinn.

Heute weiß ich, dass ich in diesem Moment einen direkten Draht zu meiner Seele und damit zu meiner Bestimmung gehabt habe. Diese Meditation rettete wahrscheinlich mein Leben und dafür bin ich sehr dankbar. Später wurde mir zudem klar, dass es auch genau der richtige Moment gewesen war. Es war das Aufwachen aus einer Trance, in die ich Jahre zuvor gefallen war. In diesem Moment konnte ich glasklar erkennen, wer ich wirklich war. Ich konnte mich aus meinem Alltagsbewusstsein ausklinken und mich mit einer einfachen, aber sehr wichtigen Frage in eine komplett neue Wahrnehmung meines wahren Wesens katapultieren. Es war, als würde ich ein Fenster in eine andere Dimension öffnen und für einen kurzen Moment eine Zukunftsreise unternehmen. Ich konnte es kaum fassen, eine eigentlich unspektakuläre Meditation und eine einzige gezielte Frage hatten mein Leben um hundertachtzig Grad gedreht.

Ab diesem Moment hörte ich mit dem Rauchen und dem exzessiven Alkoholkonsum auf. Ich stellte meine Ernährung um und wurde Vegetarier. Was zu tun war und was ich lassen musste, war mir völlig klar: Es war meine Bestimmung, Menschen durch Veränderungsprozesse hindurch zu ihrem vollen Potenzial zu führen. Und genau das tue ich heute. Nichts anderes als eine solche Wiedergeburt, ein Aufwachen aus der Alltags-Trance, wünsche ich Ihnen. Der erste Schritt zu Ihrem wahren Wesen ist das Aufwachen!

Egal in welcher Situation Sie sich gerade befinden, während Sie dieses Buch lesen. Egal wie alt Sie sind und was Sie bereits alles in Ihrem Leben erfahren haben: Machen Sie sich zuerst klar, ob und inwiefern Sie sich in einem alltäglichen Schlafzustand befinden, der Ihnen womöglich bisher noch gar nicht bewusst war. Hinterfragen Sie Ihr bisheriges Leben radikal!

Es ist nicht einfach, das Leben, das Sie kannten, als eine Art Scheinwelt zu entlarven, wenn Sie der anderen Seite, der wahren Realität jahre- oder jahrzehntelang den Rücken gekehrt hatten. Sie wissen ja bislang vielleicht noch gar nicht, wie es sich anfühlt, hellwach zu sein.

Doch wenn Sie offen und ehrlich mit sich selbst sind, dann können Sie wie Sherlock Holmes Indizien dafür in Ihrem bisherigen Leben finden, die wahre Realität nach und nach enthüllen und die Spuren Ihrer Lebensaufgabe entdecken. Schließlich werden Sie dann das Geheimnis lüften und den wunderbaren Schatz Ihres vollen Potenzials entdecken und heben.

Ungefühlt

Gut, aber wie konnte es überhaupt so weit kommen, dass ich und vermutlich auch Sie und die meisten von uns »eingeschlafen« sind? Wie kam es dazu, dass Sie sich von Ihrem wahren

Wesen, Ihrem echten Leben und Ihrer Berufung entfernt haben und in eine Alltags-Trance abgeglitten sind?

Ich habe hierfür eine Antwort für Sie gefunden, die Sie vielleicht erstaunen mag.

Wie wir wissen, erleiden viele Menschen Traumata. Für mich war der frühe Tod meines Vaters solch ein einschneidendes Erlebnis, das mich geprägt hat. Damals war ich sieben Jahre alt. Doch als ich mir das alles Jahre später genauer angeschaut habe, wurde mir klar, dass es das Ereignis selbst gar nicht war. Die Geschichte der Entfremdung von mir selbst hatte schon viel früher begonnen. Und dasselbe fand ich später auch bei vielen anderen Menschen heraus. Es sind meistens nicht die Traumata, die uns von uns selbst entfremden, es beginnt früher, nicht so dramatisch, aber dafür viel grundsätzlicher …

Wenn wir in diese Welt inkarnieren – also nach der Zeugung, aber noch vor der Geburt – sind wir in erster Linie fühlende Geschöpfte. Am Anfang unseres Lebens ist unser mentales Wesen noch kaum entwickelt, wir verfügen noch nicht über eine kognitive Struktur, das heißt, wir können nicht verstehen, wir können nicht reflektieren, wir können nichts entscheiden, bewerten oder irgendwie mental verarbeiten. Damals fühlten Sie einfach nur. Ihre Sinne waren vor allem auf das Wichtigste in Ihrem Leben ausgerichtet: Sie überprüften fühlend ständig die Verbindung mit Ihren Eltern, zu Beginn insbesondere die Verbindung zur Mutter. Und da Sie vor allem ein emotionales Wesen waren, konnten Sie das nur überprüfen, indem Sie fühlten, ob Sie gefühlt werden – das heißt, ob Ihre Mutter Sie wahrnahm.

Hier liegt der Schlüssel: Solange ein Ungeborenes oder ein Kleinkind gefühlt und wahrgenommen wird, ist es sicher, dass die lebenswichtige Verbindung da ist. Dabei geht es überhaupt nicht darum, ob Sie geliebt worden sind oder nicht. Es geht darum, ob Sie gefühlt haben, dass Ihre Eltern Sie gefühlt haben.

Ich höre in meiner Praxis ständig folgende Erklärung, weshalb ein Mensch Probleme haben könnte: »Wissen Sie, das ist eben so, weil sie als Kind nicht genug geliebt worden ist.« Sogar Psychologen und Therapeuten stimmen in diesen Chor mit ein. Ich halte das aber für eine moderne Legende, eine Scheinerklärung mit versteckter Schuldzuweisung.

Woran ließe sich denn auch messen, ob Sie zu wenig oder ausreichend geliebt worden sind? Was ist die Maßeinheit für die elterliche Liebe? Wann ist es genug? Wann ist es zu wenig?

Oder überprüfen Sie Ihre eigene Wahrnehmung: Haben Sie ein Gefühl dafür, wie viel Sie geliebt worden sind? Ausreichend? Oder gar zu viel? Und was sagen die Eltern dazu? – Ich habe tatsächlich viele Eltern persönlich gefragt – noch niemand konnte mir jemals bestätigen, die eigenen Kinder zu wenig geliebt zu haben. Im Gegenteil. Die meisten Eltern versichern glaubhaft, dass sie ihre ganze Liebe und Zuneigung den Kindern gewidmet hätten. Viele haben sich regelrecht aufgeopfert und haben für ihre Kinder buchstäblich alles gegeben. Sie fühlen sich zu Unrecht verurteilt, wenn man ihnen vorwirft, sie hätten ihrem Kind geschadet, weil sie ihm ihre Liebe vorenthalten hätten.

Als emotionales Wesen kurz nach Ihrer Inkarnation im Mutterleib konnten Sie den Gehalt der Gefühle, die Ihre Eltern für Sie haben, überhaupt noch nicht interpretieren, bewerten oder einschätzen. Deshalb ging es für Sie damals nicht darum, genügend Liebe zu bekommen, sondern einzig um das Gefühl, wahrgenommen zu werden. In den ersten Jahren Ihres Lebens konnten Sie lediglich überprüfen, *ob* es eine emotionale Verbindung von Herz zu Herz zwischen Ihren Eltern und Ihnen gibt. Konnten Sie das fühlen, dann war alles gut. Dann stellte sich bei Ihnen das Gefühl von Verbundenheit ein, Sie hatten die innere Sicherheit: Ich bin gut, so wie ich bin.

Es kann aber sein, dass es Ihnen so ging wie mir und vielen anderen Menschen, die ich in den letzten Jahren erlebt habe.

Wenn Sie auf die Welt gekommen sind und nicht als das Wesen erkannt wurden, das Sie wirklich sind. Wenn Ihr Herz offen war, in die Welt horchte und auf Widerhall hoffte und da kam nichts zurück … weil Sie von Ihren Eltern nicht gefühlt werden konnten. Weil Ihre Eltern womöglich selbst nicht gefühlt worden sind und darum selbst nicht wissen, wer sie eigentlich sind. Und sie sich selbst nicht spüren, wodurch sie in einer Art Trancezustand leben. Natürlich sind sie dann gar nicht fähig, Sie als fühlendes Wesen zu erkennen und zu fühlen.

Selbst wenn sie Ihnen noch so viel Zuwendung und Aufmerksamkeit und Liebe schenken: Im innersten Kern Ihres Wesens blieben Sie unerkannt.

Was passiert dann?

Stellen Sie sich bildlich zwei Herzen vor. Auf der einen Seite das Herz des Kindes – offen, neugierig, fühlend, noch völlig ohne Schutzschalen. Auf der anderen Seite das Herz der Mutter oder des Vaters, umgeben mit Schutzschalen, darum nicht mehr offen und unfähig zu fühlen.

Für Sie als Kind entstand bei aller Liebe so das Gefühl, nicht wahrgenommen zu werden. In diesem Moment fand die erste

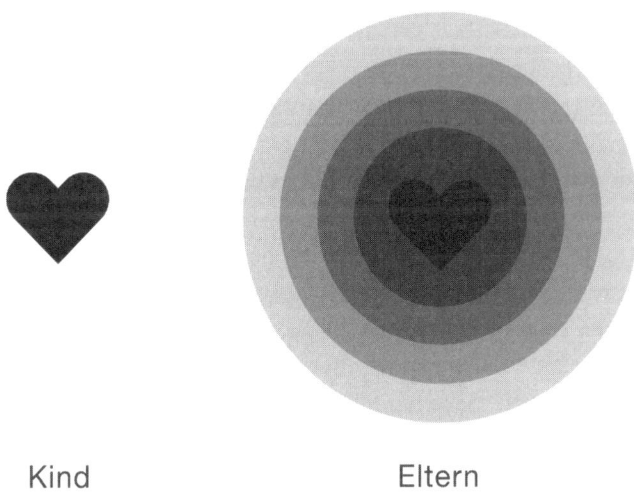

emotionale Verletzung, der Ur-Schmerz, das erste Trauma und damit die Abspaltung von Ihrem spirituellen Ursprung statt.

Ich nehme wahr, dass dieser Schutzpanzer bei vielen Menschen im Laufe des Lebens immer dicker wird. Wie bei einer Zwiebel bilden sich immer mehr Schichten, der Mensch spaltet sich emotional immer mehr von der Realität ab. Jede Schicht steht für eine tiefere Verletzung, für ein Trauma, für eine Schutzstrategie. Denn das Schlimmste für uns, das was wir unbewusst auf jeden Fall vermeiden wollen, ist emotionaler Schmerz. Die Schutzschichten sind eine Überlebensstrategie, sie haben jedoch den Nachteil, dass Sie immer weniger fühlen können, wie zum Beispiel das Wesen Ihres eigenen Kindes.

Fühlen Sie in sich hinein: Das, was Sie sich zutiefst wünschen, ist wahrgenommen zu werden, um sich zu versichern, dass Sie da sind und dass alles in Ordnung ist! Es geht um Ihre tiefe Sehnsucht nach Verbundenheit mit sich, mit den anderen und dem großen Ganzen.

Starker Strom oder Rinnsal?

Stellen Sie sich Ihre Lebensgeschichte wie einen Fluss vor. Direkt nach der Quelle ist der Fluss breit, er fließt schnell und ist energiegeladen. Doch jedes emotionale Trauma, das Sie ungeschützt getroffen hat, wirkt wie ein Stein im Lebensfluss. Jeder Stein im Fluss verringert den Durchfluss, den Flow. Es kommt weniger Wasser durch, der Fluss wird ein klein wenig mehr gestaut. Wenn Sie viele einschneidende Negativerlebnisse erleiden mussten, wird nach und nach aus dem springenden Quell ein spärlich tröpfelndes Rinnsal. Die Lebensenergie ist aufgestaut. Wir sprechen dann von Erschöpfung, Depression oder Burnout. Ihr inkarnierter Seelenanteil, also Ihr Höheres Selbst kann sich dann in der Realität Ihres Lebens nicht mehr ausdrücken. Ich könnte auch sagen: Sie sind dann nicht mehr Sie selbst.

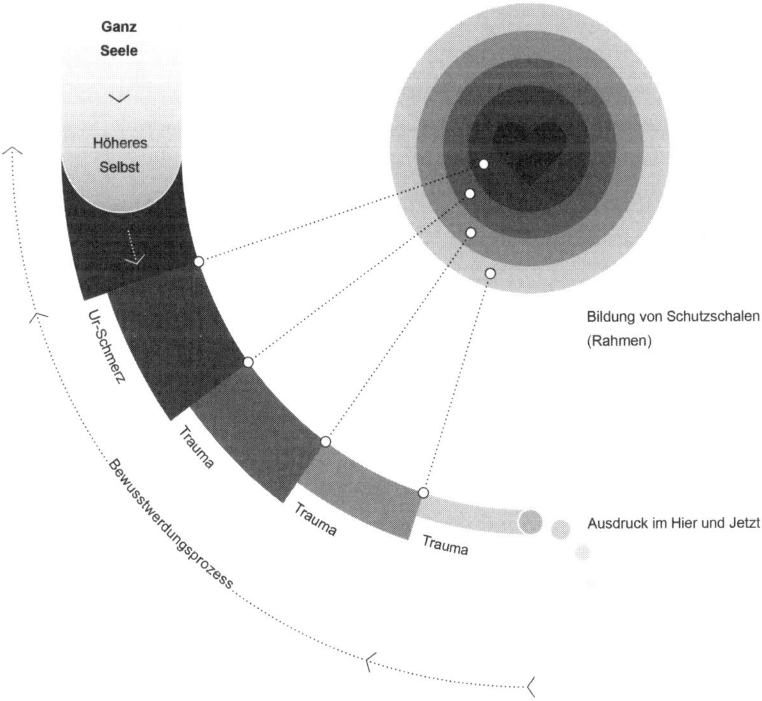

Dass Sie diesen Mechanismus verstehen, ist entscheidend. Zum einen dafür, dass Sie aufhören, irgendjemandem die Schuld zu geben für Ihren gegenwärtigen Zustand. Zum anderen dafür, dass Sie die Chance erkennen, die darin liegt, Ihr ursprüngliches Selbst von den Schutzschalen zu befreien, also sozusagen die Steine aus dem Fluss zu räumen.

Alles begann also damit, dass Sie nicht gefühlt wurden. Und Ihre emotionale Reaktion darauf war das Empfinden: Ich bin nicht o.k.! Das war die erste große Abspaltung.

Doch Sie wollten überleben. Also passten Sie sich an die Situation an. Anstatt sich selbst auszudrücken, übernahmen Sie emotionale Muster von den Eltern, in der Hoffnung, dann gefühlt zu werden. Flapsig könnte ich sagen: Das Kind schrumpft, bis es passt.

Dazu ist es aber erforderlich, sich von den eigenen Gefühlen und Bedürfnissen abzuspalten. Anders gesagt: Um so zu sein wie die Eltern, mussten Sie aufhören, Sie selbst zu sein. Stattdessen entwickelten Sie im Laufe der Zeit bis ins Erwachsenenalter Abwehr- und Überlebensstrategien.

Sie identifizierten sich mit Ihrem Verstand. Oder Sie identifizierten sich mit Emotionen. Oder mit Ihrem Körper. Oder mit Gegenständen und Besitztümern. Oder mit Personen. Das heißt, Sie wurden die Kluge oder der Ängstliche oder der Sportliche oder der Reiche oder die Frau von XYZ – anstatt Sie selbst zu sein. Um das auszuhalten, entwickelten Sie Sucht- und Fluchttendenzen, die Sie in Abhängigkeiten brachten. Vielleicht begannen Sie besonders hart zu sich selbst zu sein oder andere für Ihr Leid zu bestrafen. Und Sie errichteten mit großer Wahrscheinlichkeit innere und äußere Lügengebäude, die sich wie ein Schleier über Ihre Wahrnehmung legten. Mit anderen Worten: Sie entwickelten eine Trance, in die Sie abtauchen konnten.

Das größte Problem dabei ist, dass Sie sich in diesem Zustand von Ihrer eigentlichen Lebensaufgabe abgespalten und damit auch von Ihrer seelischen Quelle, Ihrem Ursprung abgeschnitten haben.

In den vielen Jahren, in denen ich Menschen durch Persönlichkeitsprozesse begleite, ist mir kaum jemand begegnet, dessen Eltern ihn oder sie wirklich gefühlt hätten. Das kann natürlich daran liegen, dass ich vor allem Personen anziehe, die ihr Potenzial noch nicht vollends entfaltet haben. Und in diesen Fällen ist es zu hundert Prozent so, dass diese Menschen von ihren Eltern nicht wahrgenommen wurden.

Durch meine Arbeit habe ich nach vielen Jahren heute eine Antwort gefunden auf die Frage, was das Hauptproblem des Menschen ist. Das Hauptproblem, das so gut wie alle Folgeprobleme nach sich zieht, von Fehlernährung, Drogenkonsum, psychischen Erkrankungen bis hin zu Terrorismus, Krieg und Naturzerstörung. Die Antwort lautet: Abgespaltenheit.

- Abgespaltenheit vom eigenen Körper
- Abgespaltenheit von den eigenen Gefühlen
- Abgespaltenheit von den echten Bedürfnissen
- Abgespaltenheit von den Pflanzen und Tieren
- Abgespaltenheit von den Menschen
- Abgespaltenheit von der Seele
- Abgespaltenheit vom Göttlichen

Nur wer in seinem Inneren
tief verletzt ist,
kann andere verletzen.

Gibt's da keine Abkürzung?

Damit Sie mich an dieser Stelle richtig verstehen: Mir geht es nicht nur darum, einen psychischen Schmerz zu identifizieren und die zugrundeliegende Verletzung zu heilen. Ich schlage hier einen viel umfassenderen Bogen: Es geht neben den Verletzungen im Leben auch um den Einschlafprozess, der bereits im Mutterleib begonnen hat – ein Prozess, der möglicherweise bewirkt hat, dass Sie bereits in einer Form der Bewusstlosigkeit geboren worden und aufgewachsen sind. Was bedeuten würde, dass Ihnen die Verbindung zu Ihrer Berufung bereits von Anfang an verloren gegangen ist. Und wahrscheinlich hat Ihnen bislang auch niemand geholfen, ihr auf die Spur zu kommen. Ja, Sie selbst waren sich dessen womöglich überhaupt nicht bewusst. Stattdessen haben Sie sich im Laufe des Lebens immer weiter von Ihrem Ursprung entfernt, bis Sie plötzlich, vielleicht mit 30 oder 40 oder 50 Jahren, erschrocken merken: Ich habe ja bisher überhaupt nicht mein eigenes Leben gelebt!

Wenn Sie nun damit anfangen wollen, müssen Sie dann an

die Ursachen dieser seelischen Verletzungen herangehen? Natürlich müssen Sie das! Und Sie müssen vor allem die Zeit im Mutterleib, die Geburt und die ersten Jahre danach emotional aufarbeiten.

Immer wieder treffe ich Referenten und Klienten, die mir weismachen wollen, dass es zur Lösung von Problemen in der Persönlichkeit nicht nötig wäre, die Ursachen zu kennen. Es gibt auch Techniken, die suggerieren, dass es vollkommen unwichtig sei, die Ursache für ein Problem zu kennen. Es sei lediglich wichtig, es loszuwerden. Hier bin ich komplett anderer Meinung!

Meine Erfahrung in der Begleitung von Menschen hat mich Folgendes gelehrt: Zuerst benötigen Sie Bewusstsein – danach kommt die Heilung. Ohne sich der Ursachen für Ihre Probleme bewusst zu werden, können Sie sie nicht dauerhaft auflösen. Dies gehört ebenso zu Ihrem spirituellen Pfad und ist Teil des Bewusstwerdungsprozesses, der zu Ihrem wahren Selbst führt. Ansonsten vertagen, verschieben oder verschleiern Sie Ihre Probleme nur. Deshalb sollten Sie im ersten Schritt aus Ihren gewohnten Denkmustern aussteigen und die Beobachterposition einnehmen. Sie müssen Licht ins Dunkel bringen!

Sonst kann es Ihnen wie dem Teilnehmer eines meiner Seminare gehen, der in einer tiefen Meditation erkannt hatte, dass der Ursprung für seine allergischen Atembeschwerden in seelischen Verletzungen lag, die er in seiner Herkunftsfamilie erlitten hatte. Ihm war völlig klar, dass er in seiner Familie einiges zu klären hatte, und er wusste auch, wie er es anpacken könnte.

Doch das ist natürlich nicht so angenehm. Viel angenehmer war das Versprechen eines Heilers, den er nach dem Seminar kennengelernt hatte. Der behauptete nämlich, dass er gar nichts tun müsse, denn er, der Heiler, verfüge über spezielle Fähigkeiten, die ihn heilen würden. Der Teilnehmer erzählte mir nach einigen Wochen, wie froh er sei, dass er sich jetzt doch nicht mit seiner Familiengeschichte auseinandersetzen müsse und der Heiler das für ihn übernehme.

Sie ahnen vielleicht, wie die Geschichte ausging. Ein Jahr später traf ich ihn wieder und er teilte mir mit, dass seine Beschwerden wieder stärker geworden waren!

Der Punkt dabei ist: Sie können die Verantwortung für die Heilung seelischer Wunden nicht abgeben. Und Sie kommen nicht darum herum, sich der Ursachen für Ihre Beschwerden und tiefer liegenden Probleme bewusst zu werden.

Gipfelerlebnisse

Was ich nicht möchte, ist, dass Sie das Buch lesen, dabei einen spirituellen Aha-Effekt erleben, das Buch wieder weglegen und alles so weitermachen wie bisher. Bis Sie wieder einmal ein anderes Buch lesen oder ein Seminar besuchen und erneut einen spirituellen Glücksmoment erleben. Um danach erneut in Ihren ganz normalen, uninspirierten Alltag abzutauchen.

Spirituelle Gipfelerlebnisse sind oftmals spektakulär, weil sie mit starken Emotionen verbunden sind und Einblicke in neue Dimensionen des eigenen Seins geben. Nicht selten erleben unsere Seminarteilnehmer solche kraftvollen Momente der tiefen Einsicht, der Klarheit oder Verbundenheit in unseren Tiefen-Meditationen. Doch eine Garantie dafür gibt es nicht und jeder sollte sie als ein Geschenk betrachten. Viel wichtiger ist, was zwischen Gipfelaufstieg und nachfolgendem Abstieg kommt: Der Entwicklungsprozess, die Integration und damit der Fortschritt im Leben.

Der Aufwacheffekt, den ich Ihnen anbiete, führt dazu, dass Sie etwas in Ihr Leben integrieren, das nicht mehr reversibel ist. Was mit Ihnen dabei geschieht, ist weniger ein Aufstieg und Abstieg, sondern mehr ein Weg auf einer aufsteigenden Spirale: Dabei kommen Sie auf der Kreisebene immer wieder an den scheinbar gleichen Punkten vorbei, aber jedes Mal, wenn Sie den Zyklus erneut durchlaufen, sind Sie auf der Spirale eine Ebene höher. Sie wachsen und entwickeln sich, weil Sie bei jedem Durchlauf, bei jedem »Erwachen« etwas Wertvolles in Ihr Leben integrieren. Mit jedem Durchlauf »schwingen« Sie ein wenig höher, fühlen Sie sich befreiter und erweitern Ihr Bewusstsein für das Verständnis der größeren Zusammenhänge. Es ist, als würden Sie, ähnlich wie bei einer Zwiebel, eine Schale nach der anderen ablegen. Mit jedem Durchlauf kommen Sie Ihrem wahren Wesen, Ihrer Essenz näher! Deshalb nenne ich dies auch den Essensia-Prozess.

Auf welcher Ebene Sie in den Prozess einsteigen, hängt von Ihrem aktuellen Bewusstseinsstand ab. In einer ersten Phase auf dem spirituellen Pfad kann es sein, dass Sie sich einfach entspannen und von der Hektik des Alltags erholen wollen. Wenn Sie jedoch schon länger auf diesem Weg sind, werden Sie mit einer ganz anderen Sicht durch dieses Buch gehen.

Sie durchlaufen dabei auf jeder Kreisebene sieben Schritte:
Die ersten drei Schritte (das Aufwachen, Integrieren und Heilen) widmen sich der sogenannten Schattenarbeit, also mehr der westlichen Tradition der Persönlichkeitsentwicklung. Im Ursprung ist hier sicherlich die Arbeit von C.G. Jung, der ein Schüler von Sigmund Freud war, maßgebend. Der Schatten entspricht dem Verdrängten, den negativen und unterdrückten Aspekten der Persönlichkeit. All das, was in Ihrem Leben nicht sein durfte, zum Beispiel alle unterdrückten Wünsche und Bedürfnisse, aber auch alle als sehr negativ erlebten Momente, die Traumata, schlummern immer noch in Ihrem Unterbewusstsein und beeinflussen Sie tagtäglich. Die ersten drei Schritte helfen Ihnen, sich dieser tiefer liegenden Schichten bewusst zu werden und den Schatten auszuleuchten.

Der vierte Schritt (das Sein) ist wie ein Moment der Leere, das Gefühl der Windstille, des Wendepunktes oder des In-sich-Ruhens. Obwohl sich dabei im Prozess scheinbar nichts zu be-

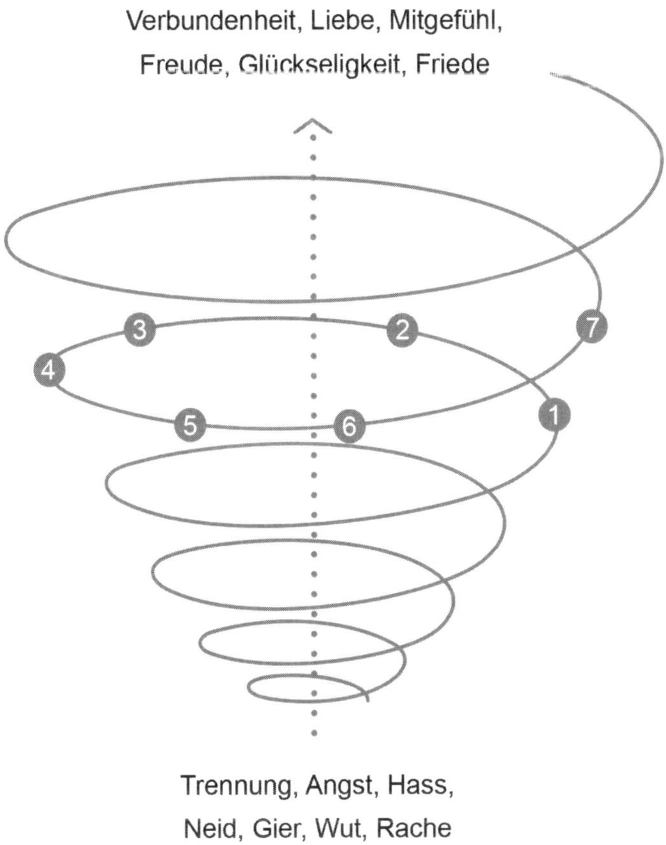

wegen scheint, ist diese Phase wichtig. Sie zeigt, dass Sie als Person auch dann wertvoll und liebenswert sind, wenn Sie nichts tun!

Zudem dient sie als Vorbereitung für die nächsten drei Schritte (das Öffnen, Verbinden, Fokussieren). Sie widmen sich der Lichtarbeit und entsprechen eher den östlichen Weisheitslehren. Bei der Lichtarbeit geht es nicht mehr um das Individuum, sondern um das Kollektive und die Verbundenheit mit allem. Diese drei Schritte unterstützen Sie immer wieder dabei, das Gefühl von Getrenntsein zu überwinden und Ihre Energien auszurichten.

Es ist meine tiefe Überzeugung, dass erst die Kombination aus Schatten- und Lichtarbeit zu einer ganzheitlichen Heilung Ihrer Themen und zum Erkennen Ihres wahren Wesens führt.

Jedes einzelne Aufwachen ist übrigens mit einem emotionalen Glücksmoment verbunden, aber nicht immer ist dieser groß, spektakulär, dramatisch. Was ich meine, lässt sich am einfachsten mit einer kleinen Geschichte verdeutlichen, die mir einer meiner Teilnehmer erzählt hat: Er war nach dem Seminar mit vielen Eindrücken nach Hause gekommen. Unter anderem hatte er die Aufgabe mitgenommen, sich selber immer wieder in die Beobachterposition zu bringen. Das sollte ihm helfen, sein bestehendes Leben besser reflektieren zu können und den ersten Schritt, das Aufwachen, zu üben.

Was diese Beobachterposition ist, das beschreibe ich weiter unten noch ausführlich. Kurz gesagt: Er stellte sich vor, wie er sich selber in seinen Handlungen, in seinen Gesprächen usw. beobachtet. Genau das tat er auch in einer Alltagssituation, die er schon oft erlebt hatte: Sein kleiner Sohn rannte auf ihn zu und schlug ihn mehrfach auf den Unterschenkel.

Er kannte das schon und deutete es als eine Marotte seines Sohnes. Jetzt aber beobachtete er sich genauer und merkte, dass er es als unangenehm empfand, so gehauen zu werden. Außerdem entsprach das überhaupt nicht dem Verhalten, welches er sich von seinem Sohn wünschte. Wie schon so oft spürte er in sich den Drang, seinen Sohn zurechtzuweisen und zu ermahnen. Diesmal aber tat er das nicht, sondern blieb in der Beobachterposition. Er atmete kurz durch, spürte in seinen Körper, verband sich innerlich mit seinen Gefühlen und horchte in sich hinein.

Auf einmal fühlte er sich mit seinem Sohn auf der Gefühlsebene sehr verbunden. Und er stellte sich die alles entscheidende Frage: Um was geht es hier wirklich?

Seine Seele antwortete prompt: Plötzlich fühlte er einen tiefen Schmerz und viel Druck. Dann fragte er sich: Wessen Schmerz und Druck ist das? Schnell war klar, dass es sich um die Gefühle seines Sohnes handelte.

Er kniete sich zu seinem Sohn hinunter und nahm ihn in den Arm. Dann fragte er ihn, was ihn so schmerze und unter Druck setze. Der Sohn begann zu weinen und erzählte ihm, dass sein großer Bruder ihn immer wieder plage. Es stellte sich heraus, dass nach solchen Vorfällen der Kleine zum Vater rannte und seinen Stress abbaute, indem er ihn gegen das Bein schlug. Er hatte einfach keine andere Möglichkeit, sich seinem Vater mitzuteilen. In diesem Moment schossen dem Vater die Tränen in die Augen, weil er realisierte, dass er seinen Sohn während der ganzen Zeit nicht gefühlt hatte. Es war das erste Mal, dass er von Herz zu Herz den Schmerz seines Sohnes fühlen konnte. Und wenn ich diese Zeilen schreibe, berührt mich die Geschichte immer noch zutiefst. Denn sie zeigt, worum es wirklich geht: Wahrgenommen und gefühlt zu werden.

Sie können sicher sein, dass die Beziehung dieses Vaters zu seinem Sohn hinterher eine andere war als zuvor. Er hatte in den Seminaren den Bewusstwerdungsprozess angestoßen und dadurch wurden ihm viele Zusammenhänge in seinem Leben klar. In der Beziehung zu seinem Sohn setzte sich dieser Prozess fort, in dem er erneut aufwachen und mehr Klarheit in das Verhältnis zu seinem Sohn bringen durfte. Das Aufwachen war irreversibel, die neue, tiefe Verbindung zum Sohn war ins Leben integriert, die Spirale war eine Umdrehung weitergedreht und er befand sich nun eine Ebene höher.

Welches Thema nehmen Sie mit?

In diesem Buch gehe ich mit Ihnen einmal durch die sieben Schritte.

Welches Thema in Ihrem Leben Sie dabei bearbeiten, ist ganz Ihre Sache. Vielleicht ist Ihr aktuelles Thema, dass Sie und Ihre Bedürfnisse in Ihrer Beziehung nicht wirklich wahrgenommen werden. Oder vielleicht ist Ihr Thema, dass Sie ständig zu wenig Geld haben. Vielleicht fühlen Sie sich nicht wertgeschätzt von Ihrem Vorgesetzten. Oder es geht um ein Thema, das Sie mit Ihren Kindern haben oder mit Ihren Eltern.Vielleicht geht es um Zukunftsängste, Existenzängste, vielleicht um ein körperliches Thema, wie Gesundheit, Schmerzen, vielleicht steht eine Operation an. Möglicherweise haben Sie Schwierigkeiten mit Kollegen auf der Arbeit. Oder Sie haben eine Prüfungssituation vor Augen. Eventuell geht es auch um Sexualität. Oder um Stress. Um Distanz und Nähe. Um Erschöpfung. Es kann alles Mögliche sein.

Die beste Hilfe bei der Auswahl »Ihres Themas«, das Sie beim Lesen des Buches mitnehmen können, stellt das »Lebensrad« dar.

Mit diesem Konzept können Sie für einen Moment Ihr Leben aus der Vogelperspektive betrachten. Nehmen Sie sich circa 30 Minuten Zeit für sich und schauen Sie, dass Sie in dieser Zeit nicht gestört werden können. Setzen Sie sich bequem hin und entspannen Sie sich. Schließen Sie Ihre Augen. Achten Sie nun auf Ihren Atem, wie er kommt und geht. Tun Sie dies ruhig für ein oder zwei Minuten. Gehen Sie innerlich die auf dem Lebensrad aufgeführten Bereiche kurz durch.

Öffnen Sie nun Ihre Augen und schätzen Sie Ihre aktuelle (nicht die gewünschte) Zufriedenheit auf dem Lebensrad ein:

0 = sehr unzufrieden
5 = mittelmäßig zufrieden
10 = sehr zufrieden, dieser Lebensbereich ist erfüllt

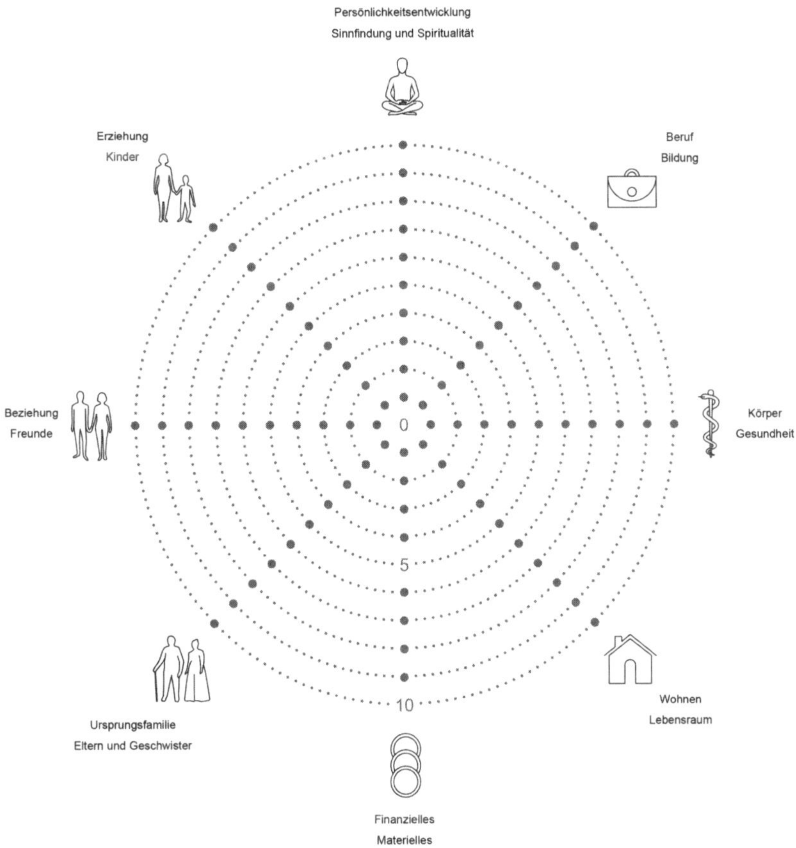

Machen Sie hierzu auf der Achse des jeweiligen Lebensbereiches eine Markierung, zum Beispiel einen Punkt. Wichtig: Eine 10 bedeutet, dass dieser Lebensbereich erfüllt ist und nicht, dass Sie in Ekstase sind! Je nachdem, was für ein Typ Mensch Sie sind, neigen Sie vielleicht zu tiefen Bewertungen, da Sie glauben, eine 10 wäre unerreichbar.

Hinweis: Wenn Sie selber keine Kinder haben, dann können Sie den Lebensbereich »Erziehung/Kinder« trotzdem bewerten, denn Sie können ja definieren, ob Sie auch ohne Kinder zufrieden oder unzufrieden sind.

Sie können auch pro Lebensbereich mehrere Punkte setzen. So kann es sein, dass Sie zu Ihren Eltern ganz unterschiedliche Beziehungen führen. Den Vater ordnen Sie zum Beispiel bei einer 4 ein, die Mutter jedoch bei einer 8. Beschriften Sie dazu die Punkte, damit Sie nachher noch wissen, welcher Punkt für was steht.

Wenn Sie alle Lebensbereiche ehrlich (!) bewertet haben, verbinden Sie alle Punkte miteinander. Wenn es in einem Lebensbereich, wie oben beschrieben, zwei Bewertungen gibt, dann verbinden Sie auch beide Punkte mit den nächsten Lebensbereichen.

Das könnte dann zum Beispiel so aussehen:

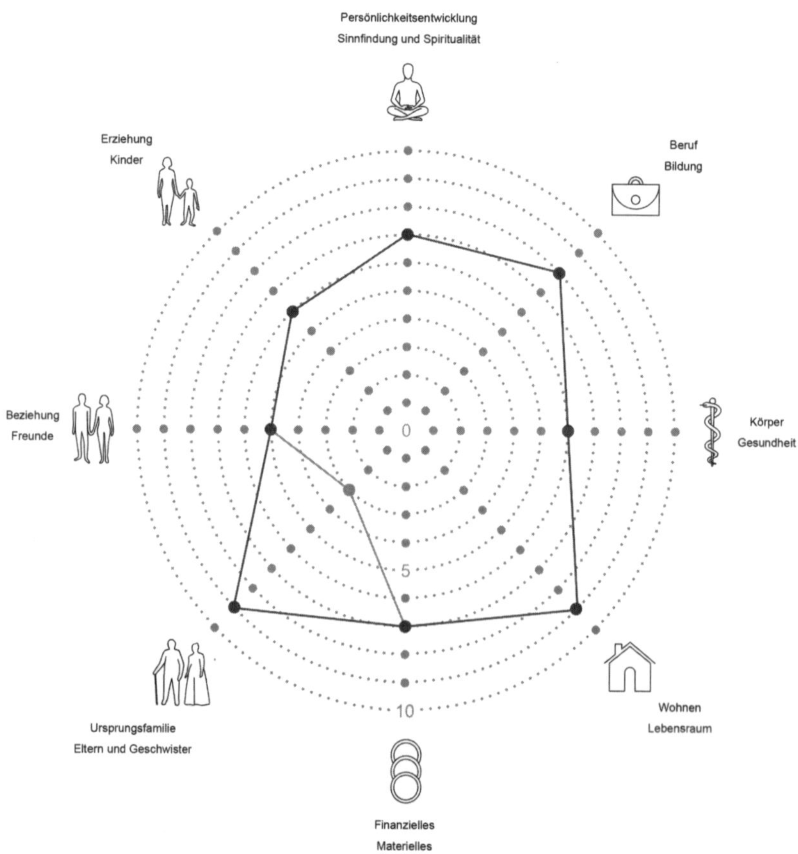

Und was können Sie an diesem Lebensrad erkennen?

- Es ist kein Rad, sondern ein unregelmäßiges Achteck: Das heißt, dass dieser Mensch wahrscheinlich unausgeglichen ist.
- Die Werte für Beziehung, Erziehung und Körper sind relativ tief: Wahrscheinlich sind größere Probleme in der Beziehung zu finden, die auch mit der Erziehung der Kinder zusammenhängen. Diese Probleme scheinen bereits Auswirkungen auf den Körper zu haben.
- Die anderen Werte sind im grünen Bereich: Bei dieser Person würde es keinen Sinn machen, bei den Lebensbereichen anzusetzen, wo sie sowieso schon gute Werte hat. Würde man hier Veränderungen anstreben, wären die Auswirkungen auf das Wohlbefinden gering.

Füllen Sie nun Ihr eigenes Lebensrad aus. Und stellen Sie sich anschließend folgende Fragen:

1. Wie sieht das Gesamtbild meines Lebensrades aus?
2. Welche Bereiche sind für mich aktuell in Ordnung?
3. Welcher Bereich belastet mich momentan am stärksten?
4. In welchen Bereichen muss sich etwas verändern?
5. Was wünsche ich mir in den einzelnen Lebensbereichen?

Derjenige Bereich, der Sie derzeit am stärksten belastet, birgt für Sie mit hoher Wahrscheinlichkeit ein ganz konkretes Thema, das sich für Sie lohnen würde beim weiteren Lesen mitzunehmen. Dort winken Ihnen die schnellsten Erfolge, um mehr Balance in Ihr Leben zu bringen. Behalten Sie jetzt dieses Thema während des Lesens im Hinterkopf.

Haben Sie's?

PS: Bitte gehen Sie jetzt auf die Seite www.grigor.live/wozu und tragen Sie sich mit Ihrer E-Mail in den kostenlosen Buchverteiler ein. So erhalten Sie regelmäßig weitere und spannende Impulse zum Buch.

Schritt 1: AUFWACHEN

Werden Sie zum Beobachter.
Worum geht es wirklich?

Zunächst konzentrieren Sie sich nicht auf Ihr ausgewähltes Thema, sondern für den Anfang des Weges treten Sie mit mir einen Schritt zurück und stellen sich folgende Situation vor: Sie haben einen Unfall gehabt und sind nun dauerhaft behindert. Ihre Hände sind so beeinträchtigt, dass Sie Ihren Beruf nicht mehr ausüben können – ein Schock. Wenn Sie einen solchen Schock erleben, ist Ihr Leben in seinen Grundfesten erschüttert. Auf einmal ist nichts, absolut nichts mehr, wie es vorher war.

Und nun? Was passiert jetzt?

Ihre Prioritäten verschieben sich komplett. Die täglichen Aufgaben, denen Sie sonst so eifrig nachgegangen sind, die Dinge, die Ihnen wichtig waren und die Ihnen Freude und Erfüllung gebracht haben – all das erscheint auf einmal völlig nebensächlich. Ihre Wahrnehmung verengt sich zu einer Art Tunnelblick, und die Außenwelt verschwimmt zunehmend. Es ist eine Phase voller Leid, Enttäuschung, Wut und Trauer. Die Einbahnstraße in die Depression. Es ist möglich, dass Sie immer tiefer darin versinken und nicht mehr herausfinden. Das ist eine reale Gefahr. So ein Schockerlebnis kann aber auch etwas ganz anderes bewirken! Es bietet Ihnen die Chance aufzuwachen, endlich aufzuwachen!

Ja, so brutal sie Sie auch überfallen und quälen und an die Grenzen Ihrer Kräfte führen: Krisen, Schicksalsschläge und

Schockerlebnisse bieten Ihnen die Chance, auf eine neue Bewusstseinsstufe zu gelangen. Sich in der Persönlichkeit weiterzuentwickeln. Aus der Alltagstrance ein Stückchen aufzuwachen. Diese Katastrophen führen Sie in den Abgrund, und zugleich ist es gut möglich, dass Sie sie später in der Rückschau zu den Gipfelerlebnissen Ihres Lebens zählen.

Gipfelerlebnisse können Ihnen auch in ganz anderen Momenten begegnen. Etwa in spirituellen Erlebnissen wie bei Nahtoderfahrungen oder Begegnungen mit Verstorbenen. Oder in überhaupt nicht schmerzhaften, sondern lustvollen und euphorisierenden Momenten. Zum Beispiel in Augenblicken tiefer Naturverbundenheit, wenn Sie nach langem Bibbern doch noch den Berggipfel erreichen oder am Meeresufer stehen – überwältigt von der Weite, die sich vor Ihnen auftut. Oder wenn Sie zum ersten Mal die Marathonstrecke schaffen, nach so vielen vorzeitig abgebrochenen Versuchen. Wenn Sie verliebt sind oder eine kreative Sternstunde erleben …

Das Gemeinsame all dieser Gipfel- und Schockerlebnisse ist, dass sie überraschend kommen, Sie quasi überfallen. Gefühlt sind sie Naturereignisse – wie Lawinen oder Sternschnuppen –, die von außen über Sie hereinbrechen und rein zufällig genau hier zu Ihren Füßen landen. Manchmal kommen sie wie ein Geschenk des Himmels. Manchmal stoßen sie Sie vor den Kopf, denn sie passen gar nicht zu Ihrem bisherigen Lebenskonzept. Im Gegenteil, sie bringen es heftig durcheinander.

Botschaften der Seele

In Wirklichkeit kommen die Ereignisse nicht von außen, sondern von innen. Sie sind Botschaften Ihrer Seele, die Sie daran erinnern, dass Sie nicht Ihr wahres Selbst leben. Dass Sie sich von Ihrer Lebensaufgabe entfernt haben. Kurz gesagt, dass das nicht *Ihr* Weg ist. Das werden Sie nicht immer sofort so verstehen. Im Gegenteil, bei sehr schmerzhaften Erlebnissen ist es ganz natürlich, dass sich zunächst alles in Ihnen dagegen wehrt, darin einen Sinn zu sehen. Und erst recht dagegen, dass darin eine Botschaft aus Ihrem Inneren enthalten ist. Wenn ein fremder Mensch einen Unfall verursacht, der Sie trifft, oder wenn Ihr Partner krank wird und stirbt – das soll etwas mit Ihrem Inneren zu tun haben? Und was soll daran positiv sein?

Aber viele Menschen haben mir berichtet, dass sie auch in solchen zutiefst erschütternden Situationen im ersten Moment schon eine sehr leise innere Stimme gehört haben, die ihnen zuraunte, es habe schon einen Grund, dass das jetzt passierte. Manchmal ist diese Stimme auch schon von Beginn an etwas lauter. Und mit wachsendem Abstand vom Ereignis wird sie dann erst recht immer klarer und vernehmbarer. Egal, ob ein Ereignis, dessen Sinn Sie nicht verstehen, von außen auf Sie zustürzt oder aus Ihnen selbst kommt: Immer ist eine Botschaft Ihrer Seele darin enthalten, die Sie ergründen dürfen. In dem Moment, in dem Sie die Ursache verstehen, werden Sie wacher. Sie kommen Ihrem wahren Selbst näher und fangen an, authentischer zu leben.

Ich habe mit 29 Jahren am eigenen Leib erfahren, welche lebensverändernde Botschaft ein Unglücksfall beinhalten kann. In dieser Zeit war ich noch als Unternehmensberater tätig und hetzte von einem Termin zum anderen. Ich war erfolgreich, aber immer begleitete mich das unterschwellige Gefühl, dass ich meinen wahren Weg im Beruf noch nicht gefunden hatte. Wie Sie inzwischen wissen, hatte ich einige Jahre zuvor die Vision gehabt, Coach und Seminarleiter zu werden. Ich wusste, dass das meine eigentliche Aufgabe war, aber ich hatte es noch nicht geschafft, mein Leben nach dieser Vision auszurichten.

Eines Tages spielte mein Körper dieses Spiel nicht mehr mit. Ich erlitt einen schweren Zusammenbruch und musste mit dem Notarztwagen ins Krankenhaus transportiert werden. Ich war bewusstlos und musste von den Sanitätern versorgt werden.

Unterwegs wachte ich aber auf, nahm alles um mich herum wahr und konnte klar denken. Mein erster Gedanke war: Warum passiert mir das? Worum geht es hier? Ich fühlte Panik und mein Bewusstsein rebellierte gegen das plötzliche Geschehen, das mein Leben bedrohte und alles infrage stellte, was ich geplant hatte.

Dann wurde mir schlagartig klar: Wenn ich so weitermache, überlebe ich die nächsten Jahre nicht! Später kam meine Schwester zu mir, schaute mich an und sagte: »Du hast den Menschen so viel zu geben. Wenn du jetzt nicht nach außen bringst, was in dir ist, wirst du todunglücklich.«

Dieser Zusammenbruch leitete tatsächlich das Ende meines Beraterdaseins ein. Einige Zeit später gründete ich mein Institut und begann mit 30 Jahren den Weg zu gehen, den ich zehn Jahre zuvor schon als richtig erkannt hatte. Ich hatte diese Vision nie vergessen, aber ich hatte sie in den Hintergrund gedrängt. Meine Seele hatte mich nun daran erinnert und mich wieder aufgeweckt.

Sie können an dieser Geschichte eine Gefahr ablesen, vor der ich nicht gefeit war. Sie wird auch Ihnen begegnen, wenn Sie in einem Aufwachmoment spüren, dass Sie Ihrem Leben eine andere Richtung geben sollten, und es dennoch nicht tun. Kein Schock, kein Schicksalsschlag ist so groß und nachhaltig, dass er garantiert dauerhaft nachwirkt. Nicht immer werden Sie solche Momente als Chance erkennen und wahrnehmen – und selbst wenn, dann ist die Gefahr groß, dass die Alltagstrance Sie wieder gefangen nimmt.

Eine Bekannte von mir hat nacheinander mehrere Menschen verloren, die ihr sehr nahestanden. Immer wenn das passierte, wachte sie auf und hatte viele Erkenntnisse über ihr Leben. Sie wusste dann, was sie ändern wollte, sie hatte einen sehr klaren Blick auf sich. Aber das blieb nicht so, ihre Klarheit ging nach einiger Zeit immer wieder verloren. Sie hatte zugleich Angst vor dem, was kommen würde. Sie spürte, dass sie ihr Leben hinterfragen musste, scheute aber immer wieder davor zurück. Bis der nächste Schock kam, wieder ein Verlust, und sie wieder neue Erkenntnisse daraus zog. Der richtige Zeitpunkt war bei ihr noch nicht gekommen. Irgendwann besuchte sie einen Einführungskurs bei mir und lernte, sich den Erkenntnissen dauerhaft zu stellen.

Doch warum können oder wollen so viele Menschen die Botschaften ihrer Seele nicht hören? Weil sie Angst haben. Die Botschaften mögen noch so laut und deutlich sein, die Angst vor dem Unbekannten und den damit möglichen Veränderungen in ihrem Leben verführt die Menschen zur Anwendung von Vermeidungsstrategien. Diese Strategien greifen fast immer unbewusst in das Verhalten der Menschen ein und entziehen sich gerade dadurch oft ihrem willentlichen Einfluss.

Dabei beobachte ich immer wieder eine Reihe von typischen Verhaltensmustern. Kommen Ihnen diese Muster ganz oder in Teilen bekannt vor?

1. **Rationalisieren:** Sie identifizieren sich mit Ihrem eigenen Verstand und den Gedanken (Ego). Sie zerschneiden Gefühle mit Ihrem Intellekt, Sie kommentieren und hinterfragen alles. Sie glauben, dass Wissen das Wichtigste ist und verstecken sich hinter Titeln und Diplomen.
2. **Kontrollieren:** Sie versuchen alles zu kontrollieren und nichts dem Zufall zu überlassen. Spontanität und Neues fürchten Sie, weil diese zu unkontrollierbaren Gefühlen führen könnten. Sie versuchen auch, andere Menschen zu dominieren und Macht über diese auszuüben. Lieber verlassen Sie einen Menschen, als von diesem verlassen und damit verletzt zu werden.
3. **Süchte:** Sie flüchten sich in Süchte, um von den eigenen Gefühlen abzulenken: Esssucht, Arbeitssucht, Sportsucht, Internetsucht, Spielsucht, Sexsucht usw. Es genügt nie (Nimmersatt), denn eigentlich versuchen Sie, die innere

Leere zu füllen. Dadurch geraten Sie in immer mehr Abhängigkeiten – ein Teufelskreis!

4. **Lügen:** Sie belügen sich selbst und andere. Sie nutzen allgemein anerkannte Wahrheiten wie »Ich meditiere doch täglich« oder »Ich kümmere mich um alle«, um Ihre wahren Gefühle zu verbergen. Sie verstecken sich hinter einer Maske und reden sich alles schön.
5. **Bestrafung:** Sie machen sich selber und andere runter, da Sie die wahren Verletzungen nicht benennen können. Die eigenen Ansprüche genügen nie und Ihr innerer Antreiber kennt keine Grenzen. Die Messlatte wird immer höher angesetzt und es ist nie gut genug.
6. **Aktionismus:** Sie können den Moment nicht genießen und einfach einmal *sein*. Immer neue Probleme müssen kreiert werden, damit sich wieder etwas verändert und Sie beschäftigt sind. Sie tun Dinge, die keinen Sinn machen (aber man tut ja schließlich was). Sie pilgern von Seminar zu Seminar, von Therapeut zu Therapeut, ohne in die Tiefe zu gehen und sich richtig einzulassen.

Alle diese Strategien führen dazu, dass Sie weiterschlafen und nicht aufwachen!

Besonders verlockend ist es in schwierigen Momenten, auf Heilslösungen zu vertrauen, die suggerieren, Sie müssten den Ursprung Ihrer Probleme nicht ergründen. So wie der Seminarteilnehmer mit den quälenden Atembeschwerden, von dem ich Ihnen bereits erzählt habe. Er kannte das Problem, er kannte die Lösung und zog dennoch zunächst den scheinbar bequemeren Weg vor, nämlich die Probleme von jemandem lösen zu lassen, der ihm die Auseinandersetzung zu ersparen versprach. Wie Sie wissen, ohne Erfolg.

Erst als er ein Jahr später wieder bei uns war, wagte er sich mit unserer Unterstützung an die Herausforderung heran und konnte sich tatsächlich in einer speziellen Meditation von seinen Prägungen aus der Ursprungsfamilie lösen. Nur kurze Zeit später waren seine Atembeschwerden verschwunden!

Nicht immer äußern sich die Probleme so anhaltend massiv und quälend. Andere treten schnell wieder in den Hintergrund und Sie benötigen immer wieder Anstöße, um sich erneut mit den Fragen zu beschäftigen. Diese Anstöße können erneute Schockmomente oder Krisen sein, oder andere positive Gipfelerlebnisse.

Oft aber erzeugen die in den Hintergrund abgetauchten Probleme eine latente Unzufriedenheit. Die innere Stimme ist leise geworden, jedoch nicht verstummt, und erst nach und nach wird sie wieder lauter. Ihnen fallen immer mehr Dinge auf, die Sie unzufrieden machen, und in einem schleichenden Prozess geraten Sie immer mehr in eine Beobachterposition, aus der heraus Sie auf einmal auf sich selbst schauen können.

Es gibt viele Gründe, warum Aufwachmomente nicht dauerhaft nachwirken, wenn Sie sie als solche nicht erkennen. Es kann gut sein, dass Sie das Leben gerade deshalb immer wieder mit neuen Schicksalsschlägen konfrontiert, um Sie erneut aufzuwecken; oder Sie werden durch dauerhafte Unzufriedenheit langsam aufgeweckt. Aber darauf müssen Sie nicht warten. Sie können den Prozess des Aufwachens selbst anstoßen. Sie haben es in der Hand!

Die Brücke zum Ich

Ich kann mir gut vorstellen, was Ihr erster Impuls ist, wenn Sie das Aufwachen selbst, ohne einen schockartigen Auslöser, anstoßen wollen. Sie werden versuchen, das durch gedankliche Anstrengung zu erreichen. Sprich – Sie nehmen es sich vor. Sie machen einen Plan. Das ist völlig nachvollziehbar, denn das ist der Weg, den Sie in Ihrem Leben gelernt haben, um Probleme zu lösen und Ziele zu erreichen. Aber Sie werden schnell merken, dass dieser Weg in diesem Fall nicht zum Ziel führt. Bei

Ihnen nicht, und auch bei anderen Menschen nicht. Es liegt nicht an Ihnen, nicht daran, dass Ihre kognitiven Fähigkeiten nicht ausreichen wurden. Es funktioniert einfach nicht, bei niemandem.

Wenn Sie den Weg aus Ihrer Alltagstrance finden wollen, müssen Sie Ihrer Seele näherkommen. Und der Weg dahin führt durchs Unterbewusste. Dort und nirgendwo anders werden Sie den Schlüssel zum Aufwachen finden. Da kann Ihnen der Verstand, so sehr Sie ihn auch bemühen, erst mal nicht helfen. Im Gegenteil, Sie werden merken, dass er Ihnen ständig im Wege steht. Aber es gibt eine Brücke, die Ihnen den Übergang vom Verstand zur Seele ermöglicht. Sie erfordert jedoch einen anderen Bewusstseinszustand als den, mit dem Sie Ihre Probleme sonst angehen und lösen.

Ja, es klingt vielleicht zunächst fremd und einschüchternd, wenn Sie sich vornehmen sollen, Ihren Bewusstseinszustand zu verändern. Aber keine Sorge, das ist weitaus gewöhnlicher, als es sich zunächst anhört. Sie kennen diesen Zustand längst. Sie sind sogar jeden Tag in diesem Zustand! Sie haben ihn nur noch nicht bewusst wahrgenommen. Zum Beispiel vor dem Einschlafen: Plötzlich verändern sich die Vorgänge in Ihrem Kopf, Ihre Gedanken und Empfindungen werden ruhiger und tiefer. Sie sind nicht mehr wirklich wach, aber Sie schlafen auch noch nicht. Ähnlich ist es beim Aufwachen, oder auch manchmal mitten am Tag, im Tagtraum. In diesen Momenten sind Sie halb wach, halb im Traum, in einem Zwischenraum zwischen diesen beiden Zuständen. Sie spüren den Unterschied und nehmen sich und die Umgebung auf ganz andere Weise wahr: distanzierter und zugleich tiefer und umfassender. Wissen Sie, was da in Ihnen passiert?

Die Hirnforscher haben dafür eine Erklärung. Diese veränderte Wahrnehmung findet nicht nur in Ihrer Empfindung statt, sie lässt sich auch tatsächlich mit einem EEG (Elektroenzephalogramm = grafische Darstellung der Hirnströme) messen. Je nach Wachzustand des Menschen unterscheidet das Gerät Hirnwellen in unterschiedlichen Frequenzen.

Da sind zum einen die *Betawellen*, die sich im normalen Wachzustand während des logischen und bewussten Denkens beobachten lassen. Sie sind oft verknüpft mit Stress, Angst und Unruhe. *Deltawellen* hingegen finden sich vor allem im traumlosen Tiefschlaf. Und zwischen diesen beiden Polen liegen die Wellen, die für das Aufwachen aus der Alltagstrance besonders interessant sind: die *Alpha-* und die *Thetawellen*. Diese kommen in Kontakt miteinander, wenn Sie einschlafen oder aufwachen oder im Tagtraum sind, wenn Sie sich in gelöstem und entspanntem Zustand befinden. Die *Alphawellen* sind dabei die Brücke zwischen Verstand und Seele, nach der Sie eben gesucht haben. Denn nur mit ihrer Hilfe findet das Bewusstsein Zugang zum Unterbewusstsein – also zum Reich der *Thetawellen*, in dem unsere Kreativität und Spiritualität zu Hause sind.

Den Zustand, der Ihnen hilft, in Ihre Seele zu blicken, kennen Sie also sehr gut. Er begegnet Ihnen jeden Morgen und jeden Abend. Das bedeutet aber nicht, dass dies die einzigen Zeitpunkte am Tag sind, an denen Sie eine Chance haben, bewusster zu werden. Sie müssen nicht die richtigen Hirnwellen abends oder morgens abpassen, um den Botschaften Ihrer Seele auf die Spur zu kommen. Die Brückenfunktion lässt sich auch gezielt aktivieren und nutzen: Der klassische Weg dafür ist die Meditation. Mit ihr können Sie die Erfahrung, die Sie aus den Tagtraumerlebnissen kennen, wesentlich verstärken und vertiefen.

Ganz bestimmt haben Sie eine Vorstellung davon, was eine Meditation ist. Am bekanntesten sind Meditationsübungen, die als Entspannungstechniken eingesetzt werden. Vielleicht haben Sie damit auch schon eigene Erfahrungen gemacht, wenn Sie sich von einer inneren Unruhe befreien oder sammeln wollten. Eine Meditation kann aber viel tiefer gehen und viel mehr bewirken. Mit ihrer Hilfe können Sie einschneidende Erfahrungen machen, die Ihrem Leben tatsächlich eine andere Richtung geben. Oder Sie können Zugang erhalten zu prägenden Erlebnissen aus der Vergangenheit, an die Sie sich gar nicht erinnern und deren starker Einfluss auf Ihr Leben Ihnen gar nicht bewusst ist.

Falls Sie bereits mit Meditation in Berührung gekommen sind, dann wahrscheinlich mit der Form, in der Stille zu sitzen und gar nichts zu tun bzw. zu denken. Dies ist aber nur eine von mehreren Formen der Meditation. Im Kapitel »Sein« gehe ich auf das Thema intensiver ein.

Manchmal treffen Sie vielleicht auf den Begriff Hypnose und sehen darin gewisse Parallelen zu den von mir vorgestellten Meditationstechniken. Ich verwende den Begriff nur ungern, weil er leicht mit einer falschen Vorstellung davon assoziiert wird, was in einer Hypnose wirklich geschieht. Durch Hypnoseshows und dubiose Angebote von Hypnotiseuren hat der Ruf der Hypnose in den letzten Jahren stark gelitten, sodass seriöse Therapeuten sich zu Erklärungen genötigt sehen.

Wie solche irreführenden Vorstellungen zustande kommen, habe ich selbst erlebt: Im Zuge der Konzeptionsentwicklung einer Hypnose-Weiterbildung für unsere Coachs besuchte ich verschiedene Anbieter, um mir ein Bild von der aktuellen Marktsituation zu machen. Eines der Seminare leitete ein stark übergewichtiger Trainer, der in jeder Pause rausging, um eine Zigarette zu rauchen. Ich fand das ziemlich seltsam, da er auf seiner Website explizit mit Raucherentwöhnung und Gewichtsreduktion durch Hypnose warb. Als einmal keine anderen Teilnehmer in der Nähe waren, sprach ich ihn auf meine Irritation an. Seine Antwort kam wie aus der Pistole geschossen: »Wenn ich wollte, könnte ich jederzeit abnehmen und mit dem Rauchen aufhören. Aber ich will nicht.« Mir war klar: Diese Frage hatte er nicht zum ersten Mal beantworten müssen. Aus meiner Sicht ein Fall von klassischer Verdrängung, und wie ich leider feststellen musste, kein Einzelfall – eine weitere Motivation für mich, dieses Buch zu schreiben.

Die echte Hypnose dagegen ist ein ganz natürlicher Zustand und absolut ungefährlich. Wenn Sie die Tiefen-Meditationen in diesem Buch machen, werden Sie automatisch in den Zustand der Hypnose kommen und das ist gut so, denn es ist erstaunlich, was dann alles möglich ist.

Ich habe Ihnen schon erzählt, wie ich in einer Meditation schlagartig die Vision hatte, als Coach und Seminarleiter zu arbeiten. Ein Moment, der mich aufweckte und mein Leben schlagartig und nachhaltig veränderte. Auch Besucher meiner Seminare erzählen mir immer wieder von starken Aufwachmomenten, die aus Meditationen erwachsen. Besonders präsent ist mir noch eine Teilnehmerin eines Intensivseminars vor einigen Jahren. In der Einführungsrunde hatte sie von einer schweren seelischen Belastung erzählt, die davon herrührte, dass sie keine Kinder bekommen konnte. Sie hatte sich mehrfach untersuchen lassen, die Ärzte konnten aber keinen plausiblen Grund für die Kinderlosigkeit feststellen.

Eine der Übungen im Seminar war eine Meditation mit speziellen Atemtechniken, die wir Integratives Heilatmen (IHA) nennen. Bei solchen Meditationen herrscht keine feierliche Stille, denn Gefühle sind ja nichts Ruhiges: Sie dürfen auch wahrgenommen und ausgelebt werden. Es wird vor Freude gelacht und manchmal fließt auch die eine oder andere Träne. Kurz gesagt, der ganze Körper wird durchflutet von einer neuen Energie. So bemerkte ich auch, dass die Frau im Laufe dieser Meditation eine wunderbare und starke Kraft im Beckenbereich spürte, die sie so noch nicht kannte.

Als die Teilnehmer hinterher über ihre Erfahrungen berichteten, erzählte sie uns sehr betroffen, sie habe ihre Mutter in dem Zeugungsakt erlebt, aus dem sie entstanden war. Sie hatte dabei intensiv den inneren Konflikt erspüren können, in dem sich die Mutter damals befunden hatte: Eine Abtreibung wäre nicht infrage gekommen, aber die Zeugung wollte sie auch nicht wirklich. Und damit also auch nicht die Tochter, die nun nach so vielen Jahren auf einmal davon erfuhr!

Das war ein großer Schock, und zugleich eine ungeheure Befreiung. Jetzt wusste die Frau, dass sich die innere Abwehr ihrer Mutter unbewusst auf sie übertragen hatte. Und damit auch auf alle ihre Versuche, selbst ein Kind zu bekommen. So konnten wir gemeinsam in der Analyse dieser Erfahrung endlich den Grund benennen, warum alle Versuche der Frau bisher gescheitert waren. Sie hatte tief in einer Trance gesteckt, aus der sie im Moment der Meditation erwacht war.

Es schloss sich dann eine zweite Meditation an, in der die Frau die Gelegenheit bekam, tiefer in ihre Seele zu gehen. Auch in dieser inneren Reise erlebte sie sehr intensive Gefühle. In der Rückschau erzählte sie uns, dass sie dieses Mal eine Geburt erlebt hatte. Sie hatte eigentlich keine klare Vorstellung davon gehabt, wie sich das Gebären anfühlte, aber in diesem Moment waren ihre Empfindungen sehr konkret und intensiv gewesen und sie konnte uns genau davon berichten. Das Erlebnis der ersten Meditation hatte es ihr ermöglicht, die bisherige, von der Mutter geprägte Blockade aufzubrechen und einen freien, unbelasteten Zugang zum Geburtserlebnis zu finden.

Einige Wochen nach diesen Erfahrungen rief sie mich an. Ihre Stimme war gelöst und mit diesem Timbre sagte sie mir, dass ihr sehnlicher Wunsch sich nun endlich erfüllt hatte. Sie war schwanger.

Solche Erlebnisse hören sich für Menschen, die nicht viel Erfahrung mit unseren Tiefen-Meditationen haben, unglaublich an. Für die Teilnehmer meiner Seminare wiederum sind sie nach einiger Zeit lediglich ein Mittel zum Zweck – sie sind Teil der inneren Arbeit. Ja, es gibt dabei spektakuläre, überraschende Momente. Aber es gibt auch unscheinbare Momente, die zu einem größeren Wachheitsgrad führen. Denn genau darum geht es am Ende des Tages: Mehr Bewusstsein über sein Leben, seine Treiber, seinen Lebenszweck zu erlangen.

Die interessante Frage ist: Wie kommen Sie dahin? Was geschieht bei einer Meditation, das Ihnen helfen kann, aufzuwachen?

Der erste Anstoß ist die Entspannung. In dem Moment, in dem Sie aus der engen Fokussierung des Alltags heraustreten, lässt nicht nur das Stressgefühl nach. Auch das Bewusstsein erweitert sich. Diese Entspannung ermöglicht es Ihnen, Distanz zu Ihrer eigenen Person zu entwickeln und in eine Beobachterposition zu gehen. Ein schönes Bild dafür sind die Erfahrungen, von denen Raumfahrer berichten. Wer einmal die Erde aus dem Weltraum betrachtet, macht eine kolossale Erfahrung: Diese verändert die Haltung des Betrachters gegenüber der Schönheit und Verletzbarkeit der Erde für immer. Sie weckt das Bedürfnis, die Erde zu beschützen und zu bewahren. Raumfahrer nennen diese Erfahrung den Overview-Effekt. Und der gleiche Effekt greift auch, wenn wir unser Ich von außen betrachten. Menschen, die das schaffen, sind sensibler und achtsamer im Umgang mit sich selbst. Bei besonders tiefen Erlebnissen, hervorgerufen zum Beispiel durch Schock oder durch Meditation, können Menschen sogar eine Out-of-Body-Erfahrung machen: Sie treten komplett aus ihrem eigenen Körper heraus und betrachten sich auch physisch von außen.

Raumfahrten und Out-of-Body-Erfahrungen sind Extremerlebnisse, die eine ungeheure Dynamik und Energie auslösen. Diese besondere Dynamik ist aber keine Voraussetzung fürs Aufwachen. Sie können für sich auch einen ruhigeren Weg wählen, um Ihr Bewusstsein zu erweitern. Sie müssen nicht einmal meditieren. Hauptsache, Sie werden zum Beobachter. So hören Sie auf, *im* Problem zu stecken, und können anfangen, *auf* das Problem zu schauen! Auf diese Weise werden die Dinge nicht mehr einfach nur mit Ihnen passieren, sondern Sie nehmen Ihr Leben und Ihre Probleme selbst ins Visier und in die Hand.

Verschaffen Sie sich Klarheit

Wenn Sie in der Natur etwas genau beobachten wollen, benötigen Sie zuallererst klare Sicht. Sie ist die Grundvoraussetzung dafür, dass Sie die interessanten Tiere oder Pflanzen überhaupt sehen werden, sonst nützt auch das beste Fernglas nichts. So ist es auch, wenn Sie einen ersten Schritt in die Beobachterposition tun wollen. Richten Sie deshalb zunächst Ihren Blick auf Ihr Leben, so wie Sie es mit der Bewertung Ihres Lebensrads bereits getan haben: *Wie klar* sehen Sie, warum Sie nicht rundherum glücklich sind? Und warum die Situation für Sie unbefriedigend ist? Die Teilnehmer in meinen Seminaren können häufig sehr schnell benennen, was ihnen im Außen an ihrem Leben missfällt – wie auch Sie auf Ihrem Lebensrad zum Ausdruck gebracht haben, in welchen Bereichen keine Zufriedenheit herrscht. Doch sobald ich tiefer bohre, und die Teilnehmer sich fragen, was diese Unzufriedenheit mit ihnen zu tun hat – also mit ihrem Inneren – wird das Bewusstsein schon diffuser. Ja, da ist was. Aber was ist das nur?

Typisch ist das Gefühl, im Leben viel erreicht zu haben, aber dennoch unbefriedigt zu sein. Oder auf der Suche nach dem Sinn nicht fündig zu werden. Oder in den Zielen, die die Firma setzt, keine eigenen Ziele wiederzuerkennen. Die Ursachen für diese Gefühle bleiben jedoch unklar. Ebenso schaffen es die meisten Teilnehmer nicht, ihre diffuse Unzufriedenheit zu präzisieren. Ich frage regelmäßig meine Seminarteilnehmer, wie sie ihre Situation beschreiben würden, und höre Antworten wie:

- »Die schnöden Finanzen interessieren mich eigentlich gar nicht. Aber irgendwie muss ich doch aus meinen Geldsorgen rauskommen.«

- »Ich fühle mich hier am falschen Ort. Ich habe eine Familie gegründet, aber eine Stimme in mir sagt, dass ich lieber die Welt alleine erkunden und reisen möchte.«
- »Mein Partner und ich leben zwar zusammen, aber wir leben aneinander vorbei.«
- »Ich als Therapeut/Heiler/Coach helfe anderen Menschen glücklich und erfolgreich zu sein. Doch in mir drin bin ich unzufrieden und ausgelaugt.«
- »Mein Körper schmerzt und zeigt immer neue Beschwerden. Ich habe Angst, dass dieser vollends versagt und ich auf dem Abstellgleis lande.«

Gemeinsam ist diesen Aussagen, dass die Menschen zwar grob Auskunft über das Themenfeld ihres Problems geben können, die genauen Konturen aber im Nebel bleiben. Der Nebel ist jedoch kein Weichzeichner: Das Problem ist vorhanden, es fühlt sich nur diffus und quälend an. Und Sie haben es in der Hand, ein klareres Bild davon zu bekommen.

Ein klares Bild erhalten Sie, wenn Sie die Botschaften Ihrer Seele wahrnehmen. Ihre Seele sendet Ihnen ständig Botschaften und versucht kontinuierlich, sich bei Ihnen Gehör zu verschaffen. Wenn Sie sich in der Unzufriedenheit, die meine Teilnehmer beschreiben, auch nur ein Stück weit wiederfinden, dann liegt die Vermutung nahe, dass Sie diese Botschaften nur nicht hören: Ihnen ist der Zugang zu Ihrer Seele abhandengekommen.

Reaktivieren Sie diesen Zugang, dann werden Ihnen ihre Botschaften die Augen öffnen für das wahre Problem, das sich im Nebel versteckt. Sie werden dieses Problem erst dann angehen können, wenn Sie es klar erkennen können. Also machen Sie sich auf zu Ihrer Seele.

1. Fassen Sie dezidiert den Entschluss aufzuwachen! Von nichts geht eine stärkere Kraft aus als von einem Menschen, der sich entschieden hat.

2. Versetzen Sie sich in den Alphazustand! Falls Sie noch nicht meditiert haben, können Sie heute schon damit anfangen. Der Einstieg ist leicht und Sie können nichts falsch machen. Denn im ersten Schritt geht es nur darum, Ihren Körper wieder wahrzunehmen.

Ja, es ist richtig. Ich empfehle Ihnen, auf der Suche nach den Botschaften Ihrer Seele zunächst in Ihren Körper hineinzulauschen. Ihr Körper ist das Sprachrohr Ihrer Seele – wenn Sie es zulassen.

Unsere westliche Erziehung trimmt uns darauf, körperliche Signale zu ignorieren. Damit wird uns ein wesentlicher Zugang zu unserer Seele genommen, denn die Seele drückt sich durch den Körper aus. Spalten wir uns vom Körper ab – indem wir hauptsächlich den Verstand aktivieren – spalten wir uns auch von den Botschaften unserer Seele ab. So weit die Spezies Mensch auch entwickelt ist, sie hat etwas Grundlegendes verlernt, das die Tiere ihr so gesehen wieder voraushaben: Sie spüren sich. Immer. Sie schieben keine Barriere zwischen ihr Denken, ihren Körper und ihre Seele. Sie bleiben stets bei sich.

ÜBUNG: *Puls spüren*

1. Legen oder setzen Sie sich hin. Achten Sie darauf, dass Sie jetzt für ein paar Minuten nicht gestört werden.
2. Konzentrieren Sie sich ganz auf Ihren Körper und legen Sie Ihre Hände so zusammen, dass sich die Fingerspitzen berühren: Daumen auf Daumen, Zeigefinger auf Zeigefinger, Mittelfinger auf Mittelfinger – bis zum kleinen Finger.
3. Drücken Sie dann die Fingerspitzen leicht zusammen, sodass Sie schließlich Ihren Puls in den Fingern spüren. Atmen Sie dabei gleichmäßig und ruhig. Atmen

Sie tief in den Bauch hinein und nicht in den Brustkorb.
4. Schließen Sie die Augen.
5. Atmen Sie langsam aus. Zählen Sie dabei beim Ausatmen von 1 bis 10.
6. Diese Übung ist anfangs ungewohnt, aber Sie werden nach wenigen Wiederholungen merken, dass Sie dabei Ihren Puls immer besser spüren. Sie werden auch spüren, dass Ihr Puls mit zunehmender Dauer der Übung ruhiger wird. Genau diese Wahrnehmung beruhigt Sie bzw. Ihre Psyche. Die Entspannung in Ihrem Kopf stellt sich immer dann ein, wenn Ihnen bewusst wird, dass sich Ihr Körper entspannt.
7. Diese Übung funktioniert übrigens auch sehr gut im Büro während einer kurzen Auszeit.

Mit dieser Übung nehmen Sie die Signale Ihres Körpers wahr. Indem Sie so zu sich kommen, werden Sie sich auch Ihrer Bedürfnisse wieder bewusst.

Den ersten Schritt hin zum Beobachter haben Sie nun schon getan. Denn mit der Wahrnehmung des Körpers verbunden ist auch der Moment des Innehaltens. In diesem Moment lenken Sie Ihre Aufmerksamkeit ganz auf sich und blenden die Außenwelt aus. Das ist die Voraussetzung.

Das Innehalten verhilft Ihnen zu der nötigen Ruhe und lässt Sie Abstand finden gegenüber der aktuellen Situation. Sie werden dieses Innehalten vor jedem Wechsel in die Beobachterposition brauchen. Es wird Ihnen mit der Zeit so in Fleisch und Blut übergehen, dass Sie den Zwischenschritt automatisch einlegen, sobald Sie sich auf den Weg zum Beobachten machen. Bei Geübten genügt ein einziger Atemzug, um den Moment zu erfahren.

In die Beobachterposition gehen

Ich habe in einem Einführungsseminar vor einiger Zeit ein Paar erlebt, das auf den ersten Blick wie ein Traumpaar wirkte: Beide kommunikativ und charmant, ihre Beziehung, aus der ein gemeinsamer Sohn hervorgegangen war, schien gefestigt und glücklich. Das Bild von den beiden hielt bis zum letzten Seminartag.

An diesem letzten Tag ging es um das Thema Beziehungen und um die Frage »Lebt deine Nummer eins an deiner Seite?«. Es ging wie die Tage vorher darum, die Beobachterposition einzunehmen. Und auf einmal stellte sich heraus, dass das Bilderbuchpaar nur eine Fassade war. Die beiden steckten in einer tiefen Ehekrise.

Angefangen hatte das Ganze damit, dass die Frau plötzlich die Sprüche ihres Mannes nicht mehr lustig fand. Er ist ein echter Unterhalter und brachte auch in den Pausen das ganze Seminar zum Lachen. 20 Jahre lang fand sie ihn toll, cool, witzig. Und nach 20 Jahren fing genau das, was sie davor noch witzig gefunden hatte, an, sie zu stören. Sie beobachtete ihn weiter und bemerkte, dass er mit dem gemeinsamen Sohn abschätzig und besserwisserisch umging. Immer wieder gab er ihm ungefragt Tipps, obwohl er schon erwachsen war. All diese Irritationen brachte die Frau am letzten Seminartag auf den Tisch.

Die folgende Nacht hörte ich sie in ihrem Zimmer heftig streiten. Sie überhäuften sich gegenseitig mit Vorwürfen, sie schrien sich an, bis er um vier Uhr morgens aus dem Zimmer stürmte und davonfuhr.

Am nächsten Morgen erzählte sie mir, dass ihr bisher unkonkretes Gefühl, nämlich dass er sie irgendwie nervte, endlich ein Gesicht bekommen hatte. Sie war in die Beobachterposition gegangen und hatte gesehen, was vor Jahren schon schiefgelaufen war: Sie war ungewollt schwanger geworden und er hatte sie bei der Entscheidung, ob sie das Kind behalten oder die Schwangerschaft beenden sollte, komplett allein gelassen. Sie hatte sehr gelitten unter dem Zwang, diese Entscheidung alleine treffen zu müssen. Und dieses Gefühl, dass er sie im entscheidenden Moment im Stich gelassen hatte, hatte sich tief in ihr eingegraben. Dieses nie ausgesprochene Leid stand seither zwischen ihnen und vergiftete die Beziehung über die Jahre.

Wie das Ganze ausgeht, weiß ich zum jetzigen Moment auch noch nicht. Die beiden sind noch mitten im Klärungsprozess und haben auch ihren Sohn darin eingebunden. Aber sie sind schon heute einen entscheidenden Schritt weiter, also ihrer Seele näher: Sie haben sich vom Zwang befreit, zusammenbleiben zu müssen, nur weil sie verheiratet sind.

Die Beobachterposition einzunehmen ist der einfachste Schritt, um aufzuwachen, ohne Schock, ohne Gipfelerlebnis, ohne Meditation. Indem Sie zum Beobachter Ihrer Selbst und Ihrer Interaktionen werden, schaffen Sie es, Momente der Irritation bewusst wahrzunehmen. Und das ist wiederum die Voraussetzung, um die Irritationsquelle zu erforschen.

So wie Gipfelerlebnisse oder Krisen sind auch irritierende Momente Botschaften der Seele. Es kann sein, dass die Irritation sich als »harmlos« herausstellt. Es kann aber auch sein, dass sie Sie zu einem Teil Ihres Lebens hinführt, das Sie dann – wenn Sie es erst mal erkannt haben – grundlegend auf den Kopf stellen möchten.

In der Beobachterposition zu sein ist insbesondere dann hilfreich, wenn Sie merken, dass Sie nicht mehr Herr Ihrer Emotionen sind. Wenn Sie wütend, traurig, bissig, demütig, genervt oder gereizt werden – und Sie den Drang verspüren, sich in diesem Gefühl zu suhlen. Wenn Sie es dann schaffen, sich von der Emotion zu lösen und die Situation wie ein neugieriger Beobachter von außen anzuschauen, dann werden Sie allein dadurch schon ein Stück wacher.

Sie blicken wie von außen auf das Problem und sehen auf

einmal Muster. Die Situationen sind jedes Mal neu und anders, aber dennoch zeichnen sich immer gleiche Verhaltensweisen ab. Sie erkennen plötzlich sich wiederholende Reiz-Reaktions-Muster. Vielleicht geht Ihnen im Alltag etwas schief und Sie überhäufen sich selbst reflexartig mit Vorwürfen. Oder Sie geben anderen die Schuld dafür. Ihr Gegenüber sagt etwas Bestimmtes und Sie antworten, ohne nachzudenken, immer abfällig. Oder bissig. Oder wütend.

Wenn Sie in der Beobachterposition sind, schauen Sie diese Wut sozusagen von außen an. Sie fühlen sie auch, aber Sie gehen nicht in die Wut hinein. Dennoch sind Sie sich selbst gegenüber durchaus empathisch. Sie sind aber nicht betroffen. Sie spalten sich nicht von sich selbst ab, im Gegenteil – Sie sind sehr bei sich. Sie betrachten nur das Reiz-Reaktions-Schema, das Ihr Handeln steuert.

Sobald Sie das Schema erkennen, sehen Sie sofort, dass es gar nicht um die einzelnen vordergründigen Punkte geht, die diese Situation auslösen – ein unbedachtes Wort, eine offen gelassene Zahnpastatube oder ein versäumter Termin. Die Situationen lassen sich auf den immer gleichen Kern zurückführen. Der Nebel löst sich auf und Sie sehen, worum es wirklich geht.

Sie spüren, dass Sie in der Beobachterposition sind, wenn Sie

- wenig bis gar keine Gedanken haben
- in sich ruhen
- vollkommen im Jetzt sind
- eine hellwache Präsenz fühlen
- Ihren Körper wahrnehmen
- nicht werten
- flexibel, offen und neugierig sind

Es gibt verschiedene Methoden, um in die Beobachterposition hineinzufinden. Eine ganz klassische Möglichkeit ist es, Tagebuch zu führen. Der beste Zeitpunkt dafür ist kurz vor dem Einschlafen. Allein dadurch dass Sie sich hinsetzen, Ihren Stift zücken oder Ihren Laptop aufklappen, um sich ans Schreiben zu machen, erzeugen Sie einen Moment des Innehaltens.

Das Innehalten ist immer der (kurze) erste Schritt: Sie kommen zu sich. Dann richten Sie Ihren Blick auf die Situationen des Tages. Beim Schreiben ist die Situation bereits vorbei, Sie können keinen aktiven Einfluss mehr darauf nehmen. Aber als Einstieg in die Beobachterrolle ist es vollkommen ausreichend, wenn Sie sich das Geschehen im Nachhinein vor Augen führen. Richten Sie sich beim Schreiben nach folgenden Fragen aus:

› Was habe ich heute für mein inneres Wohl getan?
› Was habe ich heute für das Wohl anderer getan?
› Wo war ich heute nicht ehrlich / authentisch?
› Welche fünf Dinge waren heute schön bzw. sind mir gut gelungen?

Führen Sie Ihr Tagebuch mindestens zehn Wochen konsequent, damit Sie für sich Muster und Entwicklungen erkennen können.

Mit einem Tagebuch können Sie sich bereits gut an die Beobachterposition gewöhnen. Um aber den Beobachter in Ihnen noch stärker in Ihren täglichen Ablauf einzubinden, gibt es noch bessere Methoden. Diese sind ebenfalls alltagstauglich und einfach.

Um sich immer wieder am Tag innerlich beiseitezunehmen, kurz innezuhalten und zu beobachten, beschriften Sie kleine Haftnotizen mit Hinweisen wie

› Aufwachen!
› Wie fühlst du dich?
› Atem beobachten!

Kleben Sie die Zettel zum Beispiel an den Spiegel in Ihrem Badezimmer oder an Ihre Bürotür. Jedes Mal wenn Sie solch eine Notiz erblicken, halten Sie einen Moment inne und aktivieren die Beobachterebene.

Und noch ein alltagstauglicher Reminder: Wählen Sie morgens fünf verschiedene Zeitpunkte des Tages aus und lassen Sie sich von Ihrem Handy an die Beobachterposition erinnern. Wichtig: Die Abstände zwischen den Zeitpunkten müssen unterschiedlich lang sein. Wählen Sie zudem die Zeitpunkte atypisch (zum Beispiel 09.38 Uhr, 11.22 Uhr usw.). Immer wenn der Wecker klingelt, halten Sie inne und legen einen Moment der Beobachtung ein.

Tiefer als diese kleinen Anleitungen führt Sie die Übung »Beobachterebene aktivieren« ein. Sie macht Ihnen die Beobachterrolle im Alltag einfacher zugänglich und schnell abrufbar. Die Übung dauert etwa zehn Minuten und ist sehr gut geeignet, wenn Sie ein bisschen Zeit haben, zum Beispiel in der Pause, nach dem Mittagessen oder am Abend.

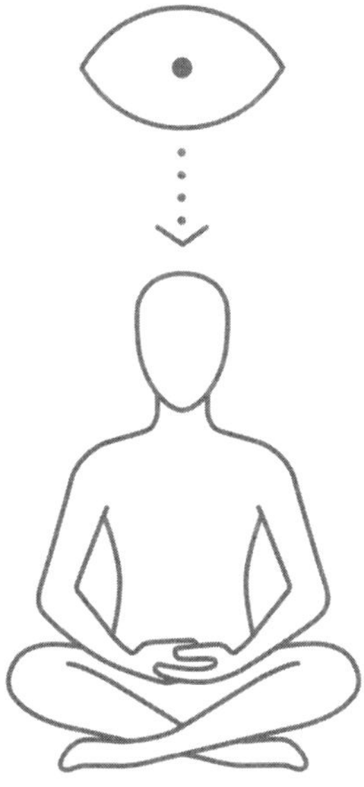

Beobachterebene aktivieren

1. Halten Sie einen Moment inne. Wenn möglich, setzen Sie sich hin.
2. Betrachten Sie Ihre Handflächen und reiben Sie diese für zehn Sekunden sanft aneinander. Spüren Sie die Energie zwischen den Handflächen.
3. Beobachten Sie Ihren Atem: Ist er eher im Brustbereich oder im Bauchbereich?
4. Atmen Sie durch die Nase in den Bauch ein und durch den Mund wieder aus, wiederholen Sie dies drei Mal.
5. Entspannen Sie Kiefer und Zunge.
6. Entspannen Sie Ihre Stirn und Augen. Entspannen Sie vor allem die Muskeln um und hinter Ihren Augen. Schauen Sie ganz weich. Wenn Sie die Augen schließen können, schließen Sie sie.
7. Gehen Sie jetzt mit Ihrer Aufmerksamkeit zum oberen Bereich des Hinterkopfes und verweilen Sie dort einen Moment.
8. Stellen Sie sich vor, Sie könnten aus diesem oberen Bereich des Hinterkopfes austreten und sich von oben betrachten.
9. Nehmen Sie die Weite wahr.
10. Stellen Sie sich die Fragen:

› Was tue ich gerade?
› Macht das Sinn, was ich tue?
› Worum geht es hier wirklich?
› Und was hat dies mit mir zu tun?
› Wo im Körper spüre ich dies?
› Was brauche ich gerade? (Bedürfnis)

Dies ist die lange Version der Übung. Für die kurze Version nehmen Sie sich nur die Schritte 1, 2, 4 und 10 vor. Diese Variante ist sehr gut für zwischendurch geeignet, da von außen kaum sichtbar ist, dass Sie gerade eine Übung machen. Darüber hinaus können Sie sie in dieser Form gut mit den Haftnotizen oder den Handy-Erinnerern koppeln.

Je häufiger Sie die Übungen wiederholen, desto leichter wird Ihnen das Umschalten auf die Beobachterposition gelingen. Und umso deutlicher werden Ihnen die Muster bewusst, die Sie dabei erkennen.

Welche Rolle spielen Sie?

Als Stephanie zu mir ins Seminar kam, platzte sie sofort raus mit ihren Empfindungen. Sie war wütend, sie war verärgert, sie war traurig. Alles Gefühle, die sie ihrer Familie, ihrem Freund und ihren Kollegen nicht zeigte.

Stephanie stammt aus einem einfachen, ländlich geprägten Elternhaus, in dem immer alles schöngeredet worden war. Und alles, was außerhalb der näheren Umgebung passiert, ist in dieser Familie »schwierig«. Das Schönreden hatte sie als Erwachsene so weitergeführt; noch dazu war sie im Vertrieb in der Ausbildung zu »immer freundlich lächeln« angehalten worden. Aber etwas in ihr war alles andere als brav, lieb und angepasst.

Sie hatte sich eine Wohnung gemietet und darin – für die Eltern sollte das ein Geheimnis bleiben – ihren depressiven, ehemals alkoholabhängigen und heute »trockenen« Freund untergebracht. Immer wenn sie zwischen Auslandsterminen Zeit hatte, besuchte sie ihn. Sie freute sich auf die Zweisamkeit. Ging mit offenen Armen auf ihn zu – und wurde regelmäßig mit einem Grummeln begrüßt.

Hmm, dem Armen fehlt irgendwas, dachte sie. Und dann kümmerte sie sich um ihn, bis er wieder einigermaßen gut gelaunt war. Inzwischen war das Wochenende oder der Tag vorbei, und sie stieg wieder in den Flieger.

Diese Lebensweise, immer wieder aus dem Alltag auszubrechen, in ein landschaftliches Paradies zu kommen und mit ihrem Geliebten erfüllende Momente zu verbringen, hätte der Traum sein können. Tatsächlich aber war es ein Albtraum. Die kurzen Momente waren selten erfüllend. Und noch dazu musste sie das Ganze ihren Eltern gegenüber aufwändig verheimlichen.

Als sie mir das erzählte, war sie völlig aufgelöst. Die Stephanie, die vor mir stand, deckte sich nicht im Geringsten mit der Stephanie, von der sie mir erzählte. Ich fragte sie, welche Stephanie sie denn in ihrer Wohnung immer spielte. Da platzte es aus ihr heraus:

»Die Fürsorgliche, verdammt noch mal!«

Und den Eltern gegenüber?

»Die liebe, brave Stephi. Die Stephi, von der die Eltern gern und voller Stolz den Nachbarn, Freunden und Verwandten erzählen. Die Bilderbuch-Stephi.«

Während sie das sagte, merkte sie schon, wie geladen sie war und wie widerwillig sie diese Worte aussprach. Ich wusste, allein durch diese Intervention würde sich bereits etwas verändern.

Was in diesem Gespräch passiert ist, ist übrigens ein klassischer Bestandteil des Aufwachprozesses. Wenn Sie etwas Übung mit der Beobachterperspektive haben, kommen Sie unweigerlich dahin, zu realisieren, dass Sie in bestimmten Situationen nicht Sie selbst sind. Sondern dass Sie eine Rolle spielen.

Auch diese Rollen sind Bestandteil eines Reiz-Reaktions-Musters. Es sind Rollen, die wir schon seit unserer Kindheit einüben. Wir sind in sie hineingewachsen, haben sie entwickelt und differenziert. Jeder von uns verfügt über ein breites

Rollenspektrum, in das er je nach Situation hineinspringt. Problematisch, weil nicht authentisch, ist es dann, wenn wir diese Rollen als Reaktion auf ein Verhalten von außen abspulen. Also wenn wir ohne unser Zutun von den Umständen in die eine oder andere Rolle hineinkatapultiert werden – wie ein Pinball im Automaten. Wenn dies der Fall ist, bestimmen Sie nicht selbst, welche Rolle Sie gerade spielen.

Die Zahl der möglichen Rollen ist riesig. Doch die eigentlich spannende Frage ist völlig unabhängig davon. Ich stelle diese Frage auch meinen Seminarteilnehmern und ernte regelmäßig betroffene Stille: »Wer oder was bist du, wenn du keine Rolle spielst? Was bleibt von dir übrig? Wer bist du dann?«

Die Frage wirft uns zurück auf unser wahres Selbst – oder Höheres Selbst –, das zu ergründen eine Lebensaufgabe jedes Einzelnen ist. Die Antwort zu finden, ist anspruchsvoll. Und wenn Sie sie gefunden haben, ist sie erschreckend und befreiend zugleich: »Ich bin ein Wesen unendlich weit und ohne Grenzen. Das ist mein wahres Wesen!«

Erst wenn Sie das erkannt haben, sind Sie in der Lage, sich nicht mehr mit Ihren Rollen zu identifizieren. Also nicht mehr automatisch die fürsorgliche oder liebe Tochter zu sein, nur weil Ihre Eltern oder Ihr Freund dies von Ihnen gerade erwarten, sondern je nach Situation frei und bewusst zu entscheiden, welche Rolle Sie jetzt wirklich spielen wollen.

Stephanie hat es geschafft, sich aus dem Gefängnis stereotyper Rollen zu befreien. Als sie nach dem ersten Seminar in ihre Wohnung kam, empfing ihr Partner sie mal wieder mit Grummeln. Sie war enttäuscht wegen der unfreundlichen Begrüßung. Weil sie in dieser Situation aber bis dahin immer in die Rolle der Fürsorglichen geschlüpft war, spürte sie auch in diesem Moment den inneren Impuls, die Enttäuschung beiseitezuschieben und tröstend auf ihn zuzugehen. Aber es gelang ihr, kurz innezuhalten und die Situation zu betrachten: Da stand sie mit ihrem Bedürfnis nach Zuwendung. Ihre Standardrolle aber wäre jetzt gewesen, nicht sich selbst, sondern ihm Zuwendung zu geben. Wollte sie das?

Sie hatte sich vorab fest vorgenommen, zunächst in ihrer Wahrnehmung zu bleiben. Sie wollte schon Mit*gefühl* zeigen, aber nicht – wie sonst – Mit*leid*. Deshalb sagte sie zu ihrem Partner: »Oh, das war nicht gerade ein freundlicher Empfang. Ist was?«

Ich habe mich mit ihr gefreut, dass sie es geschafft hat, in sich stabil stehen zu bleiben, anstatt aus ihrer Mitte zu fallen und sich seiner Energie anzupassen. Ich habe ihr darüber hinaus geraten, beim nächsten Mal noch weiter zu gehen, indem sie zum Beispiel sagt: »Du, ich merke, du bist nicht gut drauf. Normalerweise würde ich dich trösten, nur momentan habe ich nicht so viel Lust darauf. Ich brauche jetzt erst einen Spaziergang und dann können wir reden.« Damit könnte sie es nicht nur schaffen, selbst aus ihrem Muster auszubrechen, sondern sie würde auch ihrem Freund gegenüber das Muster offenlegen, ohne es zu erfüllen. So kann sie auch zum Aufwachen des anderen beitragen.

Feste Rollen und Reiz-Reaktions-Muster lassen sich erst durchbrechen, wenn Sie sie erkannt haben. Solange Sie im Muster stecken, werden Sie nicht dahinterkommen, worum es wirklich geht. Sie sind darin gefangen. Der erste Schritt der Befreiung ist also, zu beobachten und die Rollen zu erkennen. Auf diese Weise sehen Sie die Reiz-Reaktions-Muster in verschiedenen Szenarien ablaufen und lernen, die Auslöser zu identifizieren.

Bei der Erkenntnis darüber, welche Rollen Sie annehmen, hilft Ihnen eine zweiteilige Übung. Gehen Sie im Alltag danach immer wieder in die Beobachterposition und beobachten Sie sich in Ihren verschiedenen Rollen. Sie schärfen damit Ihren Blick und Ihr Bewusstsein für Ihre eigenen Rollen – und auch für die Ihres Gegenübers.

DU BIST VIELE! *Teil 1*

Ergründen Sie, welche Rollen Sie von sich kennen. Ich habe Ihnen hier eine Auswahl an möglichen Rollen zusammengestellt. Kreuzen Sie alle Rollen an, die Ihnen an sich bekannt vorkommen, und ergänzen Sie die Liste um diejenigen, die noch nicht darauf stehen. Fragen Sie sich auch, ob die Rolle eher männlich oder weiblich ist! Meiner Erfahrung nach kann es für den inneren Prozess sehr wichtig sein, diese Unterscheidung zu treffen.

	Männliche Version		Weibliche Version
	Der Besserwisser		Die Besserwisserin
	Der Spirituelle, der Erleuchtete		Die Spirituelle, die Erleuchtete
	Der Kluge, der Intellektuelle		Die Kluge, die Intellektuelle
	Der Faule, der Lustlose		Die Faule, die Lustlose
	Der Kreative, der Inspirierende, der Künstler		Die Kreative, die Inspirierende, die Künstlerin
	Der Intuitive, der Spürige		Die Intuitive, die Spürige
	Der Wahrheitsverdreher		Die Wahrheitsverdreherin
	Der Schönredner		Die Schönrednerin
	Der Chaot		Die Chaotin
	Der Ausweicher		Die Ausweicherin
	Der Fürsorgliche		Die Fürsorgliche
	Der Lügner, der Blender		Die Lügnerin, die Blenderin
	Der Macher, der Umsetzer		Die Macherin, die Umsetzerin
	Der Kritiker		Die Kritikerin
	Der Orientierungslose		Die Orientierungslose
	Der Verspielte		Die Verspielte

	Der Schwache, der Kränkliche		Die Schwache, die Kränkliche
	Der Zweifler, der Skeptiker		Die Zweiflerin, die Skeptikerin
	Der Ängstliche		Die Ängstliche
	Der Harte, der Bestrafer		Die Harte, die Bestraferin
	Der Einfühlsame		Die Einfühlsame
	Der Dumme, der Doofe		Die Dumme, die Doofe
	Der Genießer		Die Genießerin
	Der Clown, Kasperle		Die Clownin
	Der Beschämte, der Wertlose		Die Beschämte, die Wertlose
	Der Todessehnsüchtige		Die Todessehnsüchtige
	Der Verletzte		Die Verletzte
	Der Stumme		Die Stumme
	Der Wütende		Die Wütende
	Der Dienende		Die Dienende
	Der Gewinner		Die Gewinnerin
	Der Bedürftige		Die Bedürftige
	Der Liebende		Die Liebende
	Der Hässliche		Die Hässliche
	Der Authentische, der Integre		Die Authentische, die Integre
	Der Rastlose, der Unruhige		Die Rastlose, die Unruhige
	Der Schuldige		Die Schuldige
	Der Motivierende		Die Motivierende
	Der Ehrgeizige		Die Ehrgeizige
	Der Suchende		Die Suchende
	Der Dicke		Die Dicke
	Der Trotzige, der Schmollende		Die Trotzige, die Schmollende
	Der Prinz		Die Prinzessin

	Der Verwirrung stiftende		Die Verwirrung stiftende
	Der Ordnende, der Genaue		Die Ordnende, die Genaue
	Der Kleine		Die Kleine
	Der Launische		Die Zicke
	Der Verführer		Die Verführerin
	Der Neidische		Die Neidische
	Der Humorvolle, Lustige		Die Humorvolle, Lustige
	Der Süchtige		Die Süchtige
	Der Anführer		Die Anführerin
	Der Richtende		Die Richtende
	Der Traurige, der Melancholische		Die Traurige, die Melancholische
	Der Umbeschwerte		Die Unbeschwerte
	Der Antreiber		Die Antreiberin
	Der Beschützer		Die Beschützerin
	…		…
	…		…
	…		…

DU BIST VIELE! *Teil 2*

Suchen Sie sich fünf Personen, die Sie gut kennen: Partner, Freunde, aber auch Geschäftskollegen. Fragen Sie sie, welche Persönlichkeitsanteile bzw. Rollen sie von Ihnen kennen. Zeigen Sie ihnen nicht Ihre Liste, sondern geben Sie Ihnen nur ein paar Beispiele, damit sie verstehen, was Sie meinen.
Ziel dieser Übung ist es, weitere Rollen auszumachen. Damit können Sie die Zahl Ihrer eigenen blinden Flecken weiter verringern.

In unserer Persönlichkeit sind lichte Anteile genauso vertreten wie sogenannte Schattenanteile. Unsere Rollen können diesen Anteilen zugeordnet werden. Beispiele dafür sind:

- Lichte Anteile: die Kreative, die Liebende, der Umsorgende, der Macher, der Visionär ...
- Schattenanteile: die Ängstliche, die Verletzende, der Wütende, der Todessehnsüchtige, der Traurige, der Schmollende, der Trotzige, der Besserwisserische, der Verkopfte ...

Die meisten Menschen bekennen sich wenn überhaupt nur widerstrebend und unwillig zu ihren Schattenanteilen. Sie schämen sich und grollen mit sich, wenn diese Anteile offensichtlich werden. Wir alle sind dahingehend erzogen, dass wir das Gute im Menschen begrüßen, den Rest aber verbannen wollen.

Deshalb ist die Erkenntnis, dass jeder von uns ein unendliches Wesen ist, das sowohl Licht als auch Schatten in sich trägt, zunächst schwer zu akzeptieren.

Wenn Sie aber zu dieser Erkenntnis kommen, sind Sie aufgewacht. Sie haben über die Beobachterposition erkannt, dass es nicht die Situationen oder die Rollen sind, von denen Sie beherrscht werden, sondern dass Sie es sind, der die Entscheidungsgewalt hat. Fragen Sie sich nun, was Ihr wahres Wesen in dieser Situation tun würde. Was würde Ihr Höheres Selbst tun? Entscheiden Sie und handeln Sie.

Aber Achtung: Sie wissen ja bereits, dass es nicht genügt, einmal wach geworden zu sein. Aufwachen ist keine einmalige Sache, sondern gehört zu einem Bewusstwerdungsprozess, der über Jahre dauern kann. Deshalb ist es an Ihnen, sich immer wieder um Aufwachmomente zu bemühen. Machen Sie es sich zur Gewohnheit, jeden Tag und immer wieder in die Beobachterposition zu gehen.

Mit genügend Übung kann es Ihnen gelingen, über lange Strecken in der Beobachterrolle zu bleiben. Dann ist es kein

Entweder-Oder mehr, sondern Sie handeln und beobachten gleichzeitig. Ihre Umwelt wird nichts davon bemerken, weil die beiden Ebenen für Sie parallel laufen.

In diesem wachen Zustand nehmen Sie nun Ihr Thema aus dem Lebensrad wieder zur Hand. Wenden Sie die Übungen an und lenken Sie den Fokus auf Ihr Thema. Bitte seien Sie nicht enttäuscht, wenn Sie nicht sofort zum Kern Ihres Problems vordringen. Das kann ein langsamer Enthüllungsprozess sein, wenn Sie nach und nach immer tiefer dringen. Setzen Sie ruhig immer wieder und wieder an: Als Beobachter werden Sie über kurz oder lang erkennen, worum es wirklich geht.

Und mit dieser Erkenntnis werden Sie den nächsten Schritt gehen können.

Schritt 2: INTEGRIEREN

Werden Sie ganz.
Wer ist der Schöpfer in Ihrem Leben?

»Oh nein, so bin ich? Das kann doch nicht sein.« Der Blick aus der Beobachterposition ist nicht nur angenehm. Es ist fast, als sähen Sie einem Fremden zu: Sie wissen schon, dass Sie das sind – aber sind Sie das wirklich? Dieses eigenartige Gefühl beherrscht Sie vor allem so lange, wie dieser Blick für Sie ungeübt und ungewohnt ist.

Ein ähnliches Gefühl kennen Sie von der Situation, wenn Sie ein Foto angeschaut haben, auf dem Sie sich nicht gut getroffen fühlten oder kaum wiedererkannten. Wenn Sie nicht die Gelegenheit hatten, es sofort zu löschen, mussten Sie sich damit arrangieren und akzeptieren, dass Ihr Selbstbild nur einen Teil von Ihnen abdeckt und das Foto eine ungekannte oder ungeliebte Seite von Ihnen zeigt. Aber das war ja auch nur ein Foto.

Das abwehrende Gefühl, wenn Sie sich selbst beobachten, ist noch viel tiefer und existenzieller als beim Blick auf ein ungeliebtes Foto. Was löst diese Abwehr aus, mit der Sie sich selbst wahrnehmen? Woher kommt diese Fremdheit, die Sie empfinden? Kennen Sie sich wirklich so schlecht?

Wenn Sie die Fremdheit aushalten und genauer hinschauen, werden Sie feststellen, dass Sie manche Rollen und Muster an sich durchaus wiedererkennen und dass Sie sich damit auch gut identifizieren können. Andere Aspekte aber erscheinen Ihnen nicht nur fremd, sie lösen auch spontan eine heftige Ablehnung in Ihnen aus. Sie erkennen an sich Verhaltensweisen wieder, die Sie bei anderen ablehnen: So wollen Sie nicht sein, und so wollten Sie auch nie werden!

Das befremdliche Gefühl ist die einfache Folge daraus, dass Sie sich erstmals in verschiedenen Rollen wahrnehmen. Diese Rollen gehören zu Ihnen, aber sie sind Ihnen im Alltagsleben nicht bewusst. Stattdessen haben Sie ein viel eindimensionaleres Bild von sich abgespeichert: Vielleicht sehen Sie sich als den tatkräftigen Macher oder den zögerlichen Denker, als die treu sorgende Mutter oder den verständnisvollen Begleiter. Nicht aber als den verschlagenen Lügner oder den rücksichtslosen Faulenzer Und doch haben Sie sich auf einmal in allen diesen Rollen beobachtet.

Diese Erfahrung ähnelt der bei einem Theaterbesuch. Sie sitzen im Publikum und betrachten die verschiedenen Schauspieler in ihren Rollen. Manche sind Ihnen sympathisch, manche nicht. Einige Szenen sind zum Lachen, andere zum Weinen, es gibt Helden und Schurken. Erinnern Sie sich, wie Sie als Kind beim Kasperletheater mitgefiebert haben? Mit dem Kasperl konnten Sie sich identifizieren und lachten lauthals über jeden Schritt, aber wenn der Räuber, der böse Zauberer oder das gefräßige Krokodil auftraten – da war Ihnen gleich klar: Das sind die Bösen, die müssen Sie ablehnen.

So wie alle anderen Kinder wussten auch Sie, was gut und was böse war, und Sie hatten keine Hemmungen, diese Erkenntnisse lauthals mitzuteilen – das entlastete Sie von der Wucht dessen, was Sie da sahen. Als Erwachsener haben Sie es sich abgewöhnt, dem Treiben auf der Bühne so laut und entschieden zu folgen, aber an Ihrer unbewussten Identifizierung mit den Guten und der Ablehnung der vermeintlich Bösen hat sich nichts geändert. Diese simple, entlastende Perspektive haben Sie sich auch beim Blick auf Ihre Mitmenschen oder sich selbst erhalten. Umso größer also der Schreck – Sie sind nicht nur Kasperl, sondern auch Räuber, nicht nur Held, sondern auch

Schurke. Und Sie sind noch viel mehr – alle Rollen in diesem Stück gehören zu Ihnen, denn es ist Ihr Stück. Aber können Sie auch alle Rollen akzeptieren, sich mit allen identifizieren?

Wie konnte ich nur!

Da hilft kein Leugnen und Wegschauen: Ja, das sind Sie! Sie müssen sich der Tatsache stellen, dass Sie Persönlichkeitsanteile in sich haben, die Ihnen unangenehm und unsympathisch sind. Sie gehören zu Ihnen! Das ist eine schmerzhafte Erkenntnis. Und weil sie so wehtut, ist es naheliegend, dass Sie unwillkürlich versuchen, wieder etwas Distanz zu gewinnen. Das ist ein ganz normaler Reflex, um den Schmerz zu lindern. Ich beobachte bei meinen Seminarteilnehmern viele verschiedene Abwehrtechniken, die alle das Ziel haben, mit dem Unangenehmen in einem vertrauten Muster umzugehen. Im ersten Kapitel haben wir schon einmal über diese Vermeidungsstrategien gesprochen: Rationalisieren, Kontrolle ausüben wollen, Süchte entwickeln, Lügen, Bestrafung und Aktionismus.

Martin, ein gehetzter Topmanager, hatte in einem Seminar erzählt, dass er immer wieder von seinen Mitarbeitern kritisiert wurde. Er werde zu schnell laut und ausfallend. Wir hatten im Seminar vereinbart, dass er sich selbst in Gesprächssituationen mit seinen Mitarbeitern einmal genauer beobachtet. Als er mir bei einem späteren Treffen davon berichtete, war ihm noch immer anzumerken, wie unangenehm das war, was er da registriert hatte. Ja, er war tatsächlich schnell, zu schnell auf hundertachtzig gewesen. Aber mit etwas Abstand sah er es schon nicht mehr ganz so negativ: »So schlimm war es jetzt auch wieder nicht. Als ich jung war, hatte ich einen Chef, der war viel lauter. Den hätten meine Mitarbeiter mal erleben sollen! Und eine spontane offene Reaktion ist doch allemal ehrlicher, als wenn ich alle immer nur mit Samthandschuhen anfassen würde.«

Es ist verführerisch, eine negative Eigenschaft zu relativieren und schönzureden. So wie Martin suchen viele Menschen nach Beispielen, die sie entlasten. Das ist einfach, und es ist menschlich. Aber Martin verhinderte damit unbewusst, dass er sich mit seiner Emotion, die ihn gegenüber den Mitarbeitern immer wieder ausfallend werden ließ, wirklich auseinandersetzte.

Mit Auseinandersetzung meine ich hier nicht den bekannten, sehr häufigen Reflex, bei dem Sie einen Schuldigen suchen für das Negative, das Sie so irritiert. Auch das ist nichts anderes als eine Abwehrreaktion, die tief im menschlichen Verhalten verankert ist. Für alles, was bedrohlich und belastend ist, muss jemand zur Rechenschaft gezogen werden. Statt sich mit dem Thema an sich auseinanderzusetzen, konzentriert sich die Aufmerksamkeit auf die Frage: Wer ist schuld?

Zum Beispiel die Eltern? Das ist ein naheliegendes Muster. Eine Mutter kam in einem meiner Seminare zu der Erkenntnis, dass sie ihre Familie total dominierte und immer alle Entscheidungen an sich zog und alleine traf. Sie reagierte betroffen, hatte aber schnell eine Erklärung parat: »Das liegt nur an meiner Mutter. Wenn sie nicht immer so herrisch gegenüber meinem Vater und uns Kindern agiert hätte, hätte ich es vielleicht gelernt, wie ich gemeinsam mit meiner Familie Lösungen finde. So habe ich immer das Gefühl, ich muss das wie sie allein in die Hand nehmen.« Sie bekannte sich also zu dieser Verhaltensweise, gab aber die Schuld dafür an ihre Mutter weiter. Und statt der Mutter können natürlich auch andere Personen für solche Zuweisungsmuster herhalten: der Vater, ein Lehrer, der Exmann, ein Chef oder andere Personen, die eine Biografie mit geprägt haben. Oft stimmt die Richtung der Zuweisung sogar, denn viele Ihrer Verhaltensmuster sind von anderen Personen wesentlich beeinflusst worden. Aber die Kategorie Schuld ist hier fehl am Platze. Damit wälzen Sie die Verantwortung für sich und Ihr Leben auf andere ab, statt sie bei sich selbst zu verorten.

Selbst wenn Sie sich selber die Schuld für ein Verhaltensmuster geben, das Sie als negativ empfinden, ist das nur ein Ablenkungsmanöver. Denn damit machen Sie sich nur klein, fühlen sich schlecht und lähmen sich. Wie Johannes, der schüchterne Lehramtskandidat, der sich Vorwürfe wegen seiner Rolle in der Beziehung zu seiner Freundin machte: »Wie konnte ich nur schon wieder so dumm sein und nachgeben? Ich habe es wohl nicht besser verdient!«

Alle diese Abwehrmechanismen haben eines gemeinsam: Damit distanzieren Sie sich von den Rollen, die Sie ablehnen. Durch die Distanzierung schieben Sie das Verhalten und die Verantwortung dafür von sich weg. Auch und gerade wenn Sie sich selber die Schuld geben, tabuisieren Sie damit Ihr Verhalten, statt es zu analysieren. In der Folge verbieten Sie sich geradezu, jemals wieder die Rolle zu übernehmen, die Ihnen so fremd erscheint. Sie verbannen sie in den hintersten Winkel Ihrer Persönlichkeit und gehen hart mit sich ins Gericht, wenn eine dieser Seiten doch wieder zutage tritt.

So wie Stephanie, die Vertrieblerin mit der schwierigen Partnerschaft. Sie erzählte mir bei einer späteren Begegnung, wie entsetzt sie war, als sie sich bei einem »Rückfall« erwischt hatte: »Ich hatte mir so sehr geschworen, gegenüber meinem Freund nie mehr in die Rolle der Fürsorglichen zu rutschen. Und beim letzten Mal ist es mir doch wieder passiert: Ich habe ihn einfach in den Arm genommen und getröstet, weil er so schlecht drauf war. Die ganze Nacht bin ich danach wach gelegen, weil ich sauer auf mich war. Grigor, wie kann ich diesen Part der Fürsorglichen ein für alle Mal aus meinem Leben verbannen?«

Stephanie könnte sich in dieser Situation von ihrem Partner trennen, um nie wieder die Fürsorgliche auspacken zu müssen. Aber was würde passieren? Ich bin sicher, sie würde einen neuen Partner kennenlernen, der würde vielleicht krank oder auf andere Art hilfsbedürftig werden und ihre Seele würde sie zwingen, die Rolle der Fürsorglichen erneut zuzulassen.

Und dies würde sich immer wiederholen, bis sie die Rolle akzeptiert hätte. Gerade Menschen, die bestimmte Reaktionsmuster erkennen und dann zu verdrängen versuchen, schickt die Seele immer noch lautere Signale, immer noch extremere Situationen.

Die Zahl der Menschen, die sich auf diese Weise in immer verzweifeltere Situationen hineinmanövrieren, ist riesig: Ich kenne einen Heiler, der seit Jahren an immer stärker werdenden Rückenschmerzen leidet und sich deshalb ohnmächtig fühlt. Er kann und will die Rolle des Leidenden für sich aber nicht akzeptieren. Denn schließlich ist er doch derjenige, der heilt!

Das Licht im Schatten

Roger Federer wird immer wieder als Paradebeispiel für einen Sportler genannt, der seinen Erfolg ganz wesentlich der Arbeit mit einem Mentaltrainer verdankt. Sein innerer Glaubenssatz in seinen ersten Erfolgsjahren lautete: »Ich bin der Sieger! Immer!« Als er in den Jahren 2008 bis 2010 über einen längeren Zeitraum eine ganze Serie von Niederlagen einstecken musste, versuchte er mit seinem Coach, einen integrativen Umgang mit diesen Niederlagen zu finden. Er musste lernen, dass auch die Verliererrolle durchaus zu ihm gehört und er sie nicht einfach ignorieren kann. Auf seinem neuen Weg wertete er sich oder andere nicht mehr wegen verpasster Chancen ab, sondern nahm es für sich an, dass auch er eine Verliererseite hat. Das Ergebnis war verblüffend, er fand danach wieder den Weg zurück zum Erfolg.

Aber nicht nur für den sportlichen Erfolg ist das Annehmen *aller* Seiten eine Voraussetzung, sondern auch für jegliches andere Gelingen, für Ihr Wohlbefinden und Ihre Stabilität im Leben. Wenn Sie alle Ihre Seiten in sich aufnehmen und annehmen, erreichen Sie nicht, dass Sie perfekt werden. Sie erreichen etwas viel Besseres: Sie werden *ganz*.

Beim Ganz-Werden geht es nicht um den Vordergrund, um Ihre Maske. Die könnten Sie vielleicht situativ perfekt gestalten, aber das hilft Ihnen nur vordergründig – eben für den Vordergrund. An Ihrem Hintergrund ändert eine perfekte Maske nichts. Und genau hier liegt Ihre Aufgabe und Ihre Chance.

Mit dem Annehmen Ihrer dunklen Anteile eröffnen Sie sich die Möglichkeit, sich selbst umfassend zu lieben. Solange Sie Anteile von sich ablehnen, können Sie das nicht leisten: Ihre Seele weiß um die ungeliebten Aspekte, Ihre Liebe zu sich wird unvollständig bleiben.

Wenn Sie Ihre Schattenanteile annehmen, eröffnen Sie sich eine weitere großartige Möglichkeit: Sie können endlich Verantwortung für sich als Ganzes übernehmen. In dem Moment, in dem Sie Anteile von sich ablehnen, aussperren oder ignorieren, geben Sie auch die Verantwortung dafür aus der Hand. Sie überlassen diese Anteile Ihrer Persönlichkeit der Fremdbestimmung. Die wiederum kann geprägt sein von Ihrer Erziehung oder von Mustern, die aus einschneidenden Erlebnissen entstanden sind und sich verselbstständigt haben. Die Fremdbestimmung kann sich jedoch auch aus Rollen ergeben, deren Erfüllung Ihre Umwelt von Ihnen erwartet. Nicht Sie sind dann derjenige, der über diese Anteile verfügt, sondern andere Personen.

Mit dem Schritt, diese Anteile anzunehmen, holen Sie sie in Ihre Verantwortung und damit in Ihren Gestaltungsbereich. Dann sind es Ihre Regeln, die den Ablauf bestimmen, und Sie sind nicht mehr der Pinball im Flipperautomaten, der durch die Gegend katapultiert wird.

So werden Sie zum Schöpfer in Ihrem Leben.

Mit der Liebe und der Verantwortung legen Sie die Basis für Ihren nächsten großen Schritt in der Spirale. Beides sind unabdingbare Voraussetzungen für Ihre *Heilung*. Erst wenn es Ihnen gelungen ist, bewusst alle Teile von sich in sich zuzulassen und zu integrieren, können Sie Ihre Heilung in Angriff nehmen. Anders werden Sie nie zum Erfolg kommen.

Zu mir kommen viele Menschen, die schon X Seminare und Therapien hinter sich haben. Sie pilgern von Kurs zu Kurs und finden keine Heilung. Sie haben schon viele Empfehlungen ausprobiert, haben sich auf ihre Stärken konzentriert, sich im positiven Denken geschult – alles umsonst. Wenn ich mich mit diesen Menschen auseinandersetze, kommen wir meist schnell zum entscheidenden Punkt: Wir finden immer gewisse Anteile bei ihnen, die sie nicht angenommen haben. Die Gefahr beim positiven Denken ist, dass mit der Fokussierung auf die vermeintlich guten Anteile die Schattenanteile umso mehr ausgeblendet werden. Sie werden zu einem weiteren blinden Fleck und sind in der Folge umso schlechter auszumachen. Dabei liegt die Lösung genau darin, diese nicht immer weiter ins Dunkle zu schieben, sondern im Gegenteil, sie ans Licht zu holen und zu integrieren.

Ohne Integration arbeiten Sie nur an Symptomen, die daraufhin in der aktuellen Ausprägung vielleicht verschwinden, aber mit einem anderen Gesicht nach kurzer Zeit wieder auftauchen. Wie schon gesagt, verstärkt die Seele ihre Botschaften so lange, bis sie Gehör finden. Und das gerade bei den Menschen, denen durchaus bewusst ist, dass die Seele Botschaften für sie bereithält.

Wenn Sie Ihre Schattenanteile in sich aufnehmen, heißt das, dass Sie sich verzeihen – Sie lassen sie in sich gut sein. Wenn Sie sich diese inneren dunklen Anteile nicht verzeihen, werden Sie auch niemals anderen verzeihen können, die Ihnen Leid zugefügt haben.

Wieso erst ganz werden muss, was heilen soll

Von Natur aus sind wir spirituelle Wesen, von unendlicher Weite und ohne Grenzen. Wir sind ganz im Sinne der Polarität des Lebens. Bei den verschiedenen Anteilen gibt es keine unvereinbaren Gegensätze, zwischen ihnen besteht vielmehr ein komplementäres Verhältnis.

Erst im Laufe unserer Entwicklung begrenzen wir uns oder lassen uns begrenzen. Wir teilen unsere Anteile in Gut und Böse auf, die wir daraufhin für unvereinbar erklären. Gleichzeitig schalten wir die vermeintlich bösen Anteile in uns auf stumm. Wir zielen auf die Dualität von Schwarz und Weiß und reduzieren die Vielfalt des Lebens auf eine möglichst übersichtliche Anzahl an Möglichkeiten.

Die Reduktion auf die Dualität und die Fokussierung auf das »Gute« im Menschen wird durch die monotheistischen Religionen noch gefördert. Wir sind in unserer christlich geprägten Kultur besonders darauf geeicht, die Welt in Himmel und Hölle, Gott und Teufel, Tugend und Sünde aufzuteilen – mit scharfen Grenzen und klaren Wertungen. Wir sollen nach den zehn Geboten handeln und werden bestraft, wenn wir dagegen verstoßen. Alles andere dürfen wir nicht einmal denken, denn bereits das ist Sünde. Wer den Teufel in sich spürt, muss ihn austreiben (lassen). Übrig bleibt nur das Gute, das Göttliche.

In dieser Prägung ist kein Platz in uns für »böse« Anteile. Diese sind ja auch kein Teil von uns, sondern von Teufels Hand eingepflanzte Ideen oder animalische Relikte, von denen wir uns befreien müssen. Nur dann können wir rein werden und die Reinheit ist das Ziel. In diesem Sinne ist Reinheit Reduktion auf das »Gute« und damit das Gegenteil von Ganzheit. De facto wenden wir uns damit mehr und mehr von unserem Ursprung ab, denn in unserem Ursprung sind wir ganze Wesen.

Diese Ganzheit werden wir aber nie wirklich los. Auch dann nicht, wenn wir uns ihr mit unserem Bewusstsein verweigern. Wir bleiben ganze Wesen und deshalb erleiden wir auch unser Leben lang Verletzungen im ganzen Wesen.

Da die Verletzungen das ganze Wesen betreffen, kann die Heilung auch nur erfolgen, wenn das ganze Wesen in die Heilung mit einbezogen ist. Wenn Sie nun aber den Zugang zu so vielen Ihrer Anteile zugemauert haben, weil Sie diese Anteile verbannt haben, ist Ihnen auch der Heilungsweg nicht zugänglich. Alle Ihre Bemühungen um Heilung müssen vergebens bleiben, solange Sie die Ganzheit für sich nicht wieder hergestellt haben.

In diesem Punkt deckt sich meine Sicht mit der C.G. Jungs. In meiner Arbeit unterteile ich die Schattenarbeit in die drei Phasen *Aufwachen, Integrieren* und *Heilen*. Ihm wie mir geht es darum, dass in jedem von uns alle Aspekte des Menschseins vorhanden sind. Laut C.G. Jung sind wir – über das sogenannte kollektive Unbewusste – alle miteinander verbunden. Alle menschlichen Seelen sind damit mit allem Menschlichen in Kontakt, auch mit den Schatten. Wir können sie mit großem Energieaufwand verstecken oder unterdrücken, abschaffen können wir sie nicht. Die Verweigerung gegenüber dem Schatten kostet uns nicht nur Energie, sie beraubt uns auch vieler Möglichkeiten, die mit den Schatten verbunden sind.

Die Schattenanteile verschwinden nicht, nur weil sie bei Ihnen nicht erwünscht sind. Genauso wenig verschwindet die Ganzheit, nur weil Sie sie bewusst unterdrücken. Weil die Ganzheit nämlich nicht auflösbar ist. Hier treffen sich Psychologie, Spiritualität und Naturwissenschaft. Aus der Sicht der Quantenphysik gibt es nur eine einzige Ganzheit. Sie sind tatsächlich als Wesen mit allem anderen in diesem Universum verbunden!

Wahrscheinlich sitzen oder liegen Sie jetzt gerade auf einer Unterlage. Diese besteht aus Holz, Plastik, Leder, Stoff oder sonst einem Material. Und woraus besteht schlussendlich jedes Material? Aus Molekülen, die wiederum aus Atomen zusammengesetzt sind. Auch Atome kann man noch weiter unterteilen und am Ende landet man auf der Quantenebene. Grenzen gibt es auf dieser Ebene keine mehr. Das heißt wir sind – über das allumfassende Quantenfeld – mit unserer Unterlage verbunden! Das gilt auch für die Luft um uns herum, für Personen und überhaupt alles. Über das Quantenfeld ist alles mit allem verbunden.

Sobald Sie sich das bewusst gemacht haben, verändert sich Ihr Gehirn. Sie fangen an, eine Verbundenheit zu spüren – erst nur mit den Gegenständen und Personen in der näheren Umgebung, dann ziehen Sie den Kreis weiter und weiter. Die Verbundenheit hört nicht auf, sie kennt keine Grenzen. Und genauso ist dies mit Ihrem Wesen: Sie sind unendlich weit und ohne Grenzen.

Die Verbundenheit spüren

- Schließen Sie die Augen.
- Spüren Sie die Unterlage, auf der Sie sitzen oder liegen.
- Werden Sie sich der Verbundenheit mit der Unterlage bewusst.
- Erweitern Sie Ihre Aufmerksamkeit auf Ihre Umgebung und werden Sie sich der Verbundenheit auch mit ihr bewusst.
- Vergrößern Sie den Kreis Ihrer Bewusstheit, bis Sie Ihre Verbundenheit mit dem ganzen Universum empfinden.

Und wenn Sie es schaffen, Ihre Schattenanteile zu integrieren, werden Sie auch bewusst wieder zu dem ganzen Wesen, das Sie in Wahrheit immer sind. Zu Ihrem wahren Wesen. Der Weg über den Schatten führt zum Licht.

Was gehört alles zum Ganzen?

Es ist nicht leicht, die Ganzheit für sich zu entdecken und zuzulassen. Wir haben uns so lange beschränken lassen, dass wir oft erst nach und nach die Gesamtheit unserer Möglichkeiten realisieren und akzeptieren können.

So ernähre ich mich seit vielen Jahren aus verschiedenen Gründen rein pflanzlich und schütze Tiere, wo ich nur kann. Ich möchte Tieren nichts antun. Ich habe deshalb ein Weilchen gebraucht, um mir zuzugestehen, dass mich zum Beispiel Stechmücken extrem nerven. Ich würde sie am liebsten erschlagen. Ich spüre den wütenden und impulsiven Grigor in mir. Indem ich diesen Schattenanteil für mich angenommen habe, habe ich die Souveränität über die Möglichkeit für mich angenommen. Ich unterdrücke das Gefühl nicht, es ist für mich eine Handlungsoption unter verschiedenen anderen – indem ich den Anteil annehme, gebe ich ihm Raum im Denken. Die Wahl des Handelns bleibt dennoch bei mir. So würde ich niemals behaupten, dass ich in keinem Fall Fleisch essen würde. Wenn ich zum Beispiel kurz vor dem Verhungern wäre, wäre auch das eine Option. Oder wie James Bond so schön sagt: »Sag niemals nie.«

Schwieriger ist es, die Ganzheit anzunehmen, wenn ein Mensch Ihnen Leid zugefügt hat. Dann empfinden Sie wahrscheinlich zutiefst Ihre Rolle als Opfer. Sie leiden daran, es fehlt Ihnen jedes Verständnis für die Handlungsweise Ihres Peinigers. Sie können diese Seite für sich einfach nicht zulassen. Es ist ein langer harter Weg, zu erkennen, dass die Möglichkeit, selbst der Peiniger zu sein, auch in Ihnen steckt. Ihre Abwehr dagegen ist unendlich groß, der Gedanke daran unendlich schmerzhaft. Das sind große Aufgaben, die sich Ihnen dann stellen. Für deren Bewältigung brauchen Sie wahrscheinlich auch Unterstützung.

Dass es möglicherweise auch eine große unter den vielen Ihrer Aufgaben gibt, heißt aber nicht, dass Sie nicht mit den kleineren heute schon beginnen können. Lassen Sie sich nicht von der einen großen Aufgabe den Mut für die kleineren Herausforderungen nehmen. Sie müssen nicht alles auf einmal integrieren. Sie können sich auch Stück für Stück Ihren verstoßenen Rollen nähern und zunächst die Tür aufmachen für diejenigen Anteile, die für Sie nicht so schwierig zu akzeptieren sind. Manche dieser Anteile haben Sie übrigens nur vor sich selbst wirksam verborgen. Ihre Umwelt erkennt sie trotz Ihres Versteckspiels sehr gut.

Sie bekommen einen leichteren Zugang zu dem verstoßenen Anteil, wenn Sie sich auf die Suche nach dem positiven Part in diesem Anteil machen. Und Sie können sicher sein, dass es diesen in jedem, wirklich in jedem Anteil gibt. Sobald Sie diesen Part gefunden haben, wird Ihnen die Versöhnung mit dem ganzen Anteil gelingen.

Christian, ein Leistungssportler, kam zu mir ins Seminar, um mit seiner übergroßen Nervosität vor den Wettkämpfen besser zurechtzukommen. Als er es geschafft hatte, einen Schattenanteil zu integrieren, erzählte er mir von seinem inneren Monolog dazu: »Schaffe ich das, den Verlierer in mir zu lieben? Na ja, er ist ein Teil von mir. Bringt er mir denn auch etwas? Ja, eigentlich schon. Er macht mich demütig. Und was habe ich davon? Ich nehme nicht jeden Sieg für selbstverständlich. Die Demut macht meine Freude zu siegen größer. Ich kann den Sieg mehr genießen. So gesehen ist der Verlierer in mir ein Geschenk für mich.«

Ein leichterer Zugang kann sich auch ergeben, wenn Sie erkennen, welchem Prinzip die verstoßenen Anteile angehören. Es gibt das männliche und das weibliche Prinzip. Diese Prinzipien haben nichts damit zu tun, ob Sie eine Frau oder ein Mann sind, sondern ausschließlich mit Ihren seelischen Energien. So gibt es viele Frauen, die weniger das weibliche als das männliche Prinzip leben, und umgekehrt. Ich kenne einen Salsa-Lehrer, der sich regelmäßig über die Frauen beschwert, die sich nicht führen lassen wollen (weibliches Prinzip), und die Männer, die nicht führen können (männliches Prinzip).

Die Seele ist jedoch androgyn und trägt beide Prinzipien in sich. Wenn Sie ganz sein wollen, müssen Sie lernen, beide Prinzipien zu leben.

Weibliche und männliche Prinzipien

Weibliche Prinzipien	Männliche Prinzipien
Linke Körperseite	Rechte Körperseite
Gefäß (Vagina)	Stab (Penis)
Sich öffnen, Fülle zulassen, annehmen	Manifestieren, tun, umsetzen
Unterwegs sein, Spontaneität	Planen, Ziele erreichen, fokussieren
Sich hingeben, vertrauen	Kontrollieren, zweifeln
Glauben, Zuversicht	Fakten, Beweise
Mitteilen, austauschen	Lösungen, Ergebnisse
Kooperation, miteinander sein	Macht, gewinnen, für sich allein sein
Teilen, verbreiten	Besitzen, haben
Optionen, Möglichkeiten	Entscheidungen, Klarheit
Verbundenheit, Einheit	Unterscheiden, abgrenzen, trennen
Sein, genießen	Aktionismus, handeln

Wenn Sie zum Beispiel einen Konflikt mit dem männlichen Prinzip haben, fällt Ihnen das Definieren und Umsetzen von Zielen schwer. Sie sind dann zwar offen für neue Ideen, können diese aber nicht umsetzen.

Im Ursprung hängen Konflikte mit der weiblichen und männlichen Energie mit dem Verhältnis zu Vater und Mutter zusammen. Lassen Sie eines der beiden Prinzipien für sich nicht zu, beschränken Sie sich in Ihrer Handlungsfreiheit erheblich.

Deshalb ist es so wichtig, dass Sie sich aus den familiären Verstrickungen lösen und echte Heilung in die Beziehung zu Ihren Eltern bringen.

Manchmal hilft Ihnen Ihr Körper beim Erkennen der Defizite. Wenn Verletzungen oder Schmerzen immer wieder an derselben Stelle bzw. Körperseite auftreten, kann das ein Hinweis sein. Trifft es zum Beispiel immer die linke Körperseite, deutet das auf einen Konflikt mit dem weiblichen Prinzip hin.

Schatten dieser Art sind oft schwerer zu erkennen, weil Sie sie von der Beobachterposition aus nicht so leicht aus Ihren Rollen heraus identifizieren können. Und es gibt einen weiteren Schattenanteil, den Sie zunächst gar nicht direkt an sich beobachten können: Die Anteile in Ihnen, die Sie auf andere Menschen projizieren.

Du bist, was ich (nicht) sein möchte!

Stellen Sie sich vor, Sie haben einen Kollegen, den Sie nicht leiden können. Sie finden ihn arrogant. Unerträglich arrogant. Jedes Mal, wenn Sie ihm begegnen, sträuben sich Ihnen die Haare vor Abneigung, nur mühsam zügeln Sie Ihre Aggression. Doch die Frage ist: Wer hat hier ein Problem? Er oder Sie?

Ich will gar nicht infrage stellen, dass der Kollege wirklich arrogant ist. Wenn er es nicht wäre, hätten Sie gar keinen Anlass für Ihre Empfindungen. Bemerkenswert ist aber, dass sein Auftreten solch heftige Emotionen in Ihnen auslöst. Andere Mitarbeiter mokieren sich auch schon einmal über diesen Kollegen, aber sie gehen viel lockerer damit um und machen Witze darüber. Warum können Sie nicht darüber lachen? Warum macht Sie seine Arroganz so wütend?

Der Grund ist: Sie verurteilen in dem Kollegen etwas, was Sie selbst in sich tragen. Ohne dass Sie sich dessen bewusst sind. Da Sie diesen Anteil bei sich nicht haben wollen, haben Sie ihn nicht nur tief in sich eingemauert, sondern sogar noch weiter von sich entfernt. Sie projizieren die Ablehnung der eigenen Schattenanteile auf andere Personen, die genau diese Eigenschaften haben. Dadurch verlagern Sie das Schlachtfeld, das eigentlich in Ihnen angesiedelt ist, nach außen, in der Hoffnung, dass es dort nicht so schmerzhaft und unangenehm ist.

Die Beschäftigung mit der eigenen Persönlichkeit scheint gefährlicher zu sein als die Auslagerung unerwünschter Anteile. Wir können uns von diesem Außen scheinbar leichter abkehren und unserer Unterdrückungsenergie durch Wut und negative Worte Luft machen. Das ist leichter, als über uns selbst zu schimpfen.

Überraschend und für viele meiner Seminarteilnehmer eine komplett neue Erkenntnis ist, dass es bei solchen Projektionen nicht nur um negative Muster geht, von denen sich das Unterbewusstsein entlasten will. Wir projizieren auch positiv besetzte Rollen nach außen. Wir gönnen uns nicht den positiven Blick auf uns selbst und bewundern stattdessen diejenigen, die diesen positiven Anteil für uns ausleben.

Eine Frau ist zum Beispiel unzufrieden mit ihrer Figur. Sie hat sich erfolglos von einer Diät zur nächsten gequält und irgendwann aufgegeben. Sie trägt in sich den Glaubenssatz, dass nur schlanke Frauen sich in ihrem Körper wohlfühlen. Sie hat eine schlanke Freundin, die sie sehr bewundert und auf die sie ihre für sie scheinbar unerreichbaren Träume vom Wohlfühlen im eigenen Körper projiziert. Diese Freundschaft ist, ohne dass es der Frau bewusst ist, auch eine Ausrede, um nicht mehr selbst aktiv werden zu müssen und zu hinterfragen, wie sie zu diesem Wohlgefühl in ihrem eigenen Körper kommt.

Projektionen dienen aber auch der Selbstbestätigung, indem Menschen bei anderen Personen den Rollenanteilen besondere Beachtung schenken, die sie selbst in sich tragen. Wenn ich am Ende meiner Seminare die Teilnehmer um gegenseitiges Feedback bitte, werden viele positive und kritische Beurteilungen ausgetauscht. Wenn ich dann einen aus der Runde hinterher auf der sogenannten Metaebene (Beobachterposition) frage, warum er bei seinem Gegenüber zum Beispiel die Fähigkeit, sehr gut präsentieren zu können, so positiv hervorgehoben hat, dann stellt sich häufig im Gespräch heraus, dass er selber gut präsentieren kann und diese Fähigkeit deswegen unbewusst auch bei anderen Menschen besonders positiv registriert. Die Schulter, die da geklopft wird, ist zugleich auch stellvertretend für die eigene Schulter.

Unsere Projektionen sagen also viel mehr über uns selbst aus als über die Person, in der wir diese Anteile zu sehen glauben. Wenn Sie Ihre eigenen Projektionen erkennen lernen, schätzen Sie sich glücklich: Dies ist ein unglaublich hilfreicher Weg, Ihre eigenen verdrängten Anteile zu finden und sie zu integrieren!

Gerade die Anteile, die Sie auf andere projiziert haben, sind so leicht zu übersehen, denn in Ihrer Wahrnehmung sind es ja zunächst die Anteile Ihres Gegenübers und nicht die Ihren. Sie empfinden sie auf den ersten Blick nicht als zu sich gehörig. Diese Rollen und Muster sind oft nur schwer erkennbar. Es erfordert Übung und Geduld von Ihnen, sie zu entdecken. Über die Projektionen können Sie ihnen auf die Spur kommen und sie dann dahin zurückholen, wo sie eigentlich hingehören – zu Ihnen selbst!

So nehmen Sie Projektionen zurück

- Überlegen Sie, welchen Mitmenschen gegenüber (Kollegen, Nachbarn, Verwandten …) Sie besondere Abneigung empfinden.
- Wählen Sie fünf Personen aus diesem Pool aus.
- Welche Eigenschaften fallen Ihnen zu diesen Personen ein? Notieren Sie pro Person mindestens je 5 negative und je 5 positive Eigenschaften. Auch wenn Sie die

Person nicht mögen – wenn Sie nachdenken, werden Ihnen auch bei diesen positive Seiten einfallen.

- Auf diese Weise bekommen Sie bestimmt mindestens 10 Begriffe pro Person zusammen. Sicherlich gibt es über alle Personen hinweg viele Aspekte, die Sie mehrfach bei verschiedenen Personen benannt haben. Das ist schon ein Hinweis darauf, welche Eigenschaften Ihr Unterbewusstsein besonders beschäftigen, und die Sie deswegen häufiger auf andere Menschen projizieren.
- Die Eigenschaften, die sich so ergeben, nehmen Sie nun als Akt der Integration zu sich zurück! Bedenken Sie nochmals: Über das Quantenfeld sind Sie, ob Sie es wollen oder nicht, sowieso mit diesen Eigenschaften verbunden.
- Sie formulieren für eine positive Eigenschaft, die Sie bei einem anderen definiert haben, zum Beispiel die Fürsorglichkeit:

  »Ich mag AN MIR die Fürsorglichkeit!«

- Und für eine negative Eigenschaft eines anderen, zum Beispiel die Arroganz, formulieren Sie:

  »Ich mag AN MIR die Arroganz nicht!«

- Sagen Sie diese Sätze ruhig laut und so lange, bis sie ihre »Ladung« verlieren und sich neutral anfühlen.
- Auf diese Art nehmen Sie nach und nach alle positiven und negativen Eigenschaften zu sich zurück. Und stellen damit fest: Das habe ich auch in mir!
- In einem zweiten Teil überlegen Sie, welche Mitmenschen Ihnen besonders sympathisch sind. Mit deren Eigenschaften machen Sie jetzt die gleiche Übung noch einmal!

Wenn Sie sich eine Eigenschaft bei einer anderen Person bewusst gemacht haben, die Sie auf gar keinen Fall selbst haben wollen, die Sie nun aber zu sich zurückholen – wenn Sie sich also zum Beispiel bewusst machen: ICH BIN ARROGANT! – was passiert dann in Ihnen? Zunächst regt sich da ein Widerstand. Die integrative Arbeit besteht nun darin, dass Sie versuchen müssen, das Positive in dem Anteil zu erkennen. Die Frage ist also: Was ist positiv an meiner Arroganz? Die Antwort kann zum Beispiel sein: Sie schützt mich vor Verletzungen durch andere. In jedem durch Projektion verdrängten Anteil wird es auch etwas Positives geben, das Sie auf diese Art für sich herausziehen können. So können Sie sich auch mit diesem Anteil versöhnen.

Hilfsfragen für die Rücknahme von Projektionen

Wenn es Ihnen schwerfällt, abgelehnte Anteile zu sich zurückzunehmen, können Ihnen folgende Fragen helfen:

- Bin ich manchmal auch so?
- Könnte ich in bestimmten Situationen auch so handeln?
- Habe ich schon einmal in der Vergangenheit so gehandelt?
- Gäbe es Situationen, in denen ich auch so sein könnte?

Ich brauche dich!

Solche Projektionen sehe ich ganz besonders häufig in Partnerschaften. Menschen projizieren in ihre Partner oft gerade die Muster, Rollen und Eigenschaften, die sie bei sich selbst verdrängen oder vermissen. Das kann verhängnisvoll sein.

»Ich leih dir mein Bein und du leihst mir deins – dann humpeln wir zusammen durchs Leben«, sage ich zu meinen Seminarteilnehmern, um ihnen zu verdeutlichen, dass jeder für sich und bei sich bleiben muss, damit eine erfüllende Partnerschaft funktioniert. Sie kann nicht funktionieren, wenn eigene Anteile zum anderen ausgelagert werden.

So hatte ich in einem Partnerschaftsseminar ein Paar, das seit sechs Jahren verheiratet war und zwei Kinder hatte. Sie waren zu uns gekommen, weil es ständig heftigen Krach gab, und sie wussten nicht, wie sie ihr Problem lösen sollten.

Im Seminar arbeiteten wir dann folgende Situation heraus: Er hatte auf sie die Rolle der fürsorglichen Mutter projiziert. Alle Verantwortung für das emotionale Wohl der Familie und auch seines sah er bei ihr. Eine fürsorgliche Rolle seinerseits lehnte er dagegen kategorisch ab. Ein Mann sei nicht dafür gemacht. Das habe auch sein Vater stets gesagt und seine Mutter habe das bestätigt.

Diese Projektion hatte die Frau bisher auch ohne Widerspruch angenommen und verstärkte damit die Co-Abhängigkeit. Sie fühlte sich durch diese Zuweisung inzwischen aber so überlastet, dass es zu einer schweren Depression kam. Während eines längeren Aufenthalts in einer Klinik gewann sie genügend Abstand, um zu erkennen, dass sie nicht einen Mann und zwei Kinder an ihrer Seite hatte, sondern zwei kleine Kinder und ein erwachsenes Kind – und alle wollten bemuttert werden.

Nach ihrer Rückkehr begann sie, sich als Projektionsfläche zu verweigern. Als er sie fragte, ob er das Angebot von seinem Chef, einen neuen Aufgabenbereich zu übernehmen, annehmen solle, sagte sie ihm: »Du bist erwachsen. Du kannst selbst entscheiden, was gut ist.« Sie hatte ihm diesmal nicht mehr die Verantwortung für die Entscheidung abgenommen – wie es eine Mutter für ihren kleinen Sohn tut –, sondern ihn in seine Kraft gestellt. Er aber warf ihr vor, ihn nicht zu unterstützen: »Nie hilfst du mir. Nie bist du für mich da, wenn ich dich brauche.«

Damit antwortete er auf ihren Versuch, ihn in die Verantwortung zu bringen, mit einem Vorwurf, der mit der Situation nichts zu tun hatte. Früher – in ihrer unbewussten Beziehungsrolle – hätte sie daraufhin entweder zurückgeschossen oder nachgegeben. Sie wollte aber in eine authentische Beziehung übergehen und blieb stehen: »Ich nehme dich als wütend wahr. Das, was du vorbringst, scheint mir nicht zu meiner Aussage zu passen.«

Als er merkte, dass sie sich nicht mehr auf das Spiel einließ, fiel er in seine Bubenrolle zurück: Er tobte, schmollte, beschimpfte sie. Sie hatte ihm die Gelegenheit gegeben, sein Muster zu erkennen. Das tat er aber nicht, sondern verharrte in seiner Rolle.

Aber es gelang seiner Frau immerhin, ihn davon zu überzeugen, mit ihr zusammen das Paarseminar zu besuchen. Das bedeutete für ihn einen ersten Schritt hin zum Aufwachen.

In dem Seminar arbeiteten wir daran, dass auch er sich seiner Muster und Projektionen bewusst wurde und seine Anteile integrierte. Ich war sehr froh zu sehen, dass er sich auf den Weg des Aufwachens und Integrierens einließ. Damit waren sie als Paar auf einem guten Weg.

Die Ganzheit für sich selbst herzustellen ist nicht nur Aufgabe eines Einzelnen, sie ist auch Voraussetzung für eine authentische Paarbeziehung. Ich will jedoch nicht verhehlen, dass die Auflösung der Projektionen auch dazu führen kann, dass die Beziehung ausgedient hat. Andernfalls besteht aber die Chance, sie auf eine andere Ebene zu heben.

Erkennen und Annehmen

So vieles, was zu Ihnen gehört, nehmen Sie also bisher nicht wahr oder lassen es nicht zu. Wenn Sie sich aber auf den Weg zu Ihrer Heilung machen möchten, dann brauchen Sie die Integration aller Anteile. Öffnen Sie sich für Ihr ganzes Ich.

Diese Öffnung passiert nicht so einfach. Wenn Sie sich jetzt auf das Sofa setzen und beschließen: »Ab jetzt lasse ich alles zu«, wird das nicht funktionieren. Ihre Muster haben sich zu tief eingeschliffen, als dass sie auf einen Schlag beseitigt werden könnten. Diese Öffnung bedeutet Arbeit: Es ist eine Arbeit des Bewusstmachens dessen, was über viele Jahre ins Unterbewusste abgedrängt worden ist. Oft ist es auch eine schmerzhafte Arbeit, denn es sind tief verwurzelte Glaubenssätze, die Sie dazu gebracht haben, die ungeliebten Anteile zu leugnen, zu geißeln oder nach außen zu verlagern. Aber größer als der Schmerz, den Sie bei der Integration durchlaufen, ist die Erlösung von dem Leid, das Ihnen die Abwendung von Ihrer Ganzheit zufügt.

Rufen Sie sich noch mal die Spirale des Bewusstwerdungsprozesses ins Gedächtnis als Sinnbild des Weges zu Ihrem wahren Wesen: Wie alle Schritte auf dieser Spirale ist auch die Integration kein einmaliger Akt, sondern ein Prozess, den Sie immer und immer wieder durchlaufen. Bei Ihrer Arbeit an sich werden Ihnen wiederholt Anteile begegnen, die Sie bisher noch nicht entdeckt oder gefunden haben. Machen Sie von Zeit zu Zeit die Übungen, die ich Ihnen gleich an die Hand gebe, dann bleiben Sie aufmerksam gegenüber diesen Anteilen.

1. Erkennen

Im ersten Schritt geht es zunächst darum, dass Sie die Anteile finden, die Sie für sich persönlich ausgegrenzt haben. Sie sammeln sie am besten über die verschiedenen Wege, die ich Ihnen in diesem Kapitel schon aufgezeigt habe:

- Schreiben Sie sich auf, welche Rollen Sie bei sich beobachtet haben. Kreuzen Sie in dieser Liste diejenigen Rollen an, die Sie an sich überhaupt nicht mögen – für die Sie sich schämen oder die Sie an sich verurteilen.
- Im Abschnitt über die Projektionen habe ich Ihnen ja schon geraten, eine Liste der fünf Personen anzulegen, über die Sie

sich am meisten aufregen oder die Sie bewundern. Darüber haben Sie sich Ihre Projektionen bewusst gemacht, mit denen Sie sowohl positive als auch negative Anteile von sich auf Ihre Umwelt verlagert haben.

Mit diesen beiden Sammlungen haben Sie schon viele Seiten Ihrer Persönlichkeit erfasst, die Ihnen bisher nicht bewusst waren. Es gibt aber darüber hinaus welche, die immer noch in Ihren blinden Flecken verborgen sind. Sie können sie dennoch finden, weil Ihr Unterbewusstsein Ihnen sehr klar zu verstehen gibt, welche Anteile das sind – vorausgesetzt Sie wollen die Botschaft wahrnehmen.

Sie können Ihr Unterbewusstsein zum Klingen bringen, indem Sie die nachfolgende Liste von Aussagen durchlesen. Es wird Sätze geben, die Sie neutral hinnehmen. Es wird aber auch Sätze geben, bei denen es in Ihnen rot aufleuchtet. Das rote Aufleuchten ist die Botschaft Ihres Unterbewusstseins. Sammeln Sie diese Sätze, damit Sie sich danach mit ihnen beschäftigen können.

Wundern Sie sich nicht, dass in der Liste nicht nur negative Aussagen aufgeführt sind. Sie werden sehen, dass auch Lichtanteile von Ihnen im blinden Fleck gelandet sind. Bei der Integration geht es nicht nur darum, die dunklen Seiten zu integrieren, sondern ALLE Seiten, auch die lichten. Nur so werden Sie ganz.

Rote Botschaften

Lesen Sie in Ruhe alle Sätze durch. Sammeln Sie die Sätze, bei denen es während des Lesens in Ihnen rot aufleuchtet. Vielleicht fallen Ihnen beim Durchlesen noch weitere Aussagen ein, bei denen sich Ihnen die Nackenhaare sträuben. Schreiben Sie auch diese auf.

Dunkle Anteile	Lichte Anteile
Ich bin arrogant.	Ich bin bescheiden.
Ich bin unnachgiebig und hart.	Ich bin nachgiebig und flexibel.
Ich bin dick.	Ich bin zu dünn.
Ich bin unreflektiert und dumm.	Ich bin intelligent und weiß viel.
Ich bin hässlich.	Ich bin schön.
Ich bin ein Langweiler.	Ich bin unterhaltsam.
Ich trete in jeden Fettnapf.	Ich bin unglaublich diplomatisch.
Ich reagiere patzig.	Ich reagiere verständnisvoll.
Ich bin nicht liebenswert.	Ich bin es wert, geliebt zu werden.
Ich nutze aus.	Ich lasse mich ausnutzen.
Ich bin der Diener/die Dienerin.	Ich bin der Herr/die Herrin.
Ich bin mehr wert als die anderen.	Ich bin weniger wert als die anderen.
Ich hasse.	Ich liebe.
Ich bin ein ungehobelter Klotz.	Ich bin ein Charmeur.
Ich bin ein emotionaler Eisklotz.	Ich bin ein hingebungsvoller Liebhaber.
Ich bin ein Trampel.	Ich bin elegant.
Ich bin richtig fies.	Ich bin einfach nur nett.
Ich fahre aus der Haut.	Ich bleibe gelassen.
Ich bin stolz.	Ich bin demütig.
Ich bin neidisch.	Ich gönne jedem das Seine.
Ich bin diszipliniert.	Ich lasse mich gehen.
Ich bin geizig.	Ich bin großzügig.
Nur meine Meinung zählt.	Ich bin ein Blatt im Wind.
Ohne mich geht nichts auf dieser Welt.	Auf mich kommt es nicht an.
Ich bin gnadenlos.	Ich bin empathisch.
Ich bin schüchtern.	Ich bin ein begnadeter Kontaktmensch.
Ich bin ein Lügner.	Ich bin wahrhaftig.
…	…

2. Annehmen

Sie haben nun eine Sammlung von Anteilen vor sich liegen. Ihre Aufgabe ist es, einen Anteil nach dem anderen zu sich zu nehmen. Dafür gibt es zwei Wege, die Sie beide nutzen sollten. Für den ersten Weg gehen Sie in eine kleine Meditation, für den zweiten Weg brauchen Sie Ihre Liste der »roten« Sätze.

Treffen Sie sich selbst im Zug

Setzen Sie sich oder legen Sie sich entspannt hin, schließen Sie die Augen und kommen Sie über Ihren Atem zur Ruhe. Falls Ihnen das schwerfällt, können Sie zum Beispiel die Übung »Puls spüren« aus dem Kapitel »Aufwachen« durchführen. In den nächsten Kapiteln werden Sie lernen, wie Sie tiefer in eine Meditation eintauchen können.
Nun lassen Sie vor Ihrem inneren Auge einen Zug vorfahren. Sie steigen ein und sehen in den Sitzreihen sich selbst sitzen in den verschiedenen Rollen, die Sie sich notiert haben.
Gehen Sie nun ganz langsam durch die Reihen. Setzen Sie sich neben jede Ihrer Rollen, betrachten Sie sich in dieser Rolle und sprechen Sie mit sich. Wo ist das Positive, das für Sie in dieser Rolle steckt?
Wenn Sie Ihren Frieden mit dieser Rolle geschlossen haben, schütteln Sie sich herzlich die Hand, umarmen Sie sich und entlassen Sie diese Rolle am nächsten Bahnhof aus dem Zug in Ihr Ich. Sie selbst gehen im Waggon eine Bank weiter und setzen sich zu Ihrer nächsten Rolle.
Vielleicht schaffen Sie beim ersten Mal nicht alle Rollen – das ist nicht schlimm. Sie können die Rollen nach und nach in verschiedenen Meditationssitzungen annehmen und auf diese Art nach und nach die Reihen der ungeliebten Anteile im Zug leeren.

Ich sage es mir ins Gesicht

Nehmen Sie sich Ihre Liste der »roten« Sätze zur Hand. Stellen Sie sich damit vor einen Spiegel und schauen Sie sich an.
Sagen Sie sich jeden Satz so lange ins Gesicht, bis er seine Kraft verliert.
Einige der Hilfsfragen aus der Übung für die Rücknahme von Projektionen können Ihnen helfen, den Satz wirklich für sich anzunehmen:

› Wann habe ich so gehandelt?
› Wann handle ich heute so?
› Wann würde ich in Zukunft so handeln?

Auch für diese Übung gilt: Sie müssen nicht alle Sätze, alle Anteile auf einen Schlag annehmen. Geben Sie jedem Anteil den Raum, den er braucht, um wieder in Ihnen anzukommen. Wiederholen Sie die Übung so lange, bis Sie die Liste durch haben. Falls Ihnen durch Ihre neue Aufmerksamkeit im Laufe der Zeit noch mehr rote Sätze einfallen, nehmen Sie sie in Ihre Liste auf und geben Sie ihnen Raum.

Wenn Sie Ihren Rollen oder Ihren roten Sätzen auf diese Art begegnen, verspüren Sie zunächst Widerstand. Das ist nicht überraschend, denn Sie haben sich ja nicht ohne Grund einst von diesen Anteilen abgewandt. Mit den Übungen machen Sie sich bewusst, dass es eine Tatsache ist, dass auch dieser Anteil ein Teil von Ihnen ist. Die (Selbst-)Lüge wird durch die Tatsache enttarnt und offensichtlich.

Zum ersten Mal sind Sie ehrlich mit sich. Diese Ehrlichkeit wird zu einer großen inneren Entspannung führen. Weil die

Lüge weg ist. Es ist nämlich sehr anstrengend und nervenaufreibend, Lügen aufrechtzuerhalten. Es war Ihnen nie bewusst, aber es hat Sie viel Lebensenergie gekostet, die Anteile, die immer wieder an die Oberfläche wollten, zurückzudrängen. Wenn diese Anstrengung auf einmal nicht mehr notwendig ist, stellt sich Entspannung ein.

Haben Sie sich schon in den kostenlosen Mailverteiler eingetragen? Falls nicht, gehen Sie bitte auf meine Website www.grigor.live/wozu und tragen Sie dort Ihre E-Mail ein. Sie erhalten neue Impulse und Übungen zum Buch.

Frieden in mir

Mit der Entspannung kehrt ein innerer Frieden bei Ihnen ein. Sie können Ihren inneren Kampf beenden. Ihre ständige Abwehrschlacht gegen die Anteile, die Sie nicht annehmen wollten, hört auf. Diese innere Versöhnung führt Sie auch zu einem äußeren Frieden. Ich erlebe meine Seminarteilnehmer in der Tat wesentlich entspannter und friedvoller, wenn sie Ihre verstoßenen Anteile integriert haben. Sie werden ganz, und Ganz-Sein vermittelt Frieden. Und Freiheit.

Es ist bezeichnend, dass Frieden und Freiheit ein und demselben Wortstamm entspringen. Durch die Integration erlangen Sie die Freiheit, Ihre Rollen zu wählen. Sie müssen nicht mehr in die eine oder andere Rolle schlüpfen, weil Sie in dem Reiz-Reaktions-Schema stecken, das Ihnen keine Wahl lässt. Sie können Ihre Rolle in jeder Situation frei wählen. Sie müssen nicht mehr trotzig reagieren, aber Sie können und Sie dürfen. Sie müssen nicht mehr die Rolle der Fürsorglichen annehmen, aber Sie können und Sie dürfen. Sie dürfen aber auch in jede andere Rolle schlüpfen.

Diese Erkenntnis wirkt befreiend und dieses befreite Gefühl wird Ihren inneren Frieden noch verstärken.

Zu dem Frieden und der Freiheit gesellt sich durch die Versöhnung Ihrer weiblichen und Ihrer männlichen Energieanteile eine Aktivierung Ihrer Möglichkeiten. Beide Energien sind in Ihnen und wollen ausgelebt werden: Wenn Sie sowohl das öffnende als auch das manifestierende Prinzip für sich zulassen, stellt sich eine größere Zufriedenheit in Ihnen ein.

Die Energie, die Sie bisher für die Unterdrückung Ihrer unerwünschten Anteile aufwenden mussten, steht Ihnen nun für Ihr Leben zur Verfügung. Sie spüren Lebendigkeit statt Erschöpfung und Verdruss. Die vielen Fälle von Depressionen, die sich allerorts beobachten lassen, ließen sich allein durch die Freisetzung von Lebens-Energie bessern.

Doch nicht nur sich selbst eröffnen Sie mit Ihrer Integration neue Möglichkeiten. Wenn Sie konsequent nicht mehr automatisch alle Reiz-Reaktions-Schemata bedienen, stören Sie den gewohnten Ablauf. Sie wählen frei Ihre Rolle aus, und diese kann eine andere sein als die gewohnte. Diese Störung löst bei Ihrem Gegenüber eine Irritation aus – einen Aufwachmoment. Wenn er/sie diesen Moment nutzt, kann auch er/sie sich auf den Weg machen. Indem Sie Ihren Weg gehen, helfen Sie auch anderen, sich ebenfalls auf ihren Weg zu machen.

Jo-Jo-Effekt vermeiden

Wie das Aufwachen ist auch die Integration kein stabiler Zustand. Keine Stufe, die – einmal erklommen – ein für alle Mal behalten werden kann. So wie Sie kontinuierlich daran arbeiten müssen, dass nach dem Aufwachen nicht wieder das Abrutschen in die Trance erfolgt – bzw. jeder Stufe des Aufwachens eine nächste folgen kann –, so bleibt auch Ihre Aufgabe des Integrierens über den Tag hinaus bestehen.

Sie werden im Integrationsprozess womöglich auch neue Aufwachmomente erleben. Und diese öffnen Ihren Blick für bisher unberücksichtigte Anteile. Gerade wenn Sie die Integration mit Blick auf ein bestimmtes Thema durchlaufen, kann sich am Ende dieses Prozessschrittes herausstellen, dass sich hinter dem ersten Thema ein viel wichtigeres Thema verbirgt. Und dieses neue Thema stellt Sie erneut vor die Beobachteraufgabe.

Vergegenwärtigen Sie sich noch einmal die Spiralform, in der sich Ihr Weg nach oben bewegt: Sie kommen immer wieder an denselben Punkten vorbei, nur bewegen Sie sich jeweils auf einer höheren Ebene. Das gilt auch für die Integration.

Der Weg zur Heilung

Mit der Integration haben Sie eine Stufe von Ganzheit erreicht, von der aus Sie den nächsten Schritt gehen können. Genau genommen ist die Grenze zwischen Integration und Heilung nicht so deutlich, wie es vielleicht klingt. Eine gelungene Integration bereitet den Boden für den Heilungsprozess und ist somit auch ein Teil von ihm. Umso fragwürdiger sind Ansätze, die Heilung ohne Schattenarbeit anbieten. Sie wecken falsche Hoffnungen, indem sie eine Lösung ohne Mühe und Schmerzen versprechen. Und sie verschlimmern das Leiden auf diese Art, denn Symptome, die zunächst durch diese Ansätze zu verschwinden scheinen, treten in umso gravierenderer Form später wieder zutage – und erzeugen umso mehr Verzweiflung.

Warum nun die Ganzheit auf der emotionalen Ebene in meinen Augen eine unabdingbare Voraussetzung für Heilung ist, das will ich Ihnen im nächsten Kapitel erzählen.

Schritt 3: HEILEN

Heben Sie die Steine.
Was müssen Sie loslassen?

Wenn Sie Ihre Anteile Stück für Stück zu sich geholt haben, fühlen Sie sich in der Regel entspannt und friedvoll. Ihre ungeliebten Rollen, Ihre möglichen Anteile, Ihre projizierten Eigenschaften haben Sie angenommen – darum fühlen Sie sich ganz.

Bedeutet das, alles ist jetzt gut?

Manchmal ja. Manchmal ist da aber noch ein Gefühl, dass das noch nicht alles war. Sie zucken zum Beispiel immer noch zusammen, wenn der Chef das Büro betritt. Oder es überfällt Sie auf einmal eine tiefe Trauer. Oder eine grundlose, aber tiefe Scham. Und wieder haben Sie sich auf eine Partnerschaft eingelassen, die schiefzulaufen scheint – genau wie die beiden davor. Diese Gefühle sind immer noch da. Und Sie wissen nicht warum.

So war es auch bei Margarete, einer Grundschullehrerin, die seit über 20 Jahren immer wieder an heftigen Migräneattacken litt. Sie hatte schon viele Therapieformen ausprobiert, mit schulmedizinischen, psychosomatischen und auch alternativen Ansätzen. Als sie dann zu uns kam, war sie in einem verzweifelten Zustand. Sie wusste sich weder selbst zu helfen noch wusste sie, an wen sie sich um Hilfe wenden sollte. In einem ersten Schritt lernte sie bei uns, aufzuwachen und ihre Krankheit besser zu beobachten. Dann leiteten wir sie an, alles, was sie an sich ablehnte, zu integrieren. Vor allem der Teil in ihr, der sich verzweifelt und ohnmächtig fühlte, bedurfte ihrer vollen Aufmerksamkeit und Liebe. Die ersten Erfolge waren schnell spürbar, denn die Attacken traten nur noch selten auf. Aber verschwunden waren sie mit der Integration noch nicht. Denn die Integration ist zwar ein wichtiger, aber nicht der einzige Schritt, der zu tun ist.

Erst als wir mit ihr den eigentlichen Ursprung ihrer Schmerzen und damit die Wurzel des Problems ausmachen und heilen konnten, war sie endgültig von der Migräne befreit.

Die Entspannung nach der Integration wird hervorgerufen durch die Freisetzung der Lebensenergie, die vorher gebunden war. Gebunden an die Abwehr- und Unterdrückungsleistung, die Sie Tag für Tag vollbracht haben. Dass Ihnen die Lebensenergie wieder zur Verfügung steht, ist der erste Schritt. Die Energie auch wieder ins Fließen zu bekommen, der nächste.

Steine im Fluss

Ich habe Ihnen schon von dem Bild Ihrer Lebensgeschichte als Fluss erzählt: Direkt nach der Quelle ist Ihr Fluss breit, er fließt schnell und ist energiegeladen. Doch jedes emotionale Trauma, das Sie ungeschützt getroffen hat, hat einen Stein in Ihrem Lebensfluss hinterlassen.

Da gibt es große und kleine Steine. Steine, die ein Stück weit über die Wasserlinie hinausragen, und Steine, die überspült und kaum sichtbar sind. Manche Steine sitzen nur leicht auf dem Flussbett auf und manche sind tief in die Schichten des Bettes eingegraben. Und jeder Stein bedeutet eine Störung des Flusses.

Das Bild der Steine steht für die Ursachen Ihrer Leiden. Solange sie in Ihrem Fluss verbleiben, werden diese Ursachen für Störungen sorgen.

Wie die Steine entstehen

Die Steine können aus verschiedenen Gründen entstehen: Es wird Ihnen etwas weggenommen, Sie verlieren jemanden, ein geliebter Mensch ist gestorben. Auch ein Wohnortwechsel kann ein Trauma verursachen, wenn Sie aus Ihrem Umfeld herausgerissen werden und damit Ihren Halt verlieren.

In meinem Fall war es unter anderem eine Hirnhautentzündung in der Kindheit, die mit Windpocken einherging. Wochenlang lag ich einsam im Spital unter Quarantäne, und mein Leben hing an einem seidenen Faden. Dies hinterließ nicht nur körperliche, sondern auch psychische Spuren, die ich später aufarbeiten musste.

Je ungeschützter Sie so ein Trauma trifft, umso tiefer gräbt sich der Stein ein. Deshalb ist es nicht verwunderlich, dass in der Kindheit besonders viele Steine in den Fluss geraten. Als Erwachsene erinnern wir uns bewusst kaum noch an diese Situationen, da unser System aufs Überleben programmiert ist und traumatische Erlebnisse systematisch verdrängt, um vordergründig schnell wieder zu funktionieren. Die Erlebnisse verschwimmen in unserer Erinnerung. Jedes schmerzhafte Erlebnis führt darüber hinaus dazu, dass die Schutzschichten dicker werden. Wie in der Einführung bereits beschrieben, können Sie sich die Schichten wie einen Panzer um Ihr Herz vorstellen, der Sie in zunehmendem Maße vor weiteren Verletzungen schützt.

Gleichzeitig verändern diese Erlebnisse unsere Wahrnehmung und wir beginnen, bedrohlich scheinende Situationen möglichst zu vermeiden. Diese Verhinderungstaktik führt dazu, dass wir immer weniger Risiken eingehen und damit auch wichtige Entwicklungschancen verpassen. Es kommen zwar dadurch im weiteren Lebenslauf weniger Steine hinzu, gleichzeitig reduzieren wir jedoch unsere Lernerfahrungsmöglichkeiten drastisch und bremsen unsere Fahrt auf dem Lebensfluss. Am Ende dümpeln wir dann nur noch gemächlich dahin und fragen uns, warum es nicht vorwärtsgeht. Wir verfallen in die bereits beschriebene Trance, in den Schlafzustand.

Doch die Trance schützt uns nur vermeintlich vor weiteren

Steinen, sie kann im Gegenteil sogar Ursache noch weiterer Steine sein: Wenn wir uns nämlich beharrlich den Botschaften unserer Seele oder der anderer Seelen verschließen, legen wir uns selbst Steine in unseren Fluss. Durch den Trance-Zustand sind unsere Ohren für diese Botschaften taub. Erst über diese Steine, beispielsweise durch einschneidende Ereignisse, verschaffen sie sich wieder Gehör.

Einen direkten Zusammenhang zwischen dem Leiden und der Ursache herzustellen ist gar nicht so einfach. Durch die Schutzschalen wird der Bezug zur ursprünglichen Situation verdeckt. Deshalb gestaltet sich die Suche danach oft so schwierig. Auch lässt die Größe des Steines nicht unbedingt auf die Größe der Verletzung schließen. Wirklich tief greifende Eingriffe in das Leben eines Menschen wie beispielsweise Missbrauch hinterlassen erfahrungsgemäß immer tiefe Verletzungen. Aber auch Ereignisse, die von außen betrachtet eher harmlos wirken, wie der Verlust eines geliebten Stofftiers, können ebenfalls große Steineinschläge verursachen.

Wie groß der Stein ist, hängt nicht unbedingt von der Dramatik des Ereignisses, sondern von der aktuellen Verfassung des Betroffenen ab. Untersuchungen nach dem Vietnamkrieg haben gezeigt, dass Zwillinge, die genau die gleiche traumatische Situation erlebt hatten, diese komplett unterschiedlich verarbeiteten. Während der eine Schlafstörungen und Angstzustände entwickelte, lebte der andere ohne jegliche Nachwirkungen weiter. Der einzige Unterschied zwischen den beiden bestand in dem psychischen Zustand während des Schockmoments. Derjenige, der in dem Augenblick psychisch und körperlich gesund war, konnte viel besser mit den traumatischen Erlebnissen umgehen, als derjenige, der in diesem Moment geschwächt war. Somit ist oft nicht die Schwere des Erlebnisses entscheidend, sondern vielmehr der energetische Zustand der Person.

Wie schon angedeutet, ist es neben der Größe des Steines

entscheidend, wie tief der Stein im Fluss verortet ist. Und hier möchte ich Sie zu einem weiteren entscheidenden Aspekt hinführen: zu der Lehre von den vier Körpern.

Die vier Körper

VIER Körper? Üblicherweise gehen die Menschen davon aus, dass sie nur einen Körper haben, nämlich ihren physischen. Die christliche Tradition spricht immerhin schon von drei Teilen, aus denen der Mensch besteht – nämlich aus dem physischen Körper, dem Geist und der Seele. Dabei wird die Seele eher der Psyche und der Geist etwas Übergeordnetem, Gott-Zugewandtem zugeordnet.

Ich dagegen gehe von der Vier-Körper-Lehre aus. Auch wenn die Begriffe teilweise ähnlich klingen, so unterscheidet sich mein Ansatz in ein paar Punkten ganz wesentlich von den geläufigen Vorstellungen.

Im Einführungskapitel kam bereits zur Sprache, dass wir in erster Linie fühlende Wesen sind. Dies betrifft vor allem diese Inkarnation, also das Leben, das Sie gerade jetzt führen. Doch wer waren Sie, bevor Sie inkarniert sind? Nach meiner Theorie hatten Sie bereits vor diesem Leben eine Existenz und zwar auf der spirituellen Ebene.

In unseren Anfängen existiert nur unser Spiritualkörper. Er ist der Ausgangspunkt. Als Einziger unserer Körper hat er keinen Anfang und auch kein Ende. Unser Spiritualkörper existiert daher über den Tod unserer anderen Körper hinaus.

Aus unserem Spiritualkörper heraus inkarnieren wir in unsere anderen drei Körper:

- den *physischen Körper:* Das ist unsere sichtbare Ausprägung, unser Alltag und unser Alltagserleben. Mit ihm sind Sie vermutlich am vertrautesten.
- den *Mentalkörper:* Er ist zuständig für unsere Gedanken und Glaubenssätze. Er bildet also nicht nur unseren ratio-

nalen Anteil, sondern ist stark geprägt von Bildern und Erinnerungen, die in uns abgespeichert sind.

- den *Emotionalkörper:* In ihm sammeln sich all unsere Gefühle. In ihm finden sich auch die Grundgefühle. Das sind ursprüngliche Gefühle wie emotionaler Schmerz, Angst, Wut, Trauer und Scham, Liebe, Freude. Ganz entgegen unserer Alltagserfahrung haben diese Gefühle keinen Bezug zu irgendetwas. Eine Wut ist eine Wut ist eine Wut – ohne Anlass, ohne Bezug.

  Wenn Sie zum Beispiel Angst vor einer Spinne haben, kommt das Bild der Spinne aus dem Mentalkörper und die Angst aus dem Emotionalkörper. Dies mag für Sie im Moment noch keinen wesentlichen Unterschied machen – für den ganzheitlichen Heilerfolg ist dies jedoch sehr wichtig. Die Inhalte des Mentalkörpers verbinden sich oft mit jenen des Emotionalkörpers: Bei Sorgen zum Beispiel mischen sich die Gedanken der mentalen Sphäre mit den Gefühlen der emotionalen Sphäre.

Stellen Sie sich am besten die vier Körper als Kreise vor, die ineinandergreifen. Unsere vier Körper sind ständig miteinander in Kontakt, auch wenn uns das nicht bewusst ist. Sie sind in

ständigem Austausch über eine Art Schnittmenge. In dieser Schnittmenge kommen alle Körper zusammen und bilden den Kern Ihrer ganzheitlichen Persönlichkeit.

Über unseren Spiritualkörper stehen wir darüber hinaus in Kontakt mit allen anderen Seelen. Hier ist die Sphäre, in der Seelen auch miteinander kommunizieren und sich gegenseitig »Aufträge« geben können. Ihren Ausdruck finden diese Aufträge in unseren anderen Körpern. Von den Aufträgen bzw. Lernaufgaben berichte ich später mehr.

Der Kontakt mit anderen Seelen findet auch in sogenannten Reinkarnationserfahrungen ihren Ausdruck. So berichten Menschen, die Rückführungen in andere Inkarnationen machen, immer wieder davon, dass sie erlebt haben, eine bestimmte historische Persönlichkeit gewesen zu sein. Kleopatra ist so ein Klassiker. Inzwischen gibt es jedoch Hunderte, wenn nicht gar Tausende von Berichten von Menschen, die mit großer Überzeugung erzählen, dass sie eine Reinkarnation der ägyptischen Königin sind. Sie schildern eine erstaunliche Anzahl von Details und Daten und das in sehr authentischer Weise.

Dieses Detailwissen wird von den jeweiligen rückführenden Therapeuten dann als Beweis für das Vorliegen einer tatsächlichen Reinkarnation dieser Person gewertet. Ich habe da eine andere Auffassung entwickelt, denn schon sehr früh habe ich mich gefragt: Wie kann es sein, dass so viele Menschen Kleopatra waren? Ein Leben kann ja nur einmal geführt worden sein. Also können nicht mehrere Menschen das gleiche Leben geführt haben. Eine überzeugende Antwort konnten mir nicht einmal erfahrene Reinkarnationstherapeuten geben. Im Gegenteil: Sie hatten sich diese Frage noch gar nie gestellt und mussten ihre eigene Arbeit grundlegend hinterfragen.

Dennoch sind die Erlebnisse während einer solchen Erfahrung keine Einbildung. Aus meiner Sicht kann eine tatsächliche Verbindung zu Kleopatra stattgefunden haben, ohne dass es sich um eine echte Inkarnation gehandelt hat. Denn über das Quantenfeld sind wir mit allem verbunden. Dieses »Alles« umfasst auch das Wissen aller Leben, die je existiert haben. Der kosmische Wissensspeicher beinhaltet demnach Kleopatra genauso wie ihre niederste Bedienstete oder König Artus wie irgendeinen Bauern seiner Zeit.

So können Sie in einer Rückführungssitzung den Bezug zu einer anderen Seele erfahren, ohne sie gewesen zu sein. Das schmälert den Erfolg dieser Erfahrung in keinster Weise. Das Entscheidende ist nicht, ob Sie wirklich dieses frühere Leben gelebt haben. Das Entscheidende ist, warum Ihre Seele in dieser Sitzung genau mit dieser anderen Seele in Verbindung tritt. Denn Ihr Problem besteht ja in Ihrem jetzigen und nicht in einem vorherigen Leben – wie auch Ihre Aufgabe darin besteht, es in diesem jetzigen Leben zu lösen! Wenn ich Sie also in diese tiefe Entspannung führen würde, dann würden Sie vielleicht genau bei dieser einen Seele landen. Aber nicht weil Sie diese Seele waren, sondern weil es ein Thema zwischen ihr und Ihnen gibt. Die Zusammenführung mit dieser Seele hilft Ihnen, Ihr Thema zu erkennen und anzugehen. Sie spiegelt Ihnen Ihr Thema und lässt Sie für einen Moment aus Ihren normalen Denkmustern aussteigen.

Das ist meines Erachtens der eigentliche Sinn hinter Rückführungen und nicht das Auffinden eines früheren Lebens. Gute Therapeuten belassen ihre Klienten deshalb nicht bei der bloßen Erkenntnis, dass sie mit einem früheren Leben in Kontakt getreten sind. Sie bearbeiten mit ihnen auch die Frage: »Worum geht es denn eigentlich seelisch gesehen?« Sie leuchten zusammen mit ihren Klienten aus, warum es gerade diese Seele bzw. dieses frühere Leben war, mit der bzw. dem sie in Kontakt getreten sind, und welches Thema dahintersteckt. Aus diesem Grund bieten wir für die von uns ausgebildeten Persönlichkeits-Coaches in einer vertiefenden Weiterbildung genau diese speziellen Techniken an.

Verletzungen
Ich habe Ihnen bereits von den Schnittmengen erzählt, welche der physische, der mentale, der emotionale und der spirituelle Körper bilden. Aus dieser Verbindung heraus wird es verständlich, dass ein Trauma selten nur in einem Ihrer Körper Spuren hinterlässt.

Das ist eine wichtige Erkenntnis: Verletzungen betreffen immer mehr als einen Körper. Wenn der Heilungszugang aber nur zu einem dieser Körper erfolgt, ist die Chance, dass eine ganzheitliche Heilung gelingt, gering.

In das Bild von Ihrem Lebensfluss übertragen heißt das: Die Steine im Flussbett reichen in mehrere Schichten hinein. Kein Einziger liegt einfach nur obenauf, ohne sich in das Flussbett einzudrücken. Manche der Steine sind sogar ganz tief eingesunken und ragen kaum über die oberste Schicht hinaus. Umso schwerer sind sie dann zu entdecken.

Um aber Ihrer Heilung näher zu kommen, sind Ihre Steine im Fluss der Schlüssel.

Warum die Steine heben?

Die Heilung einer Verletzung können Sie nur dort vollziehen, wo die Verletzung ihre Spuren hinterlassen hat, also in jedem der betroffenen Körper. Wenn Sie die Verletzung ausschließlich auf einer der Ebenen angehen, werden Sie keine wirkliche Heilung erfahren. So steht nach meiner Erfahrung hinter den meisten körperlichen Beschwerden mindestens noch ein emotionales Thema. Behandelt man diese nur auf der physischen Ebene mit Medikamenten und Operationen, geschieht keine ganzheitliche Heilung.

Das Gleiche gilt für die psychologische Arbeit. Oft wird ein Problem aus allen möglichen Blickwinkeln besprochen, ohne wirklich in die Tiefe zu gehen. Mir berichteten Klienten, dass sie stundenlang ihr Problem schildern und analysieren mussten, ohne irgendeine emotionale Regung zu verspüren – das ist typisch für den Mentalkörper. Geht ein Therapeut dann jedoch tiefer, wird oft der mental-emotionale Bereich, also der Ort, wo alle Erinnerungen und Prägungen abgelegt sind, adressiert. Wo tatsächlich nur diese Körper betroffen sind, können die Methoden der Psychologie greifen, darüber hinaus aber nicht.

Schon wesentlich effektiver sind alle Methoden, die drei Körper mit einbeziehen: Physisch, mental und emotional. Oft sind diese in der körperzentrierten Trauma-Arbeit zu finden.

Doch »heil werden« heißt in seiner ursprünglichen Bedeutung »ganz werden«: Das, was fehlt, (wieder) einbringen. Bei einer Verletzung ist etwas ent-zwei gegangen, was wieder zusammengefügt werden muss, um wieder eins zu sein. Um wieder eins zu werden, müssen Sie herausfinden, was der Ursprung dessen ist, was Ihnen abhandengekommen ist. Und für dieses Herausfinden brauchen Sie ein Verständnis für den ganzen Zusammenhang.

Gerade für die sehr sehr tiefen Verletzungen, die Sie auf logische Weise einfach nicht verstehen können, müssen Sie diesen großen Zusammenhang begreifen. Den Missbrauch durch den eigenen Vater werden Sie verstandesmäßig niemals verstehen können. Und wo Ihnen das Verständnis fehlt, wird Ihnen auch die Möglichkeit fehlen, zu verzeihen und loszulassen. In meinem Weltbild ist es aber so, dass nichts ohne Grund geschieht. Denn die Seele macht bestimmte Erfahrungen, um sich weiterzuentwickeln. Und dazu kommen andere Seelen in ihr Leben. Sie tun ihr vielleicht Dinge an, die verletzend und sogar traumatisierend sind. Dinge, die weder auf der physischen noch auf der mentalen oder emotionalen Ebene zu verstehen sind.

Sobald ich jedoch in solchen Fällen die spirituelle Ebene dazunehme und meinem Klienten helfe, Kontakt zu der Seele der anderen Person aufzubauen, habe ich schon Wunder geschehen sehen. Denn der betroffene Mensch hat auf einmal die Möglichkeit, die größeren Zusammenhänge zu erkennen. Er öffnet sich der Erkenntnis, dass in jedem noch so schmerzhaften Erlebnis die Chance des Bewusstwerdens steckt. Es geht darum, das Geschenk, die Offenbarung dahinter zu erkennen. Nimmt er das Geschenk der Seele an, so wird er seinem wahren Wesen näher kommen. Solange der Mensch sich jedoch ausschließlich als Opfer sieht und den Täter in seinem Leben sucht, wird er noch tiefer in die Trance fallen. Damit lehnt er das Geschenk ab und wird sich noch weiter von seinem wahren Wesen entfernen.

Auf diesem Hintergrund wird klar, warum ich sage, dass ganzheitliche Heilung ein Prozess der Bewusstwerdung ist. Und dass die Integration mit der Ganz-Werdung auf der emotionalen Ebene zwar nicht die Heilung selbst, aber die Basis für die Heilung darstellt: Wenn schon diese Ebene nicht heil, nicht ganz ist, können auch alle anderen Ebenen nicht heil werden. Deshalb hilft es Ihnen nicht, zu einem energetisch arbeitenden Heiler zu gehen, damit er die Leiden »wegmacht«. Denn so findet weder ein bewusster Prozess bei Ihnen statt, noch werden Ihre anderen drei Körper, mental, emotional und physisch, in die Heilung einbezogen. Der Heiler kann vielleicht im Spiritualkörper etwas bewirken, das sich durchaus positiv auf Sie auswirkt und auch im ersten Moment Linderung bringt. Wenn Sie Ihr dahinterliegendes Thema aber nicht lösen, wird das Leiden zurückkehren oder an einer anderen Stelle wieder auftauchen. Und Sie müssen sich somit immer wieder und wieder behandeln lassen.

Dieser Gedanke einer ganzheitlichen Heilung begegnet Ihnen in verschiedenen Ansätzen. Sei es in der Integralen Theorie, der Systemischen Therapie oder in der Psychoneuroimmunologie (Wechselwirkung der Psyche, des Nervensystems und des Immunsystems). Aber auch in den alten Lehren wie dem Schamanismus, dem Hinduismus sowie dem daraus entstandenen Buddhismus oder im Yoga (indische philosophische Lehre) wird der Mensch als Ganzes betrachtet. In all diesen Ansätzen geht es nicht nur darum, das Problem zu lösen oder wegzumachen, sondern die größeren Zusammenhänge zu verstehen, tiefere Erkenntnisse zu ermöglichen und wieder in Harmonie zu kommen.

Harmonie ist die
Basis für Gesundheit.
Disharmonie führt
zu Krankheit.

In meinem Verständnis ist es daher essenziell, dass Sie die Ursprünge erkennen lernen. Denn Sie können erst etwas heilen, wenn Sie es in Ihren Händen halten, es betrachten und sagen können: »Ja, es gehört zu mir und es ist okay.«

Das heißt, Sie müssen Ihre Steine im Fluss finden und heben, sie betrachten und in sich aufnehmen, damit Ihre Lebensenergie an dieser Stelle wieder frei fließen kann. Beim Aufnehmen durchlaufen Sie meist nochmals eine emotionale Integrationsphase Ihrer verstoßenen Anteile. Dieser Vorgang kann schmerzhaft sein, doch ist dieser Schmerz notwendig. Betrachten Sie ihn als unerlässlichen Teil Ihres Heilungsprozesses.

Heilung ohne Schmerzen?

Dabei gibt es nicht wenige Anbieter, die genau das versprechen: Heilung ohne Schmerzen, Heilung ohne Mühe, Heilung ohne Auseinandersetzung mit dem Schatten und den Steinen.

Manchmal sehe ich mir die TV-Programme von Kartenlegern, Hellsehern, Astrologen und sonstigen esoterischen Beratern an. Sie versprechen den Zuschauern Entscheidungshilfen zur positiven Beeinflussung ihrer Zukunft, bei denen es genügt, äußere Handlungen zu tun oder zu lassen. Meist schalte ich nach einigen wenigen Minuten mit einem traurigen Gefühl wieder ab: Solche Angebote funktionieren aus meiner Sicht nur, weil es viele Menschen gibt, die ihre persönliche Entwicklungsarbeit delegieren und keine Verantwortung für ihr Leben übernehmen möchten. Ich weiß von Menschen, die sich nicht einmal mehr zum Einkaufen wagen, ohne vorher ihren Hellseher kontaktiert und nach möglichen Gefahren gefragt zu haben. Darunter sind auch viele einsame Menschen, die auf diese Weise menschlichen Kontakt suchen und gezielt mit solchen Angeboten angelockt werden. Einige dieser großen Anbieter haben im Hintergrund 80 und mehr Berater, die die Telefonate entgegennehmen – ein Millionengeschäft mit den Sorgen und Ängsten der Menschen.

Natürlich gibt es durchaus auch seriöse Berater, die ihre Fähigkeiten – sei es mit Karten oder anderen Hilfsmitteln – zum Wohle der Kunden einsetzen. Sie können wohl hilfreiche Informationen übermitteln. Aber die Information zu übermitteln, ist das eine, das Gegenüber dann therapeutisch durch einen Veränderungsprozess begleiten zu können, ist etwas ganz anderes und wesentlich Sinnvolleres. Die Informationen allein bewirken keinen Heilungsprozess.

Ich bezeichne mich selbst als hellsinnig (sehen, fühlen, hören), das heißt ich habe Fähigkeiten in diesem Bereich entwickelt. Allerdings können bei uns Kunden nicht einfach anrufen und fragen, ob sie dieses oder jenes tun sollen. Ob ihnen gleich ihr Seelenpartner über den Weg laufen wird oder sie doch zuerst ihr schlechtes Karma abarbeiten müssen. Wir geben die intuitiv erhaltenen Informationen nur im Rahmen eines Einzelcoachings weiter, denn nur so können wir auch etwaige emotionale Reaktionen abfangen und den Klienten professionell begleiten. Wir halten die reine Information ohne konsequente Umsetzung in die Arbeit an der eigenen Persönlichkeit für nicht zielführend.

Schnelle Heilung versprechen auch einzelne Anbieter von Techniken, bei denen Sie lernen, störende Erinnerungen und Gefühle »loszuwerden«. Kommt in Ihnen Wut auf, wird diese mithilfe der Technik neutralisiert. Kommt in Ihnen Trauer auf, wird diese weggemacht. Und der anfängliche Erfolg scheint diesen Anbietern zunächst recht zu geben: Die oberflächlichen Gefühle verschwinden. So kenne ich eine Frau, die für sich das Problem sah, dass sie immer wütend auf ihren Mann reagierte. Um dieser Wut zu entkommen, neutralisierte sie alle negativen Gefühle, die mit ihrem Mann verknüpft waren. Und tatsächlich – sie reagierte zunehmend emotionslos auf ihren Mann. Ganz gleich was er sagte, es wurde ihr immer mehr egal. Bis sie ihn schließlich verließ, weil sie keine Gefühle mehr für ihn empfand. Beim nächsten Partner kamen jedoch wieder dieselben Wutgefühle auf und das Spiel begann von vorne. Sie hatte also nicht die Ursache, sondern nur das Symptom bekämpft.

Bei all diesen Entkoppelungs-Techniken, wie beispielsweise dem Klopfen von Körperpunkten, dem Rückwärts-Fallen-Lassen oder bei der Arbeit mit bestimmten Augenbewegungen, werden die störenden Gefühle aufgelöst. Dies geschieht meines Erachtens dadurch, dass der Klient in diesem Moment nicht über sein Problem reflektiert und sich so dem Loslassen, der Veränderung bzw. der Selbstheilung öffnen kann. Es ist der Kontrollverlust, der es ermöglicht, gewohnte Denkmuster zu durchbrechen und ein Heil-Fenster zu öffnen. Diese Techniken können durchaus ihren Platz im Rahmen einer ganzheitlich angelegten Therapie haben. Doch nicht selten werden sie auch mal schnell eben in einem Wochenendkurs gelehrt. Den Teilnehmern dort wird vermittelt, dass sie sogar schwere, traumatische Erlebnisse bei anderen allein mit dieser Methode wegtherapieren können. Was viele nicht wissen ist, dass durch eine falsche Anwendung sogar weitere (Re-)Traumatisierungen geschehen können. Suchen Sie sich deshalb – wenn Sie auf eine dieser Methoden setzen möchten – einen Coach oder Therapeuten, der diese Methoden in einem größeren Kontext anwendet und auch über den entsprechenden Hintergrund verfügt. Wie schon im Einführungskapitel erwähnt, braucht es für eine ganzheitliche Heilung aus meiner Sicht zuerst ein Bewusstsein darüber, warum sich gewisse Gefühle oder körperliche Beschwerden zeigen.

Leider gibt es nicht wenige Anbieter, die durch geschicktes Auftreten eine Kompetenz vorgaukeln, die sie nicht haben. Bei solch einem »Therapeuten« habe ich einmal selbst Folgendes miterlebt: Seine Probandin saß auf einem Stuhl und durfte nichts sagen. Er umkreiste sie, schloss seine Augen und sagte: »Ich habe hier 29 hinderliche Glaubenssätze identifiziert. Soll ich sie dir wegmachen?« Selbstverständlich stimmte sie zu. Dann holte er mit großer Geste aus und brachte die Glaubenssätze auf nicht genauer benannte Art laut seiner Aussage zum Verschwinden. Ja, die Dame berichtete danach von einem Gefühl der Erleichterung. Hätte der »Therapeut« ihr tatsächlich 29 Glaubenssätze, also den Großteil ihrer fundamentalen Überzeugungen auf einen Schlag entzogen, hätte sie sich nicht erleichtert gefühlt, sondern wäre völlig orientierungslos zusammengebrochen. Ganz abgesehen davon, dass er weder die Glaubenssätze noch deren Ursprung benennen konnte oder wollte.

Ich bin immer wieder verblüfft, wie ansonsten kritische Menschen an solchen Punkten aufhören hinzuschauen. Je weniger eine Theorie oder Methode rational nachgeprüft werden kann, umso einfacher scheint es, Menschen von dieser zu überzeugen.

Mein Rat an dieser Stelle: Geben Sie nicht Ihre Macht ab. Sobald Sie anfangen, der Meinung anderer Menschen mehr zu vertrauen als Ihrer eigenen inneren Stimme, begeben Sie sich in ungesunde Abhängigkeiten. Dabei können Sie Vertrauen zu sich haben!

Fangen Sie an, Ihre eigenen intuitiven Fähigkeiten zu entwickeln. Das ist leichter, als Sie denken, und entspricht der wahren Bedeutung des Wortes »Selbst-Vertrauen«. Sie lernen wieder, sich selber zu vertrauen. Wenn Sie also zum Beispiel eine Botschaft von Ihrem Coach erhalten haben, würdigen Sie diese und bedanken Sie sich dafür. Gehen Sie nach Hause und lassen

Sie das Gesagte wirken. Was löst dies in Ihnen aus? Fühlt sich die Botschaft echt an? Meditieren Sie mit dem Thema und arbeiten Sie damit. Sie werden intuitiv wissen, ob Sie den Weg mit diesem Coach weitergehen sollen oder an anderer Stelle Unterstützung suchen sollten.

Ich will damit nicht sagen, dass die beschriebenen Methoden keine Berechtigung haben. Es gibt durchaus seriöse Coaches und Therapeuten einschließlich meiner selbst, die solche Methoden erfolgreich nutzen – jedoch an der richtigen Stelle, mit der entsprechenden Grundlage und nicht als alleiniges Heilmittel für alle Anliegen. Ich habe mit mir gerungen, ob ich so direkt über meine Erfahrungen mit zweifelhaften Angeboten schreiben soll. Dann habe ich mich dafür entscheiden, meine Erkenntnisse mit Ihnen zu teilen, um Sie aufmerksam und wachsam zu machen.

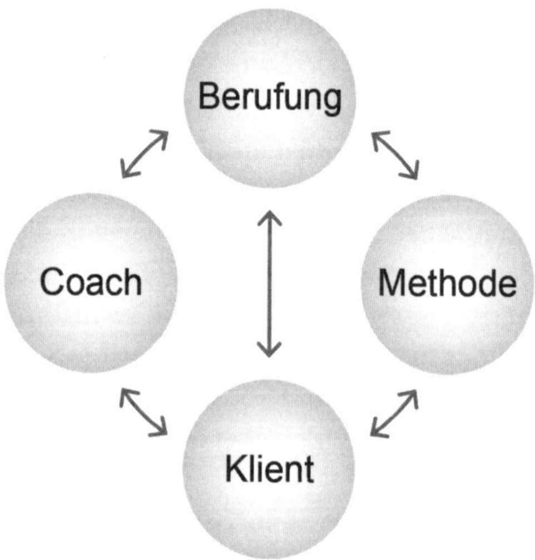

Wenn Sie selbst gerade auf der Suche nach Unterstützung sind, so ist es meiner Erfahrung nach nicht immer die angewandte Methode, die über einen Heilungserfolg entscheidet. Manche

Therapeuten und Coaches können virtuos mit Fragetechniken spielen, Sie anhand von vorgefertigten Texten hypnotisieren oder mittels Aura-Reinigung von schlechten Energien befreien. Wichtiger als die Methode ist in diesem Fall die Fähigkeit, mit Ihnen zu fühlen und Sie vom Herzen her wahrzunehmen. Somit muss alles zusammenpassen, damit sich ein nachhaltiger Heilerfolg einstellen kann:

Sie können sich folgende Fragen stellen, um herauszubekommen, ob Sie bei Ihrer Heilung bzw. bei der Unterstützung, die Sie sich dafür auserwählt haben, auf dem richtigen Weg sind:

- Bin ich bereit für die Heilung? Habe ich mich entschieden?
- Ist es der richtige Coach bzw. Therapeut für mein Anliegen?
- Ist es aus Sicht meiner seelischen Entwicklung der richtige Zeitpunkt?
- Passt die Methode zu mir und meinem Anliegen?

Leider ist in diesem Buch nicht so viel Platz, um alle Methoden vorzustellen, die es gibt. Deshalb biete ich Ihnen hier eine Auswahl von Techniken an, die in meiner Praxis gut funktionieren. Darüber hinaus arbeite auch ich noch mit weiteren Methoden. Ich möchte Sie jedoch dazu einladen, offen zu bleiben, unterschiedliche Ansätze auf Ihrem Weg zu prüfen und diese an der richtigen Stelle im Prozess zu nutzen. So kann es Sinn machen, sich bei chronischen Schmerzen auch Unterstützung auf der physischen Ebene zu holen. Spannend wäre doch in einem solchen Fall die interdisziplinäre Zusammenarbeit zwischen Arzt, ganzheitlichem Coach und zum Beispiel einem Osteopathen. Oder ein Psychiater arbeitet mit einem Schamanen und einem Körpertherapeuten zusammen. Das wäre für alle Beteiligten sicher eine Bereicherung.

Wenn Sie an Mangelerscheinungen durch eine ungesunde Ernährung leiden und starken Elektrosmog-Belastungen in der

Nacht ausgesetzt sind, sollten Sie diese Bereiche wieder in Harmonie bringen und nicht versuchen, die Symptome mit Medikamenten zu unterdrücken. Es gibt leider immer mehr Menschen, die im Selbstoptimierungswahn am Morgen Antidepressiva gegen ihre Antriebslosigkeit schlucken, tagsüber Ritalin einwerfen, um beim Arbeiten fokussierter zu sein, und am Abend Schlafmittel brauchen, weil sie nicht mehr herunterfahren können. Der psychische und physische Kollaps ist damit vorprogrammiert. Dies wäre definitiv der richtige Zeitpunkt, um sich einen guten Coach zu suchen und die dahinterliegenden, übersteigerten Leistungsansprüche zu erkennen und zu heilen.

Wenn Sie bereits mit einem Coach oder Therapeuten arbeiten, können Sie sich auch fragen, ob dieser Sie fühlt und auch auf der spirituellen Ebene begleitet. Sollte dies nicht der Fall sein, sprechen Sie ihn auf das Thema an. Daraus kann sich ein spannendes Gespräch ergeben.

Sie werden sehen – jeder findet zum richtigen Zeitpunkt den richtigen Coach bzw. Wegbegleiter.

Falls Sie selbst bereits als Coach oder Therapeut arbeiten und Ihre Methoden erweitern und nachhaltiger nutzen wollen, dann habe ich hier drei Ideen für Sie:

1. **Lernen Sie Ihre Klienten fühlen.** Wenn Sie jetzt entgegnen: »Ja, das tue ich schon«, dann möchte ich zurückfragen: »Sind Sie sicher? Können Sie wirklich fühlen, was Ihr Klient fühlt? Oder ist es mehr ein Mitleiden? Fühlen Sie den Unterschied?« Aus meiner Sicht gehört dazu ein entsprechender Bewusstwerdungsprozess mit einem großen Anteil Schattenarbeit. Ich zum Beispiel vergoss in meiner Coaching-Ausbildung vor vielen Jahren nicht eine einzige Träne! Das lag aber nicht an mir, sondern viel mehr daran, dass auf das Einfühlen keinen Wert gelegt wurde. Diesen Part musste ich mir später selbst beibringen.

2. **Erweitern Sie Ihr Spektrum.** Wenn Sie zum Beispiel hellsichtige Fähigkeiten haben, lernen Sie zusätzlich, Menschen auf der psychologischen bzw. therapeutischen Ebene zu begleiten. Wenn Sie bis jetzt eher klassisch psychologisch gearbeitet haben, lernen Sie vermehrt Ihre Intuition professionell einzubringen. So können Sie noch nachhaltiger arbeiten und Ihr Wirkspektrum erweitern.
3. **Integrieren Sie die spirituelle Ebene.** Lernen Sie, Ihr Bewusstsein gezielt auf diese Ebene auszuweiten und Menschen mit ihrem Ursprung, ihrer Seele zu verbinden. Es werden sich Ihnen – falls Sie das bis jetzt noch nicht erfahren haben – komplett neue Dimensionen auftun. Garantiert!

Viele Therapeuten verwechseln Mitgefühl mit Mitleid. Ich weiß noch, dass einmal eine Masseurin, bei der ich in Behandlung war, zu weinen begann, weil sie mit mir so mitgelitten hat – dabei hatte ich nur Muskelverspannungen am Rücken. Eigentlich war sie stolz auf ihre Fähigkeit des innigen Mitleids. Bis zu diesem Zeitpunkt hatte sie geglaubt, dass sie damit ihren Patienten besonders helfen würde. Als ich ihr dann sagte, dass ihr Verhalten egoistisch sei, verstand sie die Welt nicht mehr. Ich erklärte ihr, dass es bei Mitleid vor allem um ihre und nicht um die Gefühle des Klienten gehe. Denn wenn sie so weinen müsse, sei es ihr eigenes Thema, das sie noch zu klären hätte. Sie war also nicht bei mir, sondern bei ihren eigenen Themen. Erst nach und nach verstand sie den Unterschied und konnte ihre Klienten mit einer anderen Stärke begleiten.

In jedem Falle gilt es, der Heilung den emotionalen Boden zu bereiten, sonst kann sie nicht geschehen. Zu einem großen Teil können Sie sich diese Grundlage selbst schaffen. Es gibt jedoch Phasen im Bewusstwerdungsprozess, in denen es wichtig ist, von außen geführt zu werden. Anhand dieses Buches werden Sie erkennen, wann Sie selbstständig an einem Thema weiterarbeiten können und wann Ihnen die Unterstützung durch einen Coach oder Therapeuten guttut. Sie werden vor allem auch verstehen, was Sie auf Ihrem Weg zur Heilung weiterbringt und was Sie hindert.

Sie werden auch erkennen, ob die Zeit für die Heilung dieses Themas möglicherweise noch nicht gekommen ist. Wenn Sie bei diesem einen Thema einfach nicht weiterkommen, lassen Sie sich Zeit. Vertrauen Sie sich selbst – Sie können zunächst ein anderes Thema bearbeiten und später wieder zu dem ersten Thema zurückkehren. Dann kann die Zeit dafür reif sein.

Ich kenne aber auch Menschen, die sich einer Heilung konsequent verweigern, weil sie sich auf die Auseinandersetzung nicht einlassen. Sie haben ihr Thema sehr wohl erkannt, aber sie weigern sich, es anzugehen. Lieber leiden sie. Das kann an tief verwurzelten Glaubenssätzen liegen oder an der Unfähigkeit zu verzeihen. Diese Menschen halten lieber an ihrer Krankheit fest, als ihr Thema von Grund auf anzugehen. Bei ihnen lässt sich Heilung auch nicht erzwingen. Nicht der Therapeut ist der Handelnde, sondern die betroffene Person muss ins Handeln kommen. Wenn das nicht geschieht, kann Heilung nicht geschehen.

Die Chance und der Weg liegen also darin, den Ursprung des Themas zu finden. Und wie Sie das tun können, das will ich Ihnen jetzt zeigen.

Wie Sie die Steine finden

Ihrem Bewusstsein sind die Ursprünge eines Problems zunächst verborgen. Sie können ihnen auch durch intensives Nachdenken nicht auf die Spur kommen. Erst wenn Sie vom Wachbewusstsein ins Unterbewusstsein gelangen, werden Sie sie finden. Im Unterbewusstsein, dem mental-emotionalen Köper, sind all diese Ereignisse gespeichert, die ihre Wirkung auf Ihr scheinbar bewusstes Handeln haben.

Sigmund Freud ging davon aus, dass etwa 20 Prozent Wachbewusstsein 80 Prozent Unterbewusstsein gegenüber stehen. Meiner Erfahrung nach ist das Verhältnis noch drastischer: Nur höchstens ein Prozent unseres Wesens ist uns bewusst.

Dafür sprechen auch Ergebnisse aus der Intuitionsforschung. Wenn Sie Menschen schulen, bei Gemälden Originale von Fälschungen zu unterscheiden, dann setzen diese sich zwar bewusst sehr intensiv mit dem Thema auseinander. Bei der Beurteilung liegen sie allerdings häufiger daneben als Menschen, die die Unterscheidung rein intuitiv vornehmen. Die Intuition ist ein Ausdruck dessen, dass unterbewusstes Wissen ins Bewusstsein geholt wurde.

Um diesen Prozess des Gewahrwerdens von unterbewusstem Wissen in Gang zu setzen, können Sie sich der Meditation bedienen. Sie versetzen Ihr Gehirn anhand der Meditation in einen anderen Zustand. Dabei werden die Beta-Wellen reduziert und die Alpha- und Thetawellen aktiviert. So kommen Sie mit Ihrem Unterbewusstsein in Kontakt. Über die Hirnwellen und deren Funktion habe ich ja bereits im Kapitel »Aufwachen« geschrieben. Sie können diesen Zustand auch mit speziellen Klangmustern unterstützen. Ich habe mehrere Stücke entwickelt, die sich dafür eignen (siehe www.grigor.live). Die Klänge in Kombination mit der Musik sind auf die Art von Meditation ausgelegt, wie wir sie verwenden.

Im Internet gibt es inzwischen unzählige, auch kostenlose Angebote für Meditationsmusik. Doch Vorsicht! Nicht jede Musik ist für Meditation geeignet. Und achten Sie darauf, dass die Stücke frei von subliminalen, also versteckten Botschaften sind.

Der Beschreibung der Methode möchte ich etwas vorausschicken: Ich habe lange überlegt, ob ich sie in dieses Buch aufnehmen soll, denn sie ist für Einsteiger sehr anspruchsvoll. Sie kann tief greifende und auch wunderbare Veränderungen bewirken, aber sie ist sehr anstrengend. Da ich Ihnen in diesem

Buch aber möglichst viel mitgeben möchte, werde ich die Methode beschreiben und Sie selbst entscheiden lassen, ob Sie sich Hilfe holen wollen oder nicht. Ganz besonders zurückhaltend sollten Sie in folgenden Fällen sein:

- Sie fühlen sich körperlich angeschlagen (zum Beispiel durch eine Erkältung, Kopfschmerzen): Warten Sie ab, bis Sie wieder fit sind.
- Sie fühlen sich aktuell psychisch instabil: Sprechen Sie vorab mit einem Coach oder Therapeuten, der sich mit solchen Methoden auskennt.
- Sie leiden unter einer psychischen Krankheit: Sprechen Sie vorab mit Ihrem Psychotherapeuten oder Psychiater über Ihre Wünsche.
- Sie nehmen Psychopharmaka oder sonstige Medikamente, die Ihre Wahrnehmung beeinflussen: Sprechen Sie vorab mit Ihrem Psychotherapeuten oder Psychiater über Ihre Wünsche.

Ich will Ihnen vor der Anwendung der Methode keine Angst machen, sondern Ihnen den Respekt nahebringen, der dieser mächtigen Technik und ihren Auswirkungen gebührt. Lesen Sie in Ruhe die folgenden Abschnitte durch und entscheiden Sie dann für sich, ob und wie Sie die Methode nutzen wollen.

Die folgende Meditation ist wie eine innere Reise: Zunächst stellen Sie durch Entspannung und Gedankenreduktion einen Zugang zu Ihren Gefühlen her. In diesem Zustand können Sie sich Ihrer Innenwelt öffnen und auf die eigentliche Zeitreise gehen. Denn eine Reise in die Vergangenheit müssen Sie machen, um Schritt für Schritt den Weg abzugehen, der sich zum Ursprung der Verletzung schlängelt.

Bereiten Sie Ihre Reise in die Vergangenheit vor

1. Setzen oder legen Sie sich entspannt hin und schließen Sie die Augen.
2. Führen Sie die Übung »Puls spüren« aus dem Kapitel »Aufwachen« durch.
3. Beobachten Sie Ihren Atem: Ist er eher im Brustbereich oder im Bauchbereich? Atmen Sie durch die Nase in den Bauch ein und durch den Mund wieder aus. Wiederholen Sie dies drei Mal.
4. Entspannen Sie Ihre Gesichtsmuskeln – Stirn, Augen, Lippen, Kiefer und Zunge.
5. Machen Sie einen sogenannten Elemente-Ausgleich und aktivieren Sie innerlich nach und nach die vier Elemente: Feuer, Erde, Wasser und Luft. So gleichen Sie die Energien in Ihrem physischen Körper aus, indem Sie alle Elemente auf das gleiche Energieniveau bringen.
6. Nun stellen Sie sich einen Energiemantel vor, der Sie sanft umhüllt.
7. Dehnen Sie den Energiemantel aus und stellen Sie sich vor, wie Ihr Bewusstsein weiter und offener, leichter und freier wird.
8. Mit dieser Leichtigkeit machen Sie sich auf den Weg zu Ihrem inneren Kraftplatz, einem wunderbaren Ort. Dieser Ort zeigt sich Ihnen, sobald Sie sich Ihrer unbewussten Seite öffnen. Es kann ein Ort sein, den Sie kennen, oder einer, der in Ihrer Fantasie entsteht. Oft ist dieser eine Naturlandschaft, vielleicht eine Wiese mit Blumen oder ein Strand am Meer. Es kann aber auch ein fantasievoller Planet oder eine Unterwasserwelt mit farbigen Korallen sein. Der Kraftort repräsentiert Ihr Inneres und

hat deshalb auch eine Bedeutung. Nehmen Sie alles so an, wie es ist.

9. Es kann auch sinnvoll sein, sich einen inneren Begleiter vorzustellen, eine Art Coach für das Unterbewusstsein. Ich nenne diesen »den mental-emotionalen Begleiter bzw. die Begleiterin«. Er ist die Instanz, die Sie jederzeit um Hilfe bitten können.

Aktivieren Sie Ihr Thema

10. Wenn Sie sich energetisch gut versorgt fühlen, rufen Sie sich Ihr Thema eindrücklich in Erinnerung. Sehen Sie sich Ihr Thema an und stellen Sie sich die nachfolgenden Fragen.
11. »Was löst das Thema in meinem Körper aus? Wie fühlt es sich an?« Löst es zum Beispiel eine Enge im Bauch aus, nimmt es Ihnen die Luft zum Atmen oder ist es doch mehr ein Schmerz in der Brustgegend?
    Hiermit adressieren Sie den physischen Körper.
12. »Welche Gedanken habe ich dabei? Welche inneren Bilder verbinde ich damit?«
    Denken Sie zum Beispiel, dass Sie für immer allein bleiben werden? Dass Sie nie zu Geld kommen werden? Dass Sie nicht gut genug für Ihren (potenziellen) Partner sind? Sie sehen eine Situation aus Ihrem Leben, in der Sie der Verlierer waren, in der Sie sich hilflos fühlten und ausgeliefert waren?
    Mit diesen Fragen aktivieren Sie den Mentalkörper.
13. »Welche Gefühle verbinde ich damit?«
    Fühlen Sie zum Beispiel Angst? Oder Verlust? Mischt sich Schmerz hinein? Und auch Wut?
    Hiermit erkunden Sie nun den Emotionalkörper.
    (CD-Tipp: Das Mental Power Session-Training)

Gehen Sie auf die Reise in die Vergangenheit

14. Nun wenden Sie sich der folgenden Frage zu: »Woher kenne ich diese Gefühle aus meinem Leben? Wo habe ich diese Gefühle schon einmal gefühlt?« Gehen Sie Schritt für Schritt zurück durch Ihr Leben. Vielleicht bis zur Kindheit, noch weiter zurück zur Geburt, Schwangerschaft, Zeugung oder vor der Zeugung?
15. Kommen Sie nun ganz in der ursprünglichen Situation an und stellen Sie sich folgende Fragen: »Wie alt bin ich? Wer ist an dieser Situation beteiligt? Um welche Situation handelt es sich?« Nehmen Sie mit allen Ihren Sinnen wahr.

Eine Variante der Reise in die Vergangenheit können Sie einsetzen, wenn Sie ein bestimmtes, schwieriges Erlebnis aus der Vergangenheit aufarbeiten möchten. Da Sie in diesem Fall wissen, welches das Erlebnis war, können Sie direkt dorthin reisen und es auf die beschriebene Weise ergründen.
Die Fortsetzung der Übung ist weiter unten in »Annehmen, verzeihen und die Zeitreise beenden« beschrieben.

Sie werden den Ursprung Ihres Themas vielleicht nicht auf Anhieb finden, weil Sie bei der ersten Meditation den Weg noch nicht ganz gehen können. Lassen Sie sich nicht entmutigen, wenn Sie zwei oder drei Meditationen brauchen, um ihn zu finden. Je weiter zurück der Ursprung liegt, desto eher ist es auch möglich, dass Sie Hilfe brauchen, um bis zu ihm zu gelangen.

Ich habe aber auch viele Fälle erlebt, in denen meine Klienten ihre Ursprünge sehr schnell gefunden haben, sobald sie sich auf den Weg gemacht haben. So war ich zu einem Pflegeteam gerufen worden, um den Mitarbeitern bei der Bewältigung ihrer internen Probleme zu helfen. Alle beschwerten sich über den verbissenen Kommunikationsstil der Pflegedienstleiterin, einer älteren Dame aus einem osteuropäischen Land. Ihr Vorgesetzter legte ihr ein Coaching bei mir nahe, um ihre Probleme in den Griff zu bekommen.

Als ich sie fragte: »Warum reagierst du immer so hart?«, sagte sie: »Ich weiß es nicht.«

»Willst du es erfahren?«

»Ja, das möchte ich schon.«

»Dann mache ich mit dir jetzt eine Übung, sie heißt: die Zeitreise.«

»Gut, das mache ich. Aber eines sage ich dir gleich, Grigor: Ich werde nicht weinen.«

Ich ließ sie also die Augen schließen und auf die Reise gehen – die Situation nachfühlen und fühlen, woher sie dies schon kennt.

Keine zehn Minuten später rannen ihr die Tränen über die Wangen.

Sie war in ihrer Reise bei ihrer Scheidung gelandet. Ihr Mann hatte sie verlassen, aus ihrer Sicht völlig ohne Grund. Dieses Gefühl, mehr als ungerecht behandelt worden zu sein, tobte mit Wut und Schmerz immer noch in ihr.

Wir sprachen über die Situation, sie begann, ihrem Mann zu vergeben. Sie hatte aber den Eindruck, dass sie noch nicht am Ende des Weges angelangt war. Deshalb beraumten wir noch eine zweite Sitzung an.

In dieser Meditation konnte sie noch weiter zurückreisen, bis in ihre Kindheit. Ihre Mutter hatte sie aus finanziellen Gründen zurück in ihr Heimatland zu einer Tante schicken müssen. Diese Frau hatte sie immer wieder grundlos verprügelt, aber als sie ihrer Mutter davon berichtete, fand sie bei ihr keinen Glauben. Hier hatte das Gefühl, mehr als ungerecht behandelt worden zu sein, gepaart mit Wut und Schmerz, seinen

Ursprung. Ihre Aufgabe war nun, sowohl der Tante als auch ihrer Mutter zu verzeihen.

Diese Aufgabe fiel ihr um einiges schwerer, aber sie wusste, dass sie sich nur so von diesen alten Gefühlen befreien konnte. Und es gelang ihr. Kurz darauf war Weihnachten und sie konnte zum ersten Mal ihre Mutter herzlich umarmen, die jährlichen Streitigkeiten mit unterschwelligen Schuldzuweisungen tauchten auch nicht mehr auf. Auch beruflich veränderte sich einiges, denn ihr übertriebener Gerechtigkeitssinn normalisierte sich und die Gespräche mit ihren Mitarbeitern wurden sachlicher und ruhiger.

Immer wieder begegnet mir die Frage, ob diese Ursprünge nicht auch in einer klassischen Gesprächstherapie ergründet und bearbeitet werden können. Aus meiner Sicht ist dies nicht – oder zumindest nicht in der Geschwindigkeit möglich. Die Methoden der Zeitreise, wie wir sie durchführen, führt Menschen wesentlich schneller zu ihren Ursprüngen. Das hat mir beispielsweise eine Zahnärztin bestätigt, die seit Jahren unter heftigsten Panikattacken litt. Sie verließ ihre Wohnung nicht mehr aufgrund dieser Attacken, trotz eines Arsenals an Psychopharmaka und psychotherapeutischen Sitzungen. Bereits nach der allerersten Sitzung bei mir brach es aus ihr heraus: »Grigor, für das, was ich heute erfahren habe, habe ich neun Jahre in der Psychotherapie gebraucht.« Nach der zweiten Sitzung konnte sie schon weitgehend auf die Psychopharmaka verzichten, sie war auf einem guten Weg, mit sich ins Reine zu kommen. Sie hatte diesen großen Stein in ihrem Fluss gefunden und gehoben.

Wie ich Ihnen schon sagte, kann es sein, dass Sie den Ursprung nicht beim ersten Mal finden, vielleicht bleiben Sie zunächst bei einer Zwischenstation stehen. Aber wenn Sie dann weitergehen, werden Sie den Stein finden. Sie werden es wissen, dass dies der Stein ist, weil danach nichts anderes mehr kommt. Auf die Frage: »Was war davor?« wird nichts mehr sein: Dies ist der Ursprung.

Wie Sie die Steine aus dem Fluss nehmen

Nun, da Sie den Ursprung gefunden haben, haben Sie endlich die Möglichkeit, sich mit ihm auseinanderzusetzen. Oft hatten Sie ihn aus Ihrem Bewusstsein verdrängt oder heruntergespielt, seine Bedeutung für Ihr Leben ausgeblendet. Sie wollten sich schützen und drifteten deshalb immer tiefer in die Trance ab, immer weiter weg von Ihrem wahren Wesen. In der Begegnung mit Ihrem wahren Wesen liegt aber der einzige Weg zur Heilung.

Auf diesen Weg haben Sie sich nun gemacht und haben den Stein, der in Ihrem Lebensfluss lag, in Händen. Betrachten Sie ihn genau und von allen Seiten und wiegen Sie ihn in Ihren Händen.

Und dann widmen Sie sich den Fragen der Übung.

Annehmen und verzeihen

1. Stellen Sie sich zunächst die Frage:
   Was hätte ich gebraucht in dieser Situation?
   Hätten Sie Schutz, Vertrauen, Zuneigung, Liebe oder sonst etwas gebraucht? Dann senden Sie aus vollem Herzen dem Kleinen/der Kleinen all das, was er/sie in dieser Situation gebraucht hätte.
2. Dann fragen Sie sich:
   Was – glaube ich – wäre nötig, um das zu heilen? Damit ich meinen inneren Frieden damit machen kann?
   Müssen Sie jemandem verzeihen? Müssen Sie die Ihnen auferlegte Verantwortung oder die belastenden Glaubenssätze jemandem zurückgeben? Dann nehmen Sie sich Zeit und befreien Sie sich von all den Lasten.

3. Eventuell möchten Sie sich auch vor den beteiligten Personen verneigen oder ihnen Danke sagen für alles Gute, was sie in Ihr Leben gebracht haben? Dann nehmen Sie sich jetzt die Zeit dafür.
4. Entscheiden Sie sich dann bewusst, die Situation loszulassen und alle blockierten Energien zu befreien.

Den Spiritualkörper aktivieren

5. Stellen Sie sich vor, wie Sie in einem Lichtkanal sitzen, sich mit Ihrem Höheren Selbst und damit mit Ihrer Seele verbinden. Zudem können Sie auch Ihren spirituellen Begleiter (Seelenbegleiter, Geistführer) um Unterstützung bitten.
   Das Thema Höheres Selbst, Ganz-Seele und spirituelle Begleitung werde ich im Kapitel »Verbinden« noch genauer erläutern.
6. Lassen Sie nun göttliche Heilenergie (zum Beispiel einen goldenen Lichtstrahl) in alles Dunkle fließen.
7. Bitten Sie noch um eine Botschaft, die Sie auf dem Weg der Heilung unterstützen darf. Vielleicht erhalten Sie jetzt auch Informationen darüber, was Sie aus dieser Situation seelisch lernen dürfen. Vielleicht gilt es, mit Unterstützung Ihres spirituellen Begleiters bzw. Begleiterin, noch ein Vergebungsritual durchzuführen? Dann nehmen Sie sich die Zeit.

Die Zeitreise beenden

8. Nach dem Ritual stellen Sie sich die Frage:
   Reicht es? Ist es nun gut für mich oder braucht es noch etwas?
   Es kann sein, dass Ihnen noch ein Ritual in den Sinn kommt, das Sie gerne ausführen würden: Tun Sie es.

9. Wenn es sich gut anfühlt, dann bedanken Sie sich und beenden Sie diese Sequenz. Nehmen Sie das befreite Gefühl aus der Vergangenheit mit in die Gegenwart zurück.
10. Stellen Sie sich als Abschlussritual die Zukunft Ihres Themas vor: Wie wird es sich anfühlen? Wie werden Sie es gestalten?
11. Schließen Sie nun Ihre Reise ab, bedanken Sie sich bei Ihrem Begleiter und kommen Sie vom Innen wieder ins Außen.

Es wird Ihnen gehen wie Ricardo. Er war zu mir gekommen aufgrund seiner Beziehungskonflikte. Es gäbe dauernd Streit und eigentlich wisse er gar nicht warum.

Ich war mit Ricardo zunächst durch die Phasen des Aufwachens gegangen. Er entdeckte, dass hinter seinen Problemen nicht wirklich Beziehungskonflikte steckten, sondern seine Angst, dass seine Freundin ihn verlassen werde. Die machte überhaupt keine Anstalten dazu und doch quälte ihn die Angst bis zum Äußersten.

Ricardo hatte sich vorher nie zu seiner Angst bekannt, sie schien ihm unbekannt. Jetzt aber integrierte er diese ungeliebte Seite, er nahm sie zu sich und versöhnte sich mit ihr. Danach war er bereit, auf die Zeitreise zu gehen.

Als Ausgangssituation stellte er sich vor seinem inneren Auge vor, wie seine Freundin mit einem gemeinsamen Freund sprach und lachte. Die Angst raste sofort durch seinen Körper. Er nahm die Enge in seiner Brust wahr, sah sich allein und verlassen in der gemeinsamen Wohnung sitzen und weinen. Dann ging er in der Zeit zurück und suchte nach Situationen, die die gleichen Gefühle und Bilder auslösten. Er ging weiter und weiter zurück, bis er in seiner Kindheit landete. Er sah seinen Vater, wie der wütend die Wohnungstür hinter sich zuschlug und nie wiederkam. Er blieb mit seiner Mutter und den sechs Geschwistern allein zurück. Er fühlte sich unendlich verlassen. Die Tränen rannen.

In diese unendliche Trauer hinein fragte ich ihn: »Ricardo, was hättest du gebraucht damals?«

»Ich hätte Zuneigung gebraucht. Ich hätte gebraucht, dass mich jemand in den Arm nimmt. Sich schützend über mich beugt«, sagte er. Er kam langsam wieder zur Ruhe.

»Und was – denkst du – wäre nötig, um das zu heilen? Was wäre nötig, damit du inneren Frieden mit der Situation machen kannst?«

Ricardo antwortete: »Ich möchte meinem Vater verzeihen. Ich möchte ihm seine Verantwortung für die Familie zurückgeben, die ich als ältester Sohn auf meinen Schultern lasten fühlte. Ich möchte ihm seine Wut zurückgeben, die ich damals in mich aufnahm, als er die Tür hinter sich zuschlug. Ich möchte ihm mein Gefühl der Ohnmacht und der Hilflosigkeit geben.«

Ricardo führte mit meiner Hilfe entsprechende Vergebungsrituale durch. Das sind Rituale, die Sie nicht alleine, sondern nur unter Führung und Begleitung eines unterstützenden Therapeuten bzw. Coachs durchführen sollten.

Nach Abschluss der Rituale fragte ich Ricardo: »Braucht es noch etwas? Oder ist es jetzt gut für dich?«

»Ich möchte meinen Vater noch umarmen«, sagte er.

»Dann tu das, Ricardo.«

Nach der Umarmung fühlte er sich unendlich friedvoll.

Ich hieß ihn, zu seinem Kraftplatz zurückzukehren. Dort sollte er sich die Situation noch einmal vor Augen führen und spüren, welche Reaktionen sein physischer, mentaler und emotionaler Körper jetzt zeigten. Das friedvolle Gefühl hielt an. Die Angst, die Beklemmung waren verschwunden.

Es gelang ihm auch, bei seiner Rückkehr in die Gegenwart dieses Gefühl mitzunehmen. Beim Abschlussritual fragte ich ihn: »Wie wird deine Partnerschaft in Zukunft aussehen, wenn du nicht mehr in der Angst lebst?«

Er lächelte und antwortete: »Ich sehe mich Vertrauen gewinnen und meine Partnerschaft sich entwickeln.«

Ricardo hatte diesen Stein erfolgreich aus seinem Lebensfluss nehmen können.

Und Sie können das auch, entweder allein oder mit der Unterstützung eines Therapeuten oder Coachs.

Ein Fluss mit (immer) weniger Steinen

Das Gefühl nach einer gelungenen Heilung ist unendliche Befreiung. Die Zentnerlast des Steins lastet nicht mehr auf Ihnen und Ihrer Lebensenergie. In Ihrer Alltagstrance haben Sie die Last schon gar nicht mehr gespürt, es war normal, so niedergedrückt durch das Leben zu gehen. Erst im Moment der Rückkehr von der Zeitreise wird der Unterschied deutlich – um wie viel leichter und durchlässiger Sie sich nun fühlen.

Ein besonders eindrucksvolles Beispiel dafür war Peter. Er kam zu mir ins Seminar, weil er sich schon immer seiner unteren Körperhälfte fremd gefühlt hatte. Er berichtete von seiner Distanziertheit zu seinem Becken, seinen Beinen und Füßen, ihm fehle einfach der Bezug zu ihnen. Er war nicht gelähmt oder behindert, er konnte ganz normal laufen – aber wenn ich genau hinsah, bemerkte ich, dass sein Gang eigenartig eckig und gewollt aussah. Er hatte auch – obwohl er erst 35 Jahre alt war – schon Probleme mit der Hüfte bekommen.

Peter machte sich nun mit mir zusammen auf die Zeitreise. Es ging weit zurück, bis wir bei seiner Geburt waren. Dort erlebte er, wie ein Teil von ihm sich wehrte, in diese Welt zu kommen. Er wehrte sich so sehr, dass die Verbindung zum Rest abriss. Er erlebte den qualvollen Schmerz dieser Trennung, aber es gelang ihm auch, Kontakt aufzunehmen zu dem Teil von ihm selbst, der zurückgeblieben war.

Als er von seiner Zeitreise ins Jetzt zurückkehrte, geschah etwas Erstaunliches: Kaum war er angekommen, begann er wie wild im Raum herumzutanzen – er, der ruhige zurückhaltende Peter, hüpfte und sprang auf und ab und konnte sich gar nicht mehr beruhigen. Er lachte und lachte: »Grigor, du glaubst es nicht! Ich spüre meine Beine. Zum allerersten Mal in meinem Leben fühle ich mich ganz.«

Peter ist kein Einzelfall. Ich erlebe das häufig, dass Menschen zu mir kommen, die zum Teil gar nicht richtig da zu sein scheinen und sich auch so fühlen. Sie haben den Eindruck, ein Teil von ihnen sei nicht bei ihnen. Wenn Sie ganz aufmerksam sind, begegnen auch Ihnen solche Menschen. Die sitzen Ihnen gegenüber und doch scheinen sie nicht wirklich anwesend zu sein. Sie können sie nicht greifen, ja, die Menschen können sich selbst nicht be-greifen.

Der häufigste Grund dafür ist, dass diese Menschen nicht zur Gänze inkorporiert sind. Ein Konflikt vor oder während der Geburt hat dazu geführt, dass ein Teil von ihnen nicht mit auf die Welt kommt, sondern auf der spirituellen Ebene verblieben ist. Diese Menschen sind in ihrem irdischen Dasein nicht ganz und das verursacht ihnen große Probleme.

Ihre Heilung kann erfolgen, wenn sie mit diesem abgetrennten Teil in Kontakt kommen, sich ihm öffnen und es ihm so ermöglichen, dass er in sie zurückkehrt.

Heilung! Und dann?

Nicht alle Themen können im ersten Anlauf geheilt werden. Es gibt – wie für alles – auch für das Heilen einen Rhythmus und eine Zeit. Wenn die Zeit noch nicht reif ist, kann eine Heilung (noch) nicht gelingen, auch wenn die Erkenntnis schon da ist. Die Heilung ist im Seelenplan einfach noch nicht vorgesehen.

Vielleicht fehlt deshalb auch noch eine ganz bestimmte weitere Erkenntnis, ohne die die Heilung nicht eingeleitet werden kann. Sie müssen die spirituelle Botschaft verstanden haben, sonst stehen Sie vor verschlossenen Toren. Gerade wenn es in schwierigen Fällen um das Thema Verzeihen geht, ermöglicht Ihnen erst das Verständnis der Botschaft, loszulassen und zu verzeihen.

Ich frage meine Klienten in dieser Situation: »Kannst du das verzeihen?« Und wenn sie dann sagen: »Nein«, dann sage ich: »Dann lass es erst einmal, es darf wohl im Moment noch nicht sein.« Auch das muss man annehmen. Es nützt nichts, ein Verzeihen herauszupressen, denn das würde nur im Kopf passieren und nirgendwo anders. Heilung ist nicht erzwingbar.

Besonders drastisch wurde mir das von einem Klienten vor Augen geführt, der unter fortschreitender Multipler Sklerose litt. Diese Erkrankung lässt die Betroffenen unter anderem immer steifer werden. Ihn führte die Zeitreise bis weit vor seine Geburt. Das Thema war bei seinem Großvater entstanden. Der Glaubenssatz, der über die Generationen bis zum Enkel weitergereicht worden war, hieß: »Beugen oder brechen!« Er wusste in dem Moment, dass seine Heilung in der (Ver)beugung vor dem Großvater bestand. Aber er konnte es nicht. Er spie mir geradezu entgegen: »Lieber zerbreche ich, als dass ich mich vor dem verbeuge.« Er wollte lieber steifer und steifer werden bis in den Tod, als zu verzeihen. In solchen Fällen bin ich machtlos.

Aber Sie – Sie haben angefangen, sich Ihren ersten Heilungsschritten zu stellen, und fühlen sich freier. Wirklich ganz befreit? Oder ist da noch etwas? Wundern Sie sich nicht, wenn Sie sich nach der Heilung gleich in einem nächsten Aufwachprozess wiederfinden. Oft wird durch die eine Heilung erst Ihr Blick frei für das, um was es wirklich in Ihrem Leben geht und was es wirklich zu integrieren gilt. In den meisten Lebensflüssen liegen mehr als nur ein Stein. Es ist ganz normal, dass Sie die Schritte von Aufwachen, Integration und Heilung sogar mehrfach durchlaufen. Erwarten Sie keinen linearen Prozess, der starr abläuft. Es ist ganz allein Ihr Weg, keiner kann ihn für Sie vorzeichnen.

Aber wenn Sie dranbleiben, wenn Sie die Übungen in diesem Buch nicht nur lesen, sondern auch wirklich machen, dann werden Sie Ihrem wahren Wesen näherkommen. Gehören Sie nicht zu jenen, die sich durch ein Buch nach dem anderen blättern und dabei immer denken: »Kenne ich schon! Kenne ich schon! Kenne ich schon!« Aber kennen die das wirklich? Und vor allem: Können sie das wirklich? Bei jenen ist das Wissen vielleicht im Kopf gelandet, aber nicht im Herzen.

Lassen Sie sich Zeit. Sie haben alle Zeit der Welt, um mit diesem Buch entscheidende Schritte in Ihrer Persönlichkeitsentfaltung weiterzukommen.

Und wenn Sie dann das Gefühl von fließender Lebensenergie (Flow) empfinden, wenn Sie an Ihr Thema denken, und sich dem befreiten Gefühl nichts mehr entgegenstellt, dann sind Sie endlich frei.

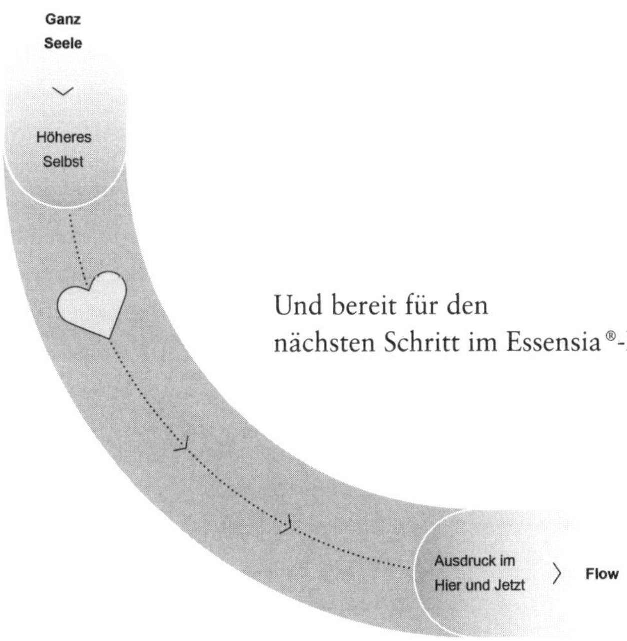

Und bereit für den nächsten Schritt im Essensia®-Prozess.

Schritt 4: SEIN

Atmen Sie durch.
Wie werden Sie endlich frei?

Windstille.
Der Sturm ist vorbei.
Kein Weg. Kein Ziel.
Bewegtes Innehalten.

Mein Atem.
Mein Herzschlag.
Gedankenwolken ziehen vorbei.
Loslassen in die Leere.

Trauer? Darf sein.
Bekanntes Land – verloren.
Heilende Tränen. Abschied von mir.
Fließend leicht.

Ich mit mir, ganz alleine.
Wer bin ich?
Alles und nichts.
Das Meer, der Tropfen? Gleichzeitig.

Keiner da. Alle da.
Innere und äußere Räume.
Verschmolzen.
Eins SEIN.

Pulsierender Strom der Liebe.
Es atmet.
Durch mich. Mit mir.
Los! Gelöst! Verbunden.

Gut!
Alles ist.
Und? Nichts und!
SEIN.

Sein braucht Raum

Eine Heilung hinterlässt ungefüllten Raum. Welchen Stein Sie auch immer bewegt haben – sein angestammter Platz ist zunächst leer. Die Energie Ihres Lebensflusses durchfließt nun zwar diesen Raum, sie füllt ihn aber nicht. Der stärkere Strom gibt Ihnen insgesamt mehr Kraft. Ungewohnt ist nur der freie Raum.

Typischerweise empfinden viele Menschen nach einer Heilung auch Trauer. Dabei sind sie dann selbst am meisten verwundert über diese Traurigkeit, denn das, was sie loslassen konnten, hatte sie doch bedrückt, hatte ihnen Schmerz und Leid verursacht. Sie erwarten von sich Gefühle der Freude und Erleichterung, nicht aber der Niedergeschlagenheit. Sie sind verwirrt und fragen sich, ob die Heilung wirklich erfolgreich war.

Dabei ist die Trauer nur zu verständlich. Bei einer Heilung nehmen Sie Abschied von einem Bestandteil Ihres Lebens. Selbst wenn es kein guter Teil war, er war ein Teil von Ihnen. Wundern Sie sich deshalb nicht, wenn Sie bei aller Erleichterung auch Trauer verspüren. Dieses Gefühl ist gut und wichtig für das endgültige Loslassen. Lassen Sie alle Gefühle zu, die da kommen, die hochgestimmten wie die niederdrückenden. Sie sind alle Teil des Abschlusses Ihres Heilungsprozesses.

Ich habe einmal eine Schweizer Unternehmerin begleitet, die – nachdem sie sehr lange ihre Firma erfolgreich geführt hatte – aus einer Krise heraus beschloss, sie in zwei Jahren zu verkaufen. Sie wollte ganz gezielt ihr Lebenswerk, ihre Firma, die auch so hieß wie sie, loslassen. Vorher wollte sie jedoch noch alles tun, um das Unternehmen wieder erfolgreich zu machen. Das hat sie auch geschafft. Sie hatte ihren Mitarbeitern ihren Abschied lange vorher angekündigt, denn alle sollten daran Anteil nehmen.

Am allerletzten Tag entzündeten sie und die Belegschaft auf dem Firmengelände ein großes Feuer. Jeder Mitarbeiter hatte zuvor auf einen Zettel geschrieben, was ihn mit der Chefin verband und was er jetzt mit ihr zusammen losließ. Nun standen all die vielen Menschen um das lodernde Feuer herum und einer nach dem anderen übergab sein Zettelchen dem Feuer, viele unter Tränen. Es war ein hochemotionaler Moment.

Nachdem das Feuer heruntergebrannt war und nur noch ein paar Glutbrocken übrig waren, blickte die Unternehmerin auf die Buchungsbestätigung ihrer lang ersehnten Weltreise, schloss ihre Augen und ging innerlich die geplanten Stationen nochmals durch. Genauso hatte sie es geplant und immer wieder innerlich visualisiert. Sie stellte sich also nicht einen leblosen Geldhaufen vor, sondern das, was sie damit machen wollte und ihr Herz höher schlagen ließ!

Es war alles so geschehen, wie sie sich ihren Abschied gewünscht hatte. Ein Loslassen in vielen Ritualen. Doch was passierte, als sie sich zu Hause an den Küchentisch setzte? Sie vergrub ihr Gesicht in den Händen und fing an zu weinen, wie sie es noch nie getan hatte. Und sie konnte einfach nicht aufhören.

Drei Tage lang konnte sie nichts anderes tun als weinen. Dann versiegte der Strom nach und nach. Und es herrschte völlige Stille.

Sie hatte geheilt, verabschiedet, sich bedankt, gemacht, gemacht, gemacht. Die Wirkung von allem aber entstand erst in dem Moment, in dem sie nichts mehr gemacht hatte. Als Raum war. Als sie am Küchentisch saß und alles Machen vorbei war.

Eine Heilung kann viele Gefühle auslösen, in alle Richtungen. Lassen Sie diese Gefühle zu. Es ist gut, wenn sie kommen. Wenn sie nicht kommen, ist es auch gut. Es gibt keine Norm, die Sie erfüllen müssen, es gibt keine Verpflichtung zu einem Gefühl. Im Gegenteil! Jeder Zwang verhindert oder verändert ein Gefühl. Wenn Sie das Gefühl nicht zulassen, wird es den Zustand zunichtemachen, den Sie angestrebt haben. Sie kommen nicht ins Sein, wenn Sie den ausgelösten Empfindungen zuvor keinen Raum gegeben und Sie sie sich haben nicht auflösen lassen. Es ist, als verstopften sie den entstandenen Raum.

Doch dieser Raum ist unendlich kostbar. Nur wenn er da ist, sind die nächsten Schritte möglich. Das ist wie in der Musik: Ohne Raum ist keine Musik möglich. Musik entsteht nicht in dem Moment, in dem eine Saite gezupft oder eine Taste angeschlagen wird. Sie entsteht erst dann, wenn sie den Raum betritt. Wenn sie ihn füllt. Wenn sie erklingt. Das hat nichts mit Lautstärke zu tun, oft wirkt ein einziger leiser Ton in die Stille hinein berührender als ein Forte des gesamten Symphonieorchesters.

Genau so ist es mit dem Sein. Es braucht Raum, um sich zu entfalten.

Voraussetzung dafür, dass der Raum überhaupt entsteht, ist allerdings eine klare Entscheidung für die Heilung. Ohne klare Entscheidung kann keine Heilung gelingen und ohne Heilung entsteht kein Raum.

Aus diesem Grund bringe ich meine Seminarteilnehmer zu einem Punkt, an dem sie eine klare Entscheidung treffen müssen. Gerade wenn sie schon zehn oder fünfzehn andere Kurse zu dem gleichen Thema gemacht haben, dann stelle ich ihnen die provokative Frage:

»Wo gehst du nach mir hin? Zu welchem Therapeuten gehst du als Nächstes?«

Diese Provokation hilft ihnen beim Aufwachen, denn zunächst aktiviert sie den Gegenpol: »Nein, nein. Das will ich doch gar nicht.«

»Okay«, sage ich darauf: »Was willst du dann?«

»Ich will gesund werden.«

Und ich antworte: »Um gesund und ganz zu werden, musst du jetzt eine klare Entscheidung treffen.«

Wenn sie die Entscheidung dann treffen, kann es trotzdem noch zwei oder drei Sitzungen brauchen, bis sie bereit sind für die Heilung. Sobald der Entschluss feststeht, ein Thema zu einem guten Ende zu bringen, dann kann das irgendwann auch geschehen.

Immer wieder habe ich Seminarteilnehmer, die sich genau dazu nicht entschließen können. Sie halten an ihrem Thema fest, wollen den Schmerzkörper anscheinend gar nicht verlassen. Das kann damit zu tun haben, dass der Mensch unglaublich stark an seinen Gewohnheiten hängt. Wir gehen lieber immer wieder in das hinein, was wir kennen, selbst wenn es uns quält, anstatt uns auf etwas einzulassen, das wir nicht kennen. Das führt dann zu dem typischen Phänomen des Seminar-Hoppings oder zu Entscheidungen, die wider besseres Wissen gefällt werden.

So war ein Paar mit Auswanderungsplänen bei mir im Grundkurs. Während des Kurses kamen beide zu der tiefen Erkenntnis: Das mit dem Auswandern wird so nicht funktionieren. Sie wollte in Australien unbedingt mit Tieren arbeiten, sein Ding war das überhaupt nicht. Er wollte lieber bei mir eine Ausbildung zum Coach machen und dann in der Heimat wirken. In der Zukunftsreise, die wir immer zum Abschluss des Seminars machen, hatten sie beide festgestellt, dass sie sich gegenseitig gar nicht darin gesehen hatten. Sie waren verwirrt und traurig.

Mein Rat an sie war: »Wartet noch ab! Schafft Raum zwischen euch. Sonst kann das, was jetzt war, gar nicht wirken.«

Sie sahen sich zögernd an und schüttelten dann beide den Kopf. Sie hielten nach wie vor an ihrem Plan fest: Diesen Herbst würden sie auswandern. Zusammen. Sie steckten so in ihren Ängsten fest, dass sie sich verzweifelt an ihre einmal gefassten Vorstellungen klammerten. Sie konnten sich selbst keinen Raum geben, weil sie so vieles noch nicht loslassen konnten.

Die Schamanen sagen: »Du musst alles zu einem guten Ende träumen, sonst kannst du es nicht loslassen.« Ich mag diesen Spruch sehr, denn er ist wahr. Wenn Sie Ihr Thema nicht zu einem guten Ende bringen können, dann bleibt ein Fuß in der Tür zur Vergangenheit stecken. Dabei möchten Sie ja auf neue Ideen kommen, sich auf eine neue Beziehung einlassen, sich endlich einer Prüfung stellen – aber solange Sie zum Teil in der Vergangenheit hängen, können Sie nicht vorwärtsgehen. Dann wird es extrem anstrengend.

Doch wenn die Heilung geglückt, das Thema zu einem guten Ende gebracht ist, tut sich der Raum auf. Wenn Sie ihn lassen, ist er da. Es ist aber auch wichtig, dass Sie ihn dann wahrnehmen und offen lassen. Und das ist nicht so einfach, wie es klingt.

In uns Menschen westlicher Prägung wirkt eine Lücke wie ein Vakuum. Es saugt scheinbar automatisch naheliegende Dinge an, um sich zu füllen. Nur um nicht mehr leer sein zu müssen. Leere flößt uns Unwohlsein oder Angst ein. Der Drang ist groß, möglichst schnell etwas anderes an die Stelle des Gewesenen zu setzen.

Das beobachte ich gerade an Seminarteilnehmern, die durchaus erfahren sind auf dem Gebiet des Heilens. Sie freuen sich so an dem Erfolg, an der Erleichterung, dass sie sich sofort auf ihr nächstes Thema stürzen wollen. Sie sind kaum zu bremsen und riskieren auf diese Art, die Wirkung zu zerstören. Weil sie der Wirkung keinen Raum geben.

Eine Teilnehmerin klagte mir ihr Leid, weil sie nach einer ihrem Gefühl nach gelungenen Heilung zum Thema Bindung ständig an Partner geriet, die nicht frei waren für eine Beziehung. Sie hielt es aber auch nicht aus, alleine zu sein. Sobald eine Partnerschaft in die Brüche gegangen war, ging sie bereits die nächste ein. Sie gab der Wirkung ihrer Heilung keinen Raum und deshalb wiederholte sich dieser Vorgang immer wieder. Erst im Coaching gelang es ihr, überhaupt das Muster zu erkennen. Sie hatte den Raum nicht absichtlich sofort mit dem nächsten Partner gefüllt. Ihre Angst vor dem Alleinsein war die Angst vor dem Unbekannten, dem Ungewohnten – der Leere. Das Erkennen des Musters ermöglichte ihr, ein klares Ziel zu fassen, nämlich den Raum offen zu lassen, den ihr die Heilung bot. Die Stille zuzulassen, ohne sie übertönen zu müssen, und sich vor allem selbst zu begegnen.

In diesem Sinne müssen Sie sich den Raum nach der Heilung selbst schaffen. Dabei meine ich »schaffen« nicht im Sinne von aktivem Handeln, sondern im Sinne von SEIN lassen. Wenn Sie sich bewusst sind, dass eine Leere entsteht nach einer Heilung und dass Sie vor dieser Leere keine Angst haben müssen, dann erkennen Sie an sich selbst leichter, wenn Sie in hektischen Aktionismus zu verfallen drohen. Deshalb: Achten Sie darauf, dass Sie den Raum sein lassen. Und in ihm entfaltet sich Wirkung – wie Musik.

Raum für Wirkung

Was ist nun die Wirkung, die im Raum zur Geltung kommen kann? Zunächst ist es das SEIN. Der ursprüngliche Zustand eines jeden Lebewesens.

Wir bewundern oft die Ruhe, die von einem Baum ausgehen kann. Er wurzelt tief und streckt sich nach oben, befindet sich ganz in seinem Gleichgewicht. Wir können seine in sich ruhende Energie spüren. Er ist nichts anderes als ein Baum, und er ist in seinem SEIN.

Auch Tiere sind in diesem ursprünglichen Zustand: Eine

Katze ist Katze, in jedem Augenblick. Jede Katze besitzt einen eigenen Charakter, aber jede ist ganz bei sich. Sie sind alle immer in Kontakt mit sich.

Menschen jedoch entwachsen diesem Kontakt mit sich. Als Babys sind sie noch ganz bei sich, doch mit zunehmender Sozialisation verliert sich der Urzustand. Er verliert sich mit dem Vertrauen, dass die richtigen Dinge geschehen werden.

Wenn kein Vertrauen mehr besteht, braucht es Kontrolle. Kontrolle wird ausgeübt durch TUN. Deshalb gibt es heute so viele Menschen, die nur noch tun, tun, tun. Sie wagen es nicht, aufzuhören mit dem TUN, aus Angst, die Kontrolle zu verlieren.

Kontrolle ist verbunden mit der männlichen Energie. Wer immer nur handelt, steht einseitig in der männlichen Energie. SEIN dagegen gehört zur weiblichen Energie. Sie ist verbunden mit dem Loslassen, dem Kontrolle-aus-der-Hand-Geben.

Erst wenn beide Energien gleichmäßig zum Zug kommen, kann sich Wirkung entfalten. Wirkung entsteht also nicht durch tun, tun, tun, sondern durch den steten Wechsel zwischen TUN und SEIN.

Dabei ist SEIN ein non-dualer Zustand. Es ist nicht das Gegenteil von TUN, es ist nicht NICHTS-TUN. SEIN ist ein ganz eigener Status.

Aus dem Kontrollmodus herauszugehen, bedeutet für viele Menschen eine große Überwindung. Es ist, als müssten sie an der Kletterwand den Griff, an dem sie hängen, loslassen, ohne den nächsten Griff bereits ergriffen zu haben. Ja, ohne den nächsten Griff überhaupt gesehen zu haben. Sie benötigen das Vertrauen, dass der Griff da sein wird, wenn sie ihn brauchen, bzw. das Seil, an dem sie hängen, ihren Sturz abfängt. Jeder gute Kletterer macht deshalb regelmäßige Sturztrainings, in denen er sich willentlich aus mehreren Metern ins Seil fallen lässt. So stärkt er das Vertrauen in das Material und fühlt sich sicherer. Loslassen und vertrauen sind essenziell für den Erfolg.

Raum für Magisches

Das gilt auch für ganz alltägliche, scheinbar profane Situationen wie eine Auftragsverhandlung. Wenn ich früher einen Preis für eine Unternehmensberatung genannt habe und mein Gegenüber hat nur kurz gezögert, habe ich eilig angefangen zu argumentieren und den Preis zu rechtfertigen. Heute tue ich das nicht mehr. Ich nenne den Preis und bin dann ruhig. Ich lasse Raum. Das musste ich erst aushalten lernen, denn in diesem Raum habe ich keine Kontrolle, so wie ich sie scheinbar hätte, wenn ich weiter und weiter reden würde. Der Raum bewirkt, dass sich die Wirkung entfaltet und etwas geschehen kann.

Es kann sich sogar etwas Magisches ereignen, von dem ich sage: »Wow, das habe ich so gar nicht beabsichtigt. Aber es ist cool, dass das jetzt auch noch passiert ist.«

Das Magische geschieht nur, wenn es den Raum dafür gibt. Wenn ich zum Beispiel Gruppen leite, begebe ich mich in diesen Raum, lasse ihn zu. Wenn ich nur in meinem eigenen Kopf wäre, würde die Führung nicht gelingen. Dabei ist mein Zustand dann ein anderer als der in der Beobachterrolle. Die ist nur ein ganz kleiner Ausschnitt davon, denn im SEIN geht es um viel mehr, als einzelne Lebenssituationen zu sehen und zu hinterfragen. Im SEIN geht es um die Verbindung mit dem großen Ganzen.

Es ist schwierig, über diesen Zustand zu sprechen, er entzieht sich der Beschreibung. Aber er ist da und wirkt. Wenn Sie zum Beipiel in einen Ashram gehen, dann lassen die Gurus dort den Raum wirken. Das, was Sie dort so berührt, ist, dass sich für Sie dort Räume öffnen. Das Problem ist nur, dass Sie oft in dem Glauben gelassen werden, dass nicht Sie selbst es waren, der den Raum geöffnet hat, sondern allein Ihr Lehrer. Der Akt des Öffnens wird komplett auf die Person des Lehrers projiziert. Das stimmt nur zum Teil: Wenn Sie einen Lehrer haben, der die Räume nicht öffnen kann, können Sie sich nicht weiterentwickeln. Ein guter Lehrer lässt Sie die Erfahrung machen, damit Sie sie danach selbst vollziehen können. Wir verfahren stets nach dem letzteren Prinzip. Wir sagen in dieser Situation: »Ich werfe dich zurück auf dich, denn du kannst das auch.« Schlechte Lehrer dagegen sagen: »Ich mache das für dich« oder »Nur in meiner Gegenwart kannst du diese Erfahrung machen«.

In diesem Raum gelingt es, Abstand vom ICH zu nehmen. Sie erfahren darin, dass Sie weder Ihre Gedanken sind noch Ihre Gefühle. Sie bemerken sie weiterhin, aber Sie werden nicht mehr von ihnen beherrscht. Ihre Wahrnehmung verändert sich.

Das heißt nicht, dass Sie im Zustand des SEINS emotionslos sind. Sie sind immer noch in der Lage, – wie der Buddhismus es ausdrückt – mitzufühlen. Aber Sie leiden nicht mehr mit. Wenn Sie SIND, können Sie mit Ihrem Partner, der in Tränen ausbricht oder enttäuscht ist, mitfühlen. Aber Sie lassen sich nicht hineinziehen in dessen Gefühl, Sie teilen sein Leid nicht.

Das SEIN ist ein Zustand der Verbundenheit, in dem Sie sich selbst erfahren. Ohne Gedanken. Ohne Anhaftung im Gestern oder im Morgen. Dieser Zustand hat viele Namen: Essenz, das Göttliche, das Feld, wahre Natur, Einheit, Quelle, reines Bewusstsein, nicht wissen, Verbundenheit, Formloses. In vielen Lehren, wie zum Beispiel dem Advaita Vedanta, Daoismus oder Zen-Buddhismus wird dieses Sein als der Zustand beschrieben, den es zu erreichen gilt. Dabei geht es vor allem um die Überwindung des Dualismus, also dem Gefühl von Getrenntsein. (Siehe Kapitel »Integrieren«.)

Auch zeitgenössische Autoren wie zum Beispiel Eckhart Tolle sehen den Grund für die Entstehung von Leid vor allem in dem Angehaftet-Sein. Vor allem die Identifikation mit dem Verstand führt zu der Ein-Bildung, dass wir unser Verstand sind. Dies ist das »Ego«. In der Lehre von Tolle entsteht Leid vor allem aus zwei Gründen:

1. In der Vergangenheit leben: das Drama aus der Vergangenheit immer wieder aufkochen lassen.
2. In der Zukunft leben: sich mit den Gefahren und Ängsten über die Zukunft beschäftigen.

Der Schlüssel zur Ausgeglichenheit liegt danach in einem Leben im Jetzt, also in der Gegenwart. Dabei soll man sich immer wieder seines Körpers, seiner Gefühle und Gedanken bewusst werden. Diese Herangehensweise ähnelt meinen Ansätzen aus dem Kapitel »Aufwachen«, wo es um das Aussteigen aus der Alltagstrance und die Einsetzung des Beobachters geht.

Viele Menschen sind von diesen Lehren fasziniert und scheitern doch an deren Umsetzung im Alltag. Sie leben nun mal nicht in einem abgelegenen Kloster, sondern in Firmen mit Tausenden von Mitarbeitern, oder in der Umgebung von Familienmitgliedern, die die Abgeschiedenheit permanent torpedieren. Auch aus diesem Grund habe ich dieses Buch geschrieben, denn es ist durchaus möglich, die Non-Dualität auch im Alltag erfahrbar zu machen.

Auch wenn es sehr wichtig ist, die ersten drei Schritte im Bewusstwerdungsprozess zu gehen, damit Sie mehr und mehr ausheilen und loslassen können, sind drei Schritte nicht genug. Aus meiner Sicht greifen Ansätze zu kurz, die sagen: »Einfach loslassen und nicht anhaften – dann ist alles gut.« Denn wenn Ihnen das angeblich Einfache nicht gelingen will, geißeln Sie sich selbst für das vermeintliche Unvermögen, und der Teufelskreis beginnt von vorne: Selbstverurteilung, Ablehnung, Abspaltung von Anteilen – und noch weniger Selbstliebe.

Der Grund aber, warum es vielen Menschen so schwerfällt, die Vergangenheit loszulassen, ist, dass sie die Botschaft aus den Ereignissen nicht verstanden haben (siehe Kapitel »Heilen«). Solange Sie kein Bewusstsein über Ihre Geschichte und die Ereignisse haben, können Sie diese auch nicht loslassen. Denn Sie sollten sich immer bewusst sein, dass nichts zufällig passiert. Auf dem Weg zu einem höheren Bewusstsein sind für Sie tiefe Erkenntnisse über sich und das Leben unverzichtbar. Wenn Sie sich aber immer wieder verbieten müssen, bestimmte Gedanken zu denken, wird dies auf Dauer nicht funktionieren.

Aus meiner Sicht führt der Weg zur Einheit über die Integration aller vier Körper und nicht über ein mentales Konzept. Mit dem Bewusstwerdungsprozess lösen Sie sich automatisch von Altem und kommen mehr und mehr ins Hier und Jetzt. Bei der Verleugnung besteht zudem die Gefahr des Verdrängens von traumatischen Erfahrungen, die sich später jedoch durch Krankheiten wieder Gehör verschaffen können.

Der Raum in allem

Das Universum, die Welt und auch wir Menschen bestehen zu 99,99 Prozent aus Raum, sein Anteil übertrifft den Anteil der Materie also bei Weitem. Und womit beschäftigen sich die Menschen ausschließlich? Mit den weniger als 0,01 Prozent dazwischen, mit der Materie. Den Raum ignorieren sie, sie nehmen ihn nicht einmal wahr. Erst ab dem Moment, wenn sie meditieren, merken sie, dass der Raum das viel wichtigere Element ist. Wenn ich zum Beispiel nicht gerade zu fest in einer Situation verhaftet bin, dann spüre ich ständig auch den Raum. Ich fühle nicht nur meinen Körper, sondern auch das, was dazwischen ist. Wenn ich meditiere, spüre ich gar keinen Körper mehr, ich habe dann keinerlei Körperempfinden. Ich spüre auch nicht die Unterlage, auf der ich sitze oder liege, sondern ich nehme den Raum wahr. Er durchdringt alles.

Und hier setzt eine ganz entscheidende Erkenntnis ein: Der Raum durchdringt alles und deshalb ist alles mit allem verbunden. Jegliche Trennung, Abgrenzung oder Dualität ist eine Illusion. Es gibt kein Innen und kein Außen, kein ICH und kein Du, kein Entweder-oder. Alles ist eins.

Im Zustand des SEINS werden Sie offen für dieses Eins. Sie empfinden sich nicht als ein Teil des Ganzen, sondern Sie sind das Ganze. Sie sind Sie selbst und gleichzeitig Ihre Umwelt in komplettem Einklang.

Dieser Verbundenheit von allem kommt inzwischen auch die Naturwissenschaft auf die Spur. Die Quantenphysik weist nach, dass es keine Grenzen gibt und dass selbst räumlich weit voneinander getrennte Teilchen aufeinander Einfluss nehmen. Sie stehen also auf noch unbekannte Weise miteinander in Verbindung und können nicht getrennt voneinander betrachtet werden. Das Phänomen der Verschränkung wirft alle herkömmlichen physikalischen Modelle über den Haufen und mit ihnen unsere Illusion von abgeschlossenen Einheiten.

Danach sind Raum und Zeit lediglich Begriffe, die unser Verstand benötigt, um sich eine Ordnung zu geben, die an sich gar nicht existiert.

Einige sprechen auch vom Nullpunkt-Feld. Für mich bezeichnet dieser Nullpunkt den Ort, an dem es weder in die eine noch in die andere Richtung geht. Der ein Übergang und ein Zustand zugleich ist. In dem nichts anhaftet und alles fließt.

Im SEIN werden Sie durchlässig, Sie öffnen sich dem Ganzen, das Sie genauso durchströmt wie Sie das Ganze durchströmen. Sie werden dadurch zum Mittler zwischen den verschiedenen Ebenen. Sie werden zum Medium. In diesem Moment ist alles gleichzeitig: Sie integrieren die spirituelle Ebene mit ihren Informationen genauso wie die irdischen Informationen.

Sie sind im SEIN weder hier noch dort, weder auf der einen noch auf der anderen Ebene, sondern in der Mitte und damit gleichzeitig überall. Ein Ver-Mittler. In diesem Sinne kann jeder, wirklich jeder Medium sein. Das entspricht auch unserer Grundnatur- der Verbundenheit.

Um diese Verbundenheit tatsächlich für Jenseits-Kontakte zu nutzen, bedarf es viel Übung und einer seriösen Ausbildung, insbesondere wenn Sie dies für andere Menschen tun wollen.

Wenn Sie aber nur für Ihre persönliche Entwicklung den Kontakt mit Verstorbenen suchen möchten, können Sie mit einer von mir entwickelten Meditationsform schon nach kurzer Zeit innerlich auf diese Ebene reisen. Dabei geht es nicht darum, dass Sie sich mit dieser Ebene neu verbinden – denn verbunden sind Sie sowieso. Es geht nur darum, diese Verbindung bewusst zu erleben. Es ist so, also würden Sie Ihren Empfänger, ähnlich wie beim Fernseher, auf die richtige Frequenz einstellen lernen.

Der Zugang

Verbundenheit heißt auch, dass Sie Zugang haben zu ganz anderen Quellen als jenen, die Ihnen im Normalzustand zur Verfügung stehen. Sie werden Teil einer allgemein gültigen Weisheit. Die einen nennen es den kosmischen Wissensspeicher, die anderen sprechen gemäß C.G. Jung vom kollektiven Unbewussten. Sie werden jedenfalls erfüllt von Wissen, das Sie nicht aus dem Kopf heraus generieren können.

Wenn ich während eines Seminars in einem solchen Bewusstseinszustand bin und mir Fragen gestellt werden, sage ich Dinge, die ich ansonsten, wenn ich in meinem narrativen oder Denk-Modus bin, gar nicht hätte wissen können. Ich antworte dann zum Beispiel auf eine Frage im Business-Umfeld nicht im unternehmerischen Sinn mit: »Du musst das in drei Schritten angehen. Business-Plan machen und so weiter …«, sondern ich komme auf ganz andere Zusammenhänge wie: »Ich nehme da einen Konflikt wahr, der dich hindert.« Ich habe einfach andere Zugänge zur Verfügung.

Der sogenannte Flow-Zustand, über den Künstler wie Sportler oft berichten, ist nichts anderes als eine Kombination aus SEIN und ÖFFNEN (siehe nächstes Kapitel). Sie sind in dieser Zeit mit Ebenen verbunden, aus denen ihnen Kreativität und Wissen zufließt, das ihnen sonst verschlossen bleibt. Wenn der Schriftsteller nach Stunden der konzentrierten Arbeit sich verwundert die Augen reibt, weil ein Kapitel wie von allein entstanden ist. Oder ein Marathonläufer im Ziel sich zwar an viele klare Gedanken, aber nicht an die Strecke erinnert. Oder eine Stickerin die letzte farbige Perle annäht, die verkrampften Finger streckt und sich dann erstaunt am scheinbar zufällig entstandenen großartigen Farbmuster des ganzen Werkes erfreut.

Sie werden auch wichtige Entscheidungen in Ihrem Leben besser treffen können, wenn Sie zu den überindividuellen Quellen Zugang haben. Ich selbst stand vor ein paar Jahren vor einer solchen Entscheidung. Wir waren mit meinem Unternehmen »Mental Power« auch nach Deutschland gegangen. Dort hatten wir externe Trainer engagiert und auch viel Anklang gefunden. Aber es kam nicht so ins Rollen, wie ich mir das vorgestellt hatte. Ich fühlte mich nicht wirklich wohl damit. Ich war am Anfang meiner Berufung gefolgt, Menschen zu helfen. Und nun war ich mehr am Organisieren als am Helfen. Auch kamen vermehrt Rückmeldungen, dass die Coaches wohl sehr gut, aber nicht wirklich »der Grigor« seien. In den Gesprächen schälte sich heraus, dass sie auch nicht wirklich meinen spirituellen Ansatz vollständig mitgehen wollten. Statt durch die Expansion zufriedener zu werden, spürte ich in mir wachsende Unzufriedenheit.

Ich sprach mit vielen Menschen in dieser Zeit – mit meiner Partnerin, mit meinen Mitarbeitern, mit den Trainern. Sollte ich die Expansion weiter vorantreiben oder sollte ich zurückgehen auf meinen ursprünglichen Weg, auf dem ich viel mehr selbst bei meinen Teilnehmern war, ohne die Hilfe von externen Trainern? Ich sprach viel und offen über meine Alternativen. Aber mit der Zeit wurde mir klar: Es war und blieb meine Entscheidung und mit den eigenen Entscheidungen ist man am Ende doch allein.

Und der Augenblick dafür kommt, wenn die Zeit reif ist. Mir begegnete dieser extreme Moment in einer abendlichen Meditation. Zu Beginn tobten noch sehr viele Gedanken durch meinen Kopf, es war ein richtiges Gedankenkarussell. Ich dachte an alle Varianten und deren Konsequenzen. Dabei kamen auch Gefühle und Ängste hoch: »Falle ich hier wirklich die richtige Entscheidung? Unterliege ich einem Irrtum? Habe ich eine falsche Wahrnehmung? Kann ich meiner Wahrnehmung überhaupt trauen? Was hat meine Entscheidung für Konsequenzen, auch für die Menschen, die aktuell mit mir arbeiten? Enttäusche ich sie dadurch? Was werden sie über mich denken? Und was werden die Teilnehmer sagen?«

Langsam legte sich der Sturm und ich kam in die Ruhe: Keine Emotionen mehr, keine Empfindung mehr, keine Gedanken mehr. Nur noch Stille. Verbundenheit mit allem. Raum.

Und Erkenntnis.

Alles wurde klar, ich war Gewissheit: Ich musste mich wieder auf meine Berufung besinnen. Die war nicht, Trainer in Seminarräume zu organisieren, sondern die war, Menschen persönlich weiterzubringen. Und danach musste ich handeln, um wieder in die Zufriedenheit zu kommen.

Die Klarheit, mit der sich in mir die Entscheidung einstellte, war unglaublich beglückend und friedvoll. Und diese Klarheit hatte Bestand, auch nachdem ich wieder zurück war aus dem Zustand des SEINS.

Auch heute noch sage ich, dass das eine gute Entscheidung war, und das konnte ich auch allen Beteiligten so vermitteln. Weil ich der Entscheidung den Raum gegeben hatte, den sie gebraucht hat.

Erst danach bin ich wieder ins TUN gegangen, habe meine Entscheidung mit allen besprochen und sie umgesetzt. Erst aus dem Zusammenspiel von SEIN und TUN entsteht ein HABEN. Sie können jedoch nicht erwarten, dass das Außen nur positiv und glückselig auf Ihre Entscheidungen reagiert. Oft ist genau das Gegenteil der Fall. Einige wollen vielleicht mit Ihnen verhandeln und faule Kompromisse bewirken. Mein Tipp: Bleiben Sie ganz bei sich, wirken Sie aus Ihrem Herzen und ziehen Sie

Ihre Entscheidung durch. Denn durch Ihre Klarheit können Sie bei den anderen Beteiligten spannende Prozesse auslösen, die sie ihrem wahren Wesen näherbringen.

Oft genügt es aber auch schon, die Wirkung, die im SEIN den Raum gefunden hat, sich einfach verbreiten zu lassen, ohne dass Sie aktiv etwas tun. Die Wirkung geht auf Ihr Umfeld über, ohne dass Sie Ihr Umfeld explizit darüber informieren müssen. Sie braucht nur Zeit, um sich zu entfalten.

Wenn ich zum Beispiel mit einer Teilnehmerin arbeite, die in einer Beziehung ist, dann sage ich: »Sag nichts zu Hause und schau einfach nur, was passiert.« Und ganz oft bekomme ich die Rückmeldung: »Das war spannend! Ich habe gar nichts gesagt und er ist von selbst auf dieses Thema gekommen.«

Oder stellen Sie sich vor, Sie haben ein Problem in der Familie gelöst – dann hat das systemische Wirkung. Ein Zahnrad hängt ja mit dem anderen zusammen. Wenn Sie mit Ihrem Vater gearbeitet haben und dieses Thema geheilt haben, dann hat das Auswirkung auf Ihre Themen mit dem Großvater und der Großmutter. Diese Wirkungen brauchen Raum und Zeit, um greifen zu können. Ganz ohne dass Sie in ein äußeres TUN kommen. Einzig und allein durch das Wirken im SEIN.

Geben Sie sich Raum

Ich hatte mit 16 Jahren mein erstes Out-of-Body-Erlebnis. Vorher hatte ich Bücher darüber gelesen mit den kompliziertesten Erklärungen und mich danach gesehnt, es selbst zu tun, auch wenn ich keine Ahnung hatte, wie. Ich konnte mir einfach nicht vorstellen, dass man nicht in seinem Körper sein kann. Solange man die Erfahrung nicht selbst gemacht hat, liegt es außerhalb des Vorstellungsvermögens, seinen Körper nicht zu fühlen.

An diesem Punkt stehen ganz viele und wissen nicht weiter. Dabei gibt es ganz einfache Anleitungen und Übungen, die den

Weg in das SEIN und in Out-of-Body-Erlebnisse ebnen. Ich wäre in meiner Jugend unendlich dankbar gewesen, wenn mir jemand diese Hinweise an die Hand gegeben hätte. Stattdessen habe ich mir lange den Kopf darüber zerbrochen, wie das funktionieren könnte – dabei geht es so einfach. Auch als Jugendlicher wäre ich damals viel schneller an den Punkt gekommen.

Voraussetzung für die Wirkung nach der stürmischen Phase der Heilung ist, dass Sie im Äußeren überhaupt die Möglichkeit für den Raum schaffen. Anregungen für das Außen, sowohl räumlich als auch zeitlich, sind:

- Üben Sie bewusst, Zeit auch allein und ohne Ablenkung zu verbringen.
- Gönnen Sie sich stille Tage (zum Beispiel ein Schweige-Retreat für eine Woche) oder eine Auszeit, auch von einer Beziehung.
- Unternehmen Sie Spaziergänge: Seien Sie in der Natur, spüren Sie dabei die Verbundenheit mit den Elementen.
- Achten Sie darauf, bewusst zu essen, angefangen bei der Auswahl Ihrer Speisen als auch beim Essen selbst.
- Spulen Sie nicht die Agenda einfach so ab wie gehabt: Streichen Sie einige Termine raus, schaffen Sie Raum in Ihrer Agenda. Sonst kommt der alte Trott schnell wieder, und Sie sind wieder in Ihren alten Mustern gefangen.

Im Folgenden finden Sie hier nun verschiedene Übungen, die Ihnen helfen, den Raum im Innen zu schaffen und offen zu halten. Die kleinen Übungen können Sie auch sehr gut in Ihren Alltag einbauen, um öfter am Tag einige Momente der Stille zu erfahren. Sie können die Übungen einzeln oder nacheinander durchführen.

Wichtig ist dabei, dass Sie die Dinge geschehen lassen. Seien Sie nicht ungeduldig in der Erwartung, dass möglichst schnell eine sichtbare Veränderung eintreten muss. Erst wenn Sie sich von Erwartungen lösen, geben Sie der Wirkung Raum. Entspannen Sie sich. Je gelassener Sie sich den Übungen anvertrauen können, desto leichter werden Sie in den Zustand des SEINS kommen.

Raum im Körper und die Richtung des nächsten Gedankens

1. Setzen oder legen Sie sich hin.
2. Halten Sie Ihre Handflächen – mit ca. 20 cm Abstand – zueinander.
3. Schließen Sie die Augen.
4. Spüren Sie den Raum zwischen Ihren beiden Handflächen.
5. Wenden Sie Ihre Aufmerksamkeit nun Ihren Füßen zu.
6. Spüren Sie den Raum zwischen Ihren beiden Füßen.
7. Richten Sie Ihren Fokus nun auf Ihre Schläfen.
8. Spüren Sie den Raum zwischen Ihrer rechten und Ihrer linken Schläfe.
9. Wenn Sie die Räume gespürt haben, achten Sie anschließend auf Ihre Gedanken:
   a) Aus welcher Richtung kommt Ihr nächster Gedanke?
   b) Von welcher Farbe ist Ihr nächster Gedanke?
10. Wenn keine Gedanken mehr kommen, schließen Sie die Übung ab.

Mit dieser Übung versetzen Sie Ihr Gehirn in einen anderen Modus, in dem Sie die Gedanken reduzieren.

Verbundenheit herstellen

1. Legen Sie sich hin.
2. Schließen Sie die Augen und spüren Sie der Verbundenheit mit sich selbst nach.
3. Spüren Sie anschließend die Verbundenheit mit Ihren Gefühlen.
4. Spüren Sie nun Ihren Körper.
5. Spüren Sie Ihre Verbindung zu dem Untergrund, auf dem Sie liegen.
6. Öffnen Sie sich für Ihre direkte Umgebung. Vielleicht dem Raum, in dem Sie sich befinden, der Wiese, auf der Sie liegen, oder was auch immer Sie gerade umgibt.
7. Verbinden Sie sich mit dieser Umgebung: z. B. dem Haus, den Pflanzen, Tieren oder Menschen.
8. Ziehen Sie nun den Kreis größer und schaffen Sie Verbindung zur weiteren Umgebung.
9. Verbinden Sie sich mit dem Landkreis und danach mit dem Land, in dem Sie leben.
10. Öffnen Sie nun den Kreis für den gesamten Kontinent und spüren Sie die Verbindung mit ihm.
11. Spüren Sie schließlich die Verbundenheit mit der gesamten Erde und dem Kosmos.
12. Genießen Sie das Eins-Sein mit dem Universum.
13. Nehmen Sie mit einem Atemzug Abschied und kehren Sie zu sich zurück.

Den Spiritualkörper wahrnehmen

1. Setzen oder legen Sie sich hin.
2. Halten Sie Ihre Handfläche – mit ca. 20 cm Abstand – zueinander.
3. Schließen Sie die Augen.
4. Spüren Sie, wie Energie zwischen Ihren beiden Handflächen entsteht. Das ist Ihr Energie- bzw. Spiritualkörper.
5. Atmen Sie tief und regelmäßig.
6. Spüren Sie, wie die Energie mit Ihnen eins wird: Zunächst mit Ihren Handflächen, dann nach und nach mit Ihrem Körper.
7. Nun stellen Sie sich einen Energiemantel vor, der Sie sanft umhüllt. Wenn Sie mögen, können Sie den Energiemantel mit Ihren Händen ertasten.
8. Legen Sie Ihre Hände auf den Oberschenkel und kehren Sie zurück.

Die letzte Übung hilft Ihnen, in die Stille zu kommen und in der Einheit zu verweilen, ohne etwas zu tun. Führen Sie diese Übung mehrmals in der Woche durch. Beginnen Sie mit einer Übungsdauer von ein paar Minuten und steigern Sie sie beliebig. Sie können bis zu 60 Minuten in der Übung verbleiben.

Mit dem Höheren Selbst verbinden

1. Setzen oder legen Sie sich entspannt hin.
2. Schließen Sie die Augen.
3. Führen Sie die Übung »Puls spüren« aus dem Kapitel »Aufwachen« durch (Fingerspitzen aneinanderlegen, eigenen Puls spüren).

4. Beobachten Sie Ihren Atem: Ist er eher im Brustbereich oder im Bauchbereich? Atmen Sie durch die Nase in den Bauch ein und durch den Mund wieder aus (dreimal wiederholen).
5. Entspannen Sie bewusst Ihre Gesichtsmuskeln: Stirn, Augen, Lippen, Kiefer und Zunge.
6. Vollziehen Sie den Ausgleich Ihrer Elemente, indem Sie sie innerlich nach und nach aktivieren: Feuer, Erde, Wasser und Luft (siehe Kapitel »Heilen«).
7. Nun stellen Sie sich einen Energiemantel vor, der Sie sanft umhüllt.
8. Dehnen Sie den Energiemantel aus und stellen Sie sich vor, wie Ihr Bewusstsein weiter und offener, leichter und freier wird.
9. Mit dieser Leichtigkeit machen Sie sich auf den Weg zu Ihrem inneren Kraftplatz (siehe Kapitel »Heilen«).
10. Begrüßen Sie dort Ihren inneren Begleiter.
11. Vor Ihren Augen entsteht ein Lichtkanal, der von Ihrem Kraftplatz hinauf in die geistigen Ebenen reicht.
12. Sie stellen sich nun in die Mitte dieses Lichtkanals und verbinden sich mit Ihrem Höheren Selbst. Das Höhere Selbst ist sozusagen die Blaupause Ihrer jetzigen Inkarnation, also das Optimum Ihres jetzigen Lebens.
13. Verweilen Sie in dieser Energie, solange Sie es möchten. Sie müssen nichts tun, sondern einfach nur in der Energie sitzen und SEIN. Wenn ein Gedanke kommt, lassen Sie ihn wie Wolken am Himmel vorbeiziehen.
14. Sie können die Geistige Welt noch um eine Botschaft bitten.
15. Verabschieden Sie sich dann von Ihrem Begleiter und kehren Sie aus der Meditation zurück.

So werden Sie frei

Im SEIN erleben Sie Frieden, weil Sie mit allem verbunden und gleichzeitig frei sind. Frei von den Bedrängnissen der Vergangenheit, frei von den Ängsten vor der Zukunft. Das heißt Sie schaffen Raum – Raum für Neues.

Stellen Sie sich vor, Sie wollen einen neuen Palast auf Ihrem bisherigen Grund bauen. Wenn dort aller Platz vom alten Palast besetzt ist, werden Sie kein neues Gebäude errichten können. Bevor Sie also neu bauen können, müssen Sie den alten Palast abreißen und Freiraum für den neuen schaffen.

Und was im Außen gilt, gilt auch für das Innere.

In diesem Zusammenhang empfehle ich Ihnen die Übung mit dem weißen leeren Raum. Wenn Sie zum Beispiel schon verschiedene Beziehungen geführt haben, dann ist die Gefahr groß, dass Sie in einer neuen Beziehung wieder an das Erlebte anknüpfen: »Ja, das kenne ich schon. Das läuft immer so.« Das heißt, in diesem Raum stehen noch verschiedene alte Partner. Das Gleiche kann Ihnen bei einem neuen Job passieren. Da stehen noch verschiedene Vorgesetzte und Kollegen aus den alten Firmen. In diesen besetzten Raum konstruieren Sie nun die neuen Dinge irgendwie hinein. Sie müssen sich in den verbliebenen Raum einfügen und können sich nicht entfalten.

Deshalb ist diese Übung hervorragend zur Manifestierung des Neuen in Ihrem Leben geeignet, egal worum es sich dabei handelt. Das kann auch ein neues Projekt sein, das Sie angehen möchten. Lassen Sie in dieser Übung das Projekt entstehen – ganz ohne Beschränkung wie Budget oder Zeitvorgaben, ganz ohne Erlebnisse aus den vorherigen Projekten. Lassen Sie zu Anfang den Raum komplett leer. Es ist eine großartige Erfahrung, sich innerlich in diesen Raum zu stellen, sich umzuschauen und zu denken: »Es wird hier irgendetwas hineinkommen, aber jetzt ist es hier noch ganz frei. Und das darf auch so sein!«

Ein weißer leerer Raum

1. Setzen oder legen Sie sich hin.
2. Schließen Sie die Augen.
3. Stellen Sie sich einen weißen leeren Raum für Ihr Thema vor.
4. Betreten Sie diesen Raum und schauen Sie sich um: Alles frei.
5. Sie wissen, dass in diesen Raum etwas kommen darf, aber nicht muss. Aus dem Nichts in diesem Raum wird alles entstehen, wenn es an der Zeit ist.
6. Genießen Sie dieses reine Bewusstsein ohne Form.

Diese innere Freiheit können Sie auch in die äußere Freiheit transportieren. Ich erinnere mich an einen dieser Freiheitsmomente in meinem Leben. Es war nach dem Ende einer Beziehung. Ich hatte mich entschieden, mich vom allem, was wir angeschafft hatten, zu trennen. Alle Möbel, viele alte Dinge habe ich verkauft oder weggeben. Mit ein Grund war, dass ein Freund mir angeboten hatte, bei ihm zu wohnen. Er war Purist, dem jedes überflüssige Stück ein Graus war. Er besaß cinc wirklich luxuriöse Wohnung am Zürichsee, und er bot mir eines der Zimmer mit den Worten an: »Du kannst dein Bett mitbringen, mehr aber nicht. Ich möchte nicht deine ganzen Habseligkeiten hier haben.« Ich konnte also fast nichts behalten, wenn ich das Angebot annehmen wollte. Und ich habe festgestellt: Es hat extrem gutgetan, fast nichts zu besitzen!

Der Gedanke, ich könnte jetzt und sofort losreisen, gab mir ein unglaubliches Freiheitsgefühl. Ich hätte sagen können: »Ab morgen werde ich für drei Monate auf Hawaii sein.« Das wäre überhaupt kein Problem gewesen.

Nach meiner Beobachtung gibt es aktuell auch einen Trend unter jungen Menschen, dass sie nicht mehr so viel besitzen wollen. Sie möchten lieber unabhängig bleiben, auch um reisen zu können. Sie belasten sich nicht mehr mit Dingen, die sie unbeweglich machen. Sie haben nicht mehr das Gefühl, besitzen zu müssen. Das finde ich sehr positiv.

Das Gegenteil davon sind die Verstrickungen in Partnerschaften und Familien. Ich habe gerade ein Paar im Coaching, das zusammen eine Eigentumswohnung gekauft hat. Das war die Traumwohnung der Frau, die sie aber nur kaufen konnte, weil er seinen Lohn als Sicherheit bei der Bank eingesetzt hat. Ich hatte die beiden gewarnt, dass sie damit eine erhebliche Verstrickung eingehen, aber sie kauften die Wohnung trotzdem. Falls sie jetzt beschließen, dass eine Trennung die bessere Lösung ist, haben sie ein richtiges Problem.

Sie haben sich selbst eine große Schwelle gebaut, die sie in ihrer freien Entscheidung behindert. Das ist das Gleiche wie bei einem Ehevertrag. Ja, schon die Ehe an sich kann eine selbst gebaute Hürde sein. Das alles kann einen bequem werden lassen in der Beziehungsgestaltung, weil eine Trennung sehr aufwändig werden kann. Gerade für einen gläubigen Christen kann das Diktum »bis dass der Tod euch scheidet« ein schier unüberwindliches Hindernis für eine Trennung sein.

Dabei ist es oft viel schwieriger, nicht verheiratet zu sein und zusammenzubleiben, als verheiratet zu sein und zusammenzubleiben. Meine Partnerin und ich haben uns nie etwas versprochen: Kein »Ich werde dich immer lieben« oder »Ich werde für immer dein sein«. Das haben wir absichtlich nicht gemacht. Wir haben gesagt: »Vielleicht wird es eine tolle Nacht. Vielleicht wird es eine tolle Woche. Vielleicht werden es tolle Monate. Oder Jahre. Oder ein Leben lang. Wir wissen es heute nicht.« Wir geben uns nur tagtäglich Mühe. Wir versuchen, uns dabei gegenseitig Raum für Entwicklung zu lassen. Und das ist wichtig!

So wie der Dichter Khalil Gibran es wunderbar ausgedrückt hat:

Aber lasst Raum zwischen Euch.
Und lasst die Winde des Himmels
zwischen Euch tanzen.
Liebt einander,
aber macht die Liebe nicht zur Fessel;
lasst sie eher ein wogendes Meer
zwischen den Ufern Eurer Seelen sein.

Es können auch zwei Bäume nicht direkt nebeneinander wachsen, weil der eine dem anderen die Sonne nimmt. Jedes Lebewesen braucht Raum und Freiheit für sein Wachstum.

Schaffen Sie sich Ihren Raum und Ihre Freiheit, damit Sie Ihren nächsten Schritt gehen können.

Schritt 5: ÖFFNEN

Betreten Sie Neuland.
Was wollen Sie entdecken?

Jetzt haben Sie Raum, jetzt haben Sie Freiheit.

Und jetzt?

In den ersten drei Schritten *Aufwachen, Integrieren* und *Heilen* haben Sie Ihre Energie vor allem auf Ihre Vergangenheit und auf sich selbst gerichtet. Im vierten Schritt gingen Sie in die Stille und haben es wirken lassen. Sie haben die Grundlagen geschaffen, um die Energie nach vorne zu richten: Es gibt eine Zukunft, da geht die Reise noch hin.

Viele Menschen sind an diesem Punkt ratlos. Sie wissen nicht, wie sie den nächsten Schritt angehen sollen. Die einen haben gar keine Idee, ihr Raum scheint einfach leer zu bleiben. Die anderen sehen Möglichkeiten, aber diese Varianten kommen ihnen alle irgendwie bekannt vor. Etwas Neues scheint nicht dabei zu sein. Ein dritter Typus sieht zwar neue Möglichkeiten, aber nur, um diese für sich sofort wieder auszuschließen. So wie eine Seminarteilnehmerin, die einen meiner Facebook-Posts zu meiner veganen Lebensweise entrüstet kommentierte: »Ich würde nie Veganerin werden!« Was konnte ich anderes antworten als: »Sag niemals nie. Bleib immer schön offen und neugierig.«

Diese Menschen haben eines gemeinsam: Sie sind enttäuscht, weil ihre Erwartung, dass nun alles leicht und von selbst geht, nicht erfüllt wird. Dass sie nicht einfach einen Wunsch ans Universum schicken können und alles gut wird, ohne dass sie selbst noch etwas beitragen müssen.

Die verschiedenen Situationen haben ein und dieselbe Ursache: Wer über viele Jahre seine Kreativität ausgesperrt und sich aus Angst oder Bequemlichkeit keinen Blick nach rechts oder links erlaubt hat, für den ist es schwer, mit einem Schlag die Tür aufzumachen für all die neuen Ideen. Da klopfen höchstens die altbekannten Gedanken an, die neuen bleiben noch außen vor.

Das Potenzial, sich für Neues zu öffnen, ist in jedem Menschen vorhanden. Für Kinder ist die Zahl der Möglichkeiten, die sie als real akzeptieren, unendlich groß. Ihre Kreativität ist ungezähmt. Erst im Laufe der Jahre grenzen wir die Zahl der Möglichkeiten, die uns »denkbar« erscheinen, immer weiter ein. Wir verlernen das Kreativ-Sein und das Angebot der Möglichkeiten überhaupt zu sehen.

Das ist so wie in der viel erzählten Geschichte von dem Mann, der Gott um Rettung vor einem herannahenden Hochwasser bittet. Er steht am Fenster im Erdgeschoss und betet. Da kommt die Feuerwehr in einem Schlauchboot und will ihn mitnehmen, doch der Mann lehnt ab und sagt: »Ich vertraue auf Gott!« Das Wasser steigt weiter, der Mann muss sich schon in den ersten Stock begeben. Nun kommt ein Motorboot vorbei, aber der Mann winkt es weiter: »Ich vertraue auf Gott!« Der Mann ist bereits auf das Dach geklettert, als ein Hubschrauber kommt, um ihn zu holen. Der Mann schüttelt den Kopf: »Ich vertraue auf Gott!« Da das Wasser auch das Hausdach erreicht, ertrinkt der Mann. Vor der Himmelspforte stehend sagt der Mann enttäuscht: »Herr, ich habe dir vertraut, und du hast mich ertrinken lassen!« – »Das ist nicht wahr«, spricht Gott zu ihm: »Ich habe dir ein Schlauchboot, ein Motorboot und einen Helikopter geschickt. Aber du hast keines meiner Angebote angenommen.«

Die Wahrnehmung zu haben für die Dinge, die möglich sind, ist also etwas, was wir verlernen. Aber die Tatsache, dass etwas verlernt ist, heißt nicht, dass es weg ist. Es kann durch Üben wieder aktiviert werden. Jeder kann wieder lernen, alle Möglichkeiten zu denken und diese für sich auch gedanklich zuzulassen. Die Einstiegsübungen dafür sind im wahrsten Sinne des Wortes kinderleicht.

Den ersten Spalt öffnen

Kinder halten bis zu einem gewissen Alter so ziemlich alles für möglich. Geben Sie deshalb diesem freien Anteil Ihres inneren Kindes wieder Ausdruck. Es hilft Ihnen, Ihrer kreativen, spielerischen Seite wieder Raum zu geben.

Mit dem Schatten haben Sie sich bereits befasst, nun suchen Sie den Kontakt zu dem anderen Teil. Sie lernen damit, Ihren inneren Impulsen zu lauschen und nicht dem Verstand.

Was wünscht sich Ihr inneres Kind?

1. Nehmen Sie sich einen freien Tag für die Übung.
2. Verbinden Sie sich an diesem Morgen mit Ihrer inneren Stimme, indem Sie – wie in Kapitel 3 beschrieben – in einer Meditation Ihren Kraftplatz aufsuchen.
3. Auf dem Kraftplatz begegnen Sie Ihrem inneren, freien Kind.
4. Fragen Sie es nach Situationen aus Ihrer Kindheit: »Wie war ich da? Was habe ich gemocht?«
5. Nehmen Sie das Kind an die Hand und kehren Sie mit ihm aus der Meditation zurück.
6. Verbringen Sie nun den Tag mit dem inneren Kind und tun Sie alles, was es sagt: In die Stadt gehen, um einen Lolli zu kaufen, oder eine Station mit der Straßenbahn zu fahren oder dem Mann gegenüber sagen, dass er einen doofen Hut trägt. Alles, was dem Kind einfällt. Hinterfragen Sie nichts, tun Sie es einfach.

Viele Seminarteilnehmer erzählen mir nach einem solchen Tag, dass es viel einfacher ging, als sie gedacht hatten. Und dass gar nichts Schlimmes passiert sei. Im Gegenteil – sie empfanden es als sehr lustig. Was ich beobachte ist, dass sie von diesem Tag lebendiger, energievoller und spielerischer zurückkommen.

Ich binde diese Übung oft in eine Reihe von Entwicklungsübungen ein, die ich meinen Coaching-Klienten mitgebe. Diese erstrecken sich über fünf bis sechs Wochen, für jede Woche gibt es eine Übung. Nach Ablauf der Woche senden sie mir einen Bericht, wie es ihnen dabei ergangen ist.

Je nachdem mit welchen Situationen der einzelne Teilnehmer Mühe hat, entwickeln wir zusammen Übungen genau für diese Bereiche. Wenn ein Klient ganz schlecht »Nein« sagen kann, dann wird er genau dazu eine Übung aufgetragen bekommen. Am besten sind dabei Situationen, von denen er vorher sagt: »Oh nein, das würde ich nie machen.« Das sind dann die spannendsten Aufgaben, die ihn wirklich voranbringen.

Es geht bei diesen Entwicklungsübungen darum, den eigenen Rahmen zu sprengen. Jeder entwickelt, wenn er nicht bewusst damit umgeht, für sich eine Art Box, die seinen möglichen Raum erheblich verkleinert. Diese Box ist seine Komfortzone, die er möglichst nicht mehr verlässt. Er räumt sich nur noch ganz selektiv Möglichkeiten ein, alle anderen haben gar keinen Platz. Es ist wie bei einer Pflanze, die in einen sehr kleinen Topf gesetzt wird. Sie wird nie so groß werden, wie sie das in einem großen Topf werden könnte.

Diese Box wirkt sogar ansteckend: Wer sich nicht viele Möglichkeiten einräumt, der beschränkt auch die Möglichkeiten, die er anderen zugesteht.

Die Übungen geben Ihnen die Gelegenheit, sich in anderen Varianten zu erleben, mit anderen Situationen konfrontiert zu werden und zu anderen Reaktionsmustern zu greifen.

Da sich die für Sie passenden Aufgaben nach Ihren persönlichen »blinden Flecken« richten, kann ich Ihnen hier nur einige beispielhafte Aufgaben aufzählen. Sie können sich aus dieser Liste Übungen suchen oder aber sich nach diesem Muster eigene Aufgaben ausdenken. Vielleicht halten Sie persönlich die eine oder andere Aufgabe für sehr leicht, aber ich kann Ihnen garantieren, dass auch diese Übungen eine Herausforderung für die jeweilige Person darstellten.

Sie verstärken die Tiefe Ihrer Erfahrung noch, wenn Sie jemandem danach von Ihren Erfahrungen berichten. Oder es zumindest in einem Tagebuch schriftlich festhalten, was Ihnen begegnet ist und wie Sie sich dabei gefühlt haben.

Eine Auswahl von Entwicklungsübungen zur freien Erweiterung

1. Möchten Sie generell aus gewohnten Mustern ausbrechen?
   a) Steigen Sie am Morgen nicht mit dem gewohnten, sondern mit dem anderen Bein zuerst in die Hose.
   b) Geben Sie den Menschen die linke Hand statt der rechten zum Gruß.
   c) Gehen Sie eine Wegstrecke, die Sie täglich zurücklegen, rückwärts oder nehmen Sie einen anderen Weg oder ein anderes Transportmittel.

2. Ihr Thema ist Mut?
   a) Stellen Sie sich in die Fußgängerzone und führen Sie Ihren virtuellen Hund spazieren. Ziehen Sie dabei eine Leine hinter sich her, obwohl da gar kein Hund ist. Sprechen Sie hie und da mit diesem gedachten Hund.
   b) Melden Sie sich zu einem Tanzkurs an. Wählen Sie jedoch einen Tanzstil, den Sie überhaupt nicht kennen.
   c) Suchen Sie sich einen Kleidungsstil aus, den Sie sonst nie wählen würden. Ohne Vorinformation treffen Sie sich so gekleidet mit jemandem, der wahrscheinlich irritiert auf Ihren »neuen« Kleidungsstil reagieren wird.

3. Wenn Ihr Thema die Verbundenheit ist:
   a) Gehen Sie nackt baden, spüren Sie, wie das Wasser jeden Quadratzentimeter Ihres Körpers umspült. Fühlen Sie sich voll und ganz mit der Natur verbunden.
   b) Nehmen Sie an einem meditativen Event teil. Konzentrieren Sie sich dabei vor allem auf die Gruppe und verbinden Sie sich über das Herz mit dieser.
   c) Verbringen Sie einen Tag auf einem Gnadenhof für Tiere und fühlen Sie mit den Tieren mit. Übernehmen Sie vielleicht eine Patenschaft und gehen Sie regelmäßig auf den Hof.

4. Haben Sie Mühe mit dem Loslassen?
   a) Machen Sie einen Bungee-Jump. Bevor Sie abspringen, werden Sie sich eines Themas bewusst, dass Sie definitiv loslassen möchten, dann lassen Sie dieses beim Absprung bewusst hinter sich.
   b) Verschenken Sie einen Gegenstand, der Ihnen

wichtig ist (zum Beispiel eine Lieblingstasse, ein Foto, ein Kuscheltier) an einen fremden Menschen.

c) Schreiben Sie auf ein Blatt Papier alles, was Sie loslassen möchten. Falten Sie aus diesem Blatt ein Papierschiffchen und schicken Sie es einen Fluss hinunter auf die Reise. Sie können es sogar anzünden, bevor Sie es auf das Wasser setzen.

5. Wenn Sie Probleme mit Vertrauen-Schenken haben:
   a) Lassen Sie sich von jemandem, dem Sie nicht ganz vertrauen, blind durch einen Wald führen.
   b) Übergeben Sie jemandem eine Aufgabe, die Sie normalerweise selber machen würden. Natürlich muss es etwas sein, das den Anderen herausfordert, aber nicht überfordert.
   c) Gehen Sie mit jemandem zum Klettern. Lassen Sie sich dabei bewusst ins Seil fallen und spüren Sie wie Ihr Kletterpartner Sie hält.

6. Ist die Kontaktaufnahme Ihre Schwierigkeit?
   a) Gehen Sie ins Kino und fragen Sie am Ende eine Ihnen sympathische Person um deren Meinung zum Film.
   b) Sprechen Sie einen wildfremden Menschen auf der Straße an, laden Sie sie/ihn zu einem Tee ein und sprechen über Ihre Lebensträume.
   c) Begrüßen Sie an der Haltestelle jeden Wartenden mit Handschlag und stellen Sie sich vor.

7. Ihr Thema ist die Weiblichkeit?
   a) Üben Sie sich in der Hingabe, indem Sie eine Floating-Erfahrung machen (engl. für schweben, treiben). Dies ist ein Entspannungsverfahren, bei dem

Sie mithilfe von konzentriertem Salzwasser in einer speziellen Anlage (Tank oder Becken), abgeschottet von Außenreizen, quasi schwerelos, auf der Wasseroberfläche treiben.

b) Machen Sie einen Bauchtanzkurs, richtig echt mit entsprechender Kleidung.

c) Gönnen Sie sich eine Massage (zum Beispiel Tantra), die vor allem Ihre Sinne anspricht. Lassen Sie sich bewusst fallen und aktivieren Sie dabei Ihre weibliche Energie.

8. Ihr Thema ist die Männlichkeit?

a) Stellen Sie sich hin und vertreten Sie Ihre Meinung jemandem gegenüber, bei dem es Ihnen besonders schwerfällt (zum Beispiel gegenüber Ihrem Vater, Vorgesetzten). Geben Sie nicht nach, auch wenn es Ihnen schwerfällt.

b) Machen Sie mit anderen Männern ein Survival-Wochenende. Fordern Sie sich heraus und gehen Sie an Ihre physischen und psychischen Grenzen. Lernen Sie sich Herausforderungen zu stellen, klare Entscheidungen zu fällen und Ziele zu erreichen.

c) Besuchen Sie einen Salsa-Tanzkurs. Es ist erstaunlich, wie sich Männer nach solchen Kursen verändert haben. Dabei geht es vor allem darum, klar und bestimmt zu führen.

9. Fällt es Ihnen schwer, zu sich zu stehen?

a) Stellen Sie sich an einen belebten Platz und verkünden Sie mit lauter Stimme Ihre Meinung zu einem aktuellen Thema.

b) Vereinbaren Sie mit Ihrem Partner einmal pro Woche einen Termin. An diesem geht es nur um Ihre

Bedürfnisse (nicht Forderungen!). Sprechen Sie über das, was Sie in der Woche bewegt hat.

c) Vereinbaren Sie ein Treffen mit Ihren Freunden und teilen Sie diesen Ihre tiefste Sehnsucht bzw. Ihre Träume mit. Bitten Sie Ihre Freunde, Sie bei der Erfüllung dieser zu unterstützen.

Es geht vor allem um Ihren Blick auf die Dinge. Deshalb müssen die Übungen nicht immer mit Handlungen verbunden sein. Auch Übungen, die Ihnen helfen, aus verschiedenen Perspektiven auf sich und Ihre Themen zu blicken, führen Sie aus der Box heraus.

Mit sogenannten zirkulären, quasi »Um-die-Ecke-Fragen« bekommen Sie Zugang zu verschiedenen Sichtweisen. Stellen Sie sich vor, was jemand anderes zu Ihrem Thema sagen würde – zum Beispiel der Präsident von Amerika. Oder ein Kind. Oder Walt Disney. Oder Ihr Nachbar. Lassen Sie ganz verschiedene Menschen zu Wort kommen, um die unterschiedlichsten Sichtmöglichkeiten zu sammeln. Lassen Sie sich von diesen Menschen auch erzählen, was sie glauben, wie Ihre Reise weitergehen könnte.

Oder Sie entwerfen ganz aktiv die verrücktesten Bilder von sich und spüren dann nach, wie Sie sich fühlen würden: Zum Beispiel als Olympiasieger im Gewichtheben, während Sie an Rheuma leiden. Oder als Maler filigraner Pinselstriche. Oder als Langstreckenläufer. Gerade wenn Sie an körperlichen Einschränkungen leiden, verkleinern Sie den Kreis Ihrer denkbaren Möglichkeiten lange bevor sie Ihnen bewusst werden. Dieses unterbewusste Sieb lässt Sie die anderen Möglichkeiten schon gar nicht mehr wahrnehmen. Wenn Sie vor Ihrem inneren Auge Ihren Körper ganz andere Formen annehmen lassen, dann sehen Sie auch, dass Sie auch ohne Rheuma sein können.

Auch in Beziehungsthemen kann einem ein Perspektivenwechsel die Augen öffnen. Nachdem ein Partner durch all die Schritte vorher gegangen ist, kann er zum Beispiel darauf kommen, dass es nicht nur diesen einen Partner gibt, sondern viele mögliche Varianten und Konstellationen. So habe ich einem Klienten, der – wie er sagt – von einer Frau, mit der er auch ein Kind hat, terrorisiert wird, gesagt: »Das ist eine Variante, wie du die Situation siehst. Du kannst es aber auch anders sehen. Was war das Geschenk? Was hat es dir gebracht?« Und er kam ins Grübeln und sagte: »Stimmt, das hat meine Sinnsuche erst ausgelöst. Ich wäre sonst gar nicht zu dir gekommen.« Ich sagte ihm: »Genau. Du kannst also weiter an der Variante festhalten: ›Defizit, schlecht für mich, ich muss damit irgendwie klarkommen‹ oder du gibst Raum für andere Varianten. Denn du hast jetzt zwar dein Anfangsproblem gelöst, aber du musst dich nun öffnen für die Zukunft. Wie soll deine Reise weitergehen? Du wirst der Frau und dem Schmerz wieder begegnen – wie willst du damit umgehen? Und wie kann ein besserer Weg aussehen, mit deinem Kind umzugehen?«

Ich habe auch Teilnehmer, die physisch eingeschränkt oder krank sind und sich einfach damit abgefunden haben. Die achselzuckend sagen: »Das geht nicht mehr.« Dabei gilt es jetzt, den durch die Heilung gewonnenen Raum zu nutzen, um neue Optionen in den Bereich des Möglichen zu holen. Und genau hier können ihnen die Übungen dieses Abschnitts helfen.

Mach die Tür ganz auf!

Es ist die Offenheit und die Kreativität, die Sie alle Möglichkeiten entdecken lassen. In Ihrem Inneren lauert aber noch eine andere Bremse, selbst wenn Sie Ihre Kreativität entfesseln konnten: die Angst.

Es ist die Angst, sich zu öffnen für etwas Unbekanntes. Für etwas, was Sie nicht voraussehen können. Mit den bisherigen

Möglichkeiten haben Sie sich gut arrangiert, Sie wissen, was Sie von ihnen zu halten haben. Wenn Sie jetzt die Tür aufmachen für Ungesehenes, für Unerhörtes – wer weiß, was Ihnen dann begegnet?

Um meinen Seminarteilnehmern diese Angst zu visualisieren, zeige ich ihnen gern einen kleinen Animationsfilm. Darin demonstriert ein Quantenphysiker die Welt der zwei Dimensionen: Es gibt nur die Möglichkeit nach vorne, zurück, links oder rechts zu gehen. Die zweidimensionalen Flachländer, die in dieser Welt leben, wissen nicht, was eine Kugel, ein Kubus oder überhaupt ein dreidimensionales Objekt ist. Alles, was außerhalb der zweiten Dimension ist, wird als nicht existent oder sogar gefährlich betrachtet. Selbst wenn man ihnen stundenlang erklären würde, wie fantastisch die dritte Dimension ist, nur die Wenigsten würden den gewohnten Rahmen verlassen.

Die Angst vor dem Unbekannten ist oft mächtiger als die Neugier und engt den Blick ein: Es kann nicht sein, was nicht sein darf. Das Denken schließt dann vieles im Vorfeld bereits aus.

Eine Möglichkeit, sich dessen bewusst zu werden, ist, sich die eigene Denkebene bewusst zu machen: Was für ein Denk-Typ sind Sie?

1. **Der Vernichter:** Dieser Typ pulverisiert die besten Ideen und Lösungen innerhalb von Sekunden. Das schönste Gedankengebäude wird eingerissen und zunichtegemacht. Oft spielt auch Eifersucht und Neid eine Rolle.
2. **Der Bewahrer:** Dieser Typ möchte am liebsten, dass alles so bleibt, wie es ist. Wie eine Mauer blockt er alles Neue ab und verteidigt das Bestehende.
3. **Der Erschaffer:** Wenn Sie zu diesem Denk-Typ gehören, dann sind neue Ideen immer willkommen. Und selber kreieren Sie auch gerne außergewöhnliche Lösungsansätze. Wenn Sie jedoch nur mit Erschaffer-Typen arbeiten, besteht

die Gefahr, dass Projekte nicht zu Ende gebracht werden, weil immer wieder neue, noch bessere Ideen am Start sind, ohne dass die anderen zu Ende geführt werden.

Oft sind die Fragen, die jeder dieser Typen stellt, sehr gut und wichtig für die Fortentwicklung, in ihrer Ausschließlichkeit sind sie aber hinderlich, vor allem wenn sie unbewusst auftauchen. Sogar der Erschaffer-Typ hat seine Tücken. Er bringt immer wieder neue, noch bessere Ideen und setzt keine davon wirklich um. Bereits die Reflexion über diese verschiedenen Typen verschafft Ihnen einen Moment des Aufwachens, und Sie sagen vielleicht: »Ja, stimmt. So offen, wie ich immer glaube zu sein, bin ich vielleicht gar nicht.« Und wie sieht es mit Ihrer Familie oder Ihrem Team aus? Erkennen Sie die verschiedenen Typen wieder?

Die Angst steckt oft auch in bestimmten Anteilen von Ihnen. Dazu müssen Sie erst einmal herausfinden, welche Anteile Sie an Ihrer Entwicklung hindern. Welche widersetzen sich der Öffnung? Welche zweifeln, halten zurück, schränken ein? Die nachfolgende Übung hilft Ihnen, diese Anteile zu erkennen, den Dialog mit ihnen aufzunehmen und auch deren positiver Absicht auf die Spur zu kommen. Die Anteile kommen Ihnen wahrscheinlich sehr bekannt vor, denn Sie sind Ihnen ja bereits im Kapitel »Integrieren« begegnet: dem Nörgler, der Treusorgenden, der Ängstlichen, dem Unnahbaren etc. Nun aber treten Sie ihnen mit anderen Fragestellungen gegenüber.

Die hindernden Anteile finden

1. Setzen oder legen Sie sich entspannt hin.
2. Schließen Sie die Augen.
3. Gehen Sie zu Ihrem inneren Kraftplatz.
4. Dort warten bereits Ihre hinderlichen Anteile auf Sie.

5. Fragen Sie Ihre Anteile einem nach dem anderen:
   a) »Wie stehst du zu meiner Öffnung?«
   b) »Was bringst du mir damit? Was ist dein Geschenk?«
6. Nehmen Sie den positiven Grund Ihrer hemmenden Anteile an.
7. Bedanken Sie sich bei dem jeweiligen Anteil und entlassen Sie ihn.
8. Wenn Sie alle Anteile befragt haben, kehren Sie zurück.

Durch das Annehmen der positiven Botschaft verschwinden die hemmenden Anteile vielleicht nicht sofort, aber Sie können ganz anders mit ihnen umgehen. Sie können in Frieden mit ihnen leben. Vielleicht haben Sie schon oft gehört, dass Sie gegen Ihren inneren Schweinehund ankämpfen sollen. Das ist aus meiner Sicht ein völliger Unsinn, denn jeder innere Widerstand hat einen Sinn. Vielleicht sollten wir diesem »Schweinehund« lieber im Innen begegnen und uns anhören, was er uns mitzuteilen hat. Ansonsten haben Sie eventuell das Gefühl, dass Sie immer wieder gegen die Wand laufen und sich gleichzeitig sagen: »Da ist keine Wand, da ist keine Wand!«

Gerade in diesem Stadium, wo es darum geht, in die eigene Stärke zu gehen, kommen noch einmal Schattenanteile hoch, die vorher noch unentdeckt geblieben waren. Deshalb kann hier die Übung des Annehmens erneut hilfreich sein.

Der richtige Zeitpunkt

»Und wie weiß ich, wann ich so weit bin, dass ich mich wirklich öffnen kann?«, fragte mich kürzlich eine Seminarteilnehmerin. »Ein guter Indikator dafür ist«, sagte ich ihr, »wenn du das Alte wirklich loslassen kannst. Wenn das, was du Neues machen willst, nicht eine Wiederholung dessen ist, was du bereits getan hast, nur in einer anderen Umgebung oder mit einem anderen Menschen.«

Ein Beispiel: Der richtige Zeitpunkt, sich um einen neuen Job zu bewerben, ist, wenn Sie bereit sind, den alten Job, die alte Arbeitssituation wirklich gehen zu lassen. Wenn Sie nicht den gleichen Job einfach bei einem anderen Arbeitgeber antreten – um schnell vor denselben Problemen zu stehen. Oder wenn Sie eine neue Partnerschaft eingehen wollen: Der richtige Zeitpunkt ist dann, wenn das Vergangene abgeschlossen ist. Wenn Ihnen nicht der alte Partner durch die Hintertür in die neue Partnerschaft mit hineinrutscht. Wenn Sie nicht mehr sagen: »Ach, bei meinem vorherigen Partner war das und das so schön.«

Das SEIN ist wie das Leeren des Zwischenspeichers: Erst wenn der Cache ganz gelöscht ist, ist wirklich Raum für das Neue. Nur dann wird das Neue nicht vom Alten überschattet.

Leer ist der Speicher dann, wenn da nichts mehr kommt im Sinne von: »Oh, da müsste ich aber noch etwas anschauen.« Oder: »Das tut schon noch weh, wenn ich an meinen alten Partner denke.« Es muss diese Leere da sein, die Sie sagen lässt: »Ja, jetzt darf etwas Neues in mein Leben kommen.«

Im Job werden Sie spüren, dass etwas abgeschlossen ist. Ein Lernzyklus zum Beispiel: »Das, was ich hier lernen konnte, ist abgeschlossen. Ich gehe nicht mit Groll, sondern mit Dankbarkeit, für das, was ich lernen durfte. Aber jetzt ist es leer geworden, hier ist nichts Neues mehr für mich drin. Ich kann das jetzt loslassen.«

Wenn Sie nicht mehr über das Alte nachdenken müssen, dann haben Sie losgelassen. Sie spüren die Freiheit, sich dem Neuen zu öffnen.

Es ist der Wendepunkt, den Sie spüren. Es ist der Übergang, in dessen Mitte ein kurzer Moment des Nichts steht, bevor das Neue beginnt.

Ein Freund berichtete mir, wie er so einen Punkt des Übergangs bewusst erlebt hat. Er war unglücklich in seinem Job gewesen und hatte sich bei vielen anderen Arbeitgebern beworben. Noch bevor er die Antworten bekam, trafen wir uns zufällig und kamen auf seine Situation zu sprechen. Es wurde ein langes Gespräch, in dessen Verlauf er viele Muster und Zusammenhänge erkannte. Er war bereits mit meinen sieben Schritten auf der Spirale vertraut und war einige Male hindurchgegangen. Er kam deshalb sehr schnell zu einem Punkt des Heilens. Er hat mir später erzählt, dass er noch lange, nachdem ich gegangen war, sitzen blieb und das Gesagte wirken ließ. Als er am nächsten Morgen übernächtigt ins Büro kam, lagen drei Einladungen zum Bewerbungsgespräch auf dem Tisch. Aber anstatt sich umgehend auf die Gespräche vorzubereiten, setzte er sich gelassen hin, verschränkte die Arme hinter dem Kopf und begann nachzudenken, wohin sein beruflicher Weg denn wirklich führen sollte.

Gerne erinnere ich Sie an den Eintrag in den kostenlosen Mailverteiler. Gehen Sie jetzt bitte auf meine Website www.grigor.live/wozu und tragen Sie dort Ihre E-Mail-Adresse ein. Dann informiere ich Sie über Neuigkeiten zum Buch und interessante Termine.

Alle Möglichkeiten finden

Wenn Sie also Ihre Ängste und die Vergangenheit hinter sich lassen konnten, öffnet sich die Welt der Möglichkeiten. Und die gehen oft über die zunächst erwarteten hinaus, weil sich ganz andere Optionen eröffnen.

Stellen Sie sich vor, Ihr Thema war beruflicher Natur. Sie hatten wiederholt Konflikte mit Ihrem tyrannischen Vorgesetzten. Sie suchen im Coaching nach einer Möglichkeit, mit diesem problematischen Chef umzugehen. In der ersten Phase gehen Sie in die Beobachtung, Sie erkennen viele Dinge an sich, Sie verstehen Zusammenhänge. Sie nehmen den Tyrannen in sich an und erlangen dadurch einen inneren Frieden. Dann schauen Sie genauer hin: Woher kommt das Gefühl eigentlich? Sie erkennen, dass das Ihr Vater ist, klären das und verzeihen ihm. Danach gehen Sie in die Stille hinein und geben der Wirkung Raum. Auch beruflich lassen Sie die Veränderungen erst einmal wirken. Auf einmal reagiert Ihr Vorgesetzter anders, viel friedlicher als vorher. In der Stille aber haben Sie auch gemerkt, dass nicht der Chef Ihr Problem war, sondern dass die Aufgabenstellung die Aufarbeitung der Vergangenheit war. Und mit dieser Aufarbeitung konnten Sie sich auch von Ihrer Vorstellung lösen, dass Sie nur in dieser Firma und in dieser Stellung arbeiten können. Dass Sie viel freier sind in Ihrer Wahl. Eine andere Firma ist möglich, eine ganz andere Arbeit ist ebenso möglich.

In dieser Freiheit ist die Zahl Ihrer Möglichkeiten grenzenlos.

Ich kenne einen Karatesportler, der mit dieser Grenzenlosigkeit auf grandiose Weise spielt: Er stellt sich in der Meditation auf seinen Kraftplatz und probiert die wildesten Bewegungen aus. Er sagt: »Dort kann ich Dinge ausprobieren, die ich mich live nie trauen würde, weil die Verletzungsgefahr einfach viel zu groß ist.« So testet er im Inneren, welche Varianten funktionieren: »Manchmal komme ich so auf Abläufe, die ich sonst nie zu denken gewagt hätte.«

Auch manche Künstler wagen Dinge, die ein Normalmensch sich nie zugestehen würde, weil sie ständig in diesem kreativen Prozess sind. Extremsportler sind ebenfalls kontinuierlich auf der Suche nach den Grenzen und deren Überschreitung. Sie tun dies aber oft nicht aus diesem kreativen Zustand heraus, sondern aus einem Gefühl des Mangels. Sie spüren sich nicht. Oder sie öffnen sich ihrer Seele nicht.

Es gibt verschiedene Wege, sich Anregungen für die Entstehung von Möglichkeiten zu verschaffen. Da gibt es die ganz praktischen, wie Sie sie vielleicht auch schon kennen. Ein Beispiel ist die Visions-Collage: Sie basteln sich eine Collage aus Bildern und Worten, die Ihre Vision visualisiert. Diese Collage hängen Sie sich dann gut sichtbar auf, sodass Ihr Blick mehrmals täglich daran hängen bleibt. Selbst wenn Sie die Collage nicht mehr bewusst wahrnehmen, wird Ihr Unterbewusstsein die Signale empfangen.

Ich persönlich finde eine meditative Annäherung oft produktiver, zum Beispiel indem Sie den weißen Raum, den Sie aus dem vorherigen Kapitel bereits kennen, öffnen und in den Raum der Möglichkeiten verwandeln.

Der Raum der Möglichkeiten

1. Setzen oder legen Sie sich entspannt hin.
2. Stellen Sie sich den weißen Raum vor (siehe S. 151).
3. Stellen Sie sich nun in diesem Raum eine mögliche Variante Ihres Themas vor.
4. Spüren Sie, wie sich die Variante anfühlt. Es geht nicht um richtig oder falsch, sondern nur um Ihr Gefühl.
5. Öffnen Sie einen nächsten Raum für eine weitere Variante Ihres Themas und lassen Sie sie auf sich wirken: Wie fühlt sich diese an?
6. Lassen Sie ruhig auch andere Varianten entstehen, vielleicht sind es Kombinationen von Elementen, die sich in den vorherigen Varianten besonders gut angefühlt haben.
7. Wenn Sie auf diese Weise alle Varianten durchgespielt haben, kehren Sie zurück.

Der Raum der Möglichkeiten hilft Ihnen gerade bei schwierigen Entscheidungen, indem Sie sich die vielen Varianten vorstellen und durchleben. Sie spüren, welche Möglichkeit sich besser anfühlt als andere. Wenn Sie zum Beispiel verschiedene Stellenangebote vor sich liegen haben, geben Sie jeder einen Raum: Gibt es eine, bei der Sie sich richtig wohlfühlen? Oder vielleicht auch keine?

Sie können die Übung auch mit verschiedenen Kärtchen auf dem Boden durchspielen. Jedes Kärtchen steht für eine andere Variante. Stellen Sie sich nun nacheinander auf die verschiedenen Positionen. Schließen Sie auch hier jeweils die Augen und tauchen Sie in die verschiedenen Möglichkeiten ein.

Sie kommen mit der Übung aus Ihrem Kopf heraus und nehmen die Weisheit Ihres Unterbewusstseins zu der Entscheidung mit hinzu.

Eine weitere Meditation führt Sie weg von konkreten Situationen und lässt Sie Ihr inneres Potenzial entdecken.

Nach dem inneren Schatz tauchen

1. Setzen oder legen Sie sich entspannt hin.
2. Schließen Sie die Augen.
3. Führen Sie die Übung »Puls spüren« aus dem Kapitel »Aufwachen« durch.
4. Beobachten Sie Ihren Atem: Ist er eher im Brustbereich oder im Bauchbereich? Atmen Sie durch die Nase in den Bauch ein und durch den Mund wieder aus. Wiederholen Sie dies dreimal.
5. Entspannen Sie bewusst Ihre Gesichtsmuskeln: Stirn, Augen, Lippen, Kiefer und Zunge.
6. Machen Sie Ihren Elemente-Ausgleich wie Sie ihn kennen.

7. Nun stellen Sie sich einen Energiemantel vor, der Sie sanft umhüllt. Dann dehnen Sie den Energiemantel aus und stellen sich vor, wie Ihr Bewusstsein weiter und offener, leichter und freier wird.
8. Mit dieser Leichtigkeit machen Sie sich auf den Weg zu Ihrem inneren Kraftplatz.
9. Begrüßen Sie dort Ihren inneren Begleiter.
10. Stellen Sie sich vor, Sie sind an einem See. Einem tiefen See. Dieser See symbolisiert Ihr Unterbewusstsein. Und Sie stehen an seinem Ufer.
11. Sie legen eine Taucherausrüstung an und gehen in den See hinein.
12. In Ufernähe reicht das Licht noch aus, das durch die Seeoberfläche dringt, damit Sie erspähen, was dort ruht: Da liegt vielleicht ein Musikinstrument, das Sie gut spielen, oder Ihre Gabe, gut zuzuhören.
13. Je weiter Sie in die Tiefe des Sees vordringen, desto dunkler wird es, bis Sie nichts mehr sehen. Aber Sie haben eine starke Tauchlampe dabei, die Sie nun anschalten.
14. In ihrem Schein leuchten immer wieder Teile eines Schatzes auf, Ihres inneren Schatzes – manchmal deutlich, manchmal etwas verschwommen. Vielleicht Malwerkzeuge, vielleicht eine heilende Hand, vielleicht ein Bauplan.
15. Nehmen Sie die Eindrücke von Ihrem inneren Schatz mit nach oben, wenn Sie langsam aus dem See wieder auftauchen und ans Ufer gehen.
16. Reflektieren Sie am Ufer des Sees über das Erlebte.
17. Schließen Sie nun Ihre Reise ab, bedanken Sie sich bei Ihrem Begleiter und kommen Sie vom Innen wieder ins Außen.

Warum ich den meditativen Ansatz für so wichtig halte, ist leicht erklärt: Solange Sie im Wachbewusstsein an Lösungen und Varianten arbeiten, werden Sie nichts wirklich Bahnbrechendes entwickeln. Sie sind in Ihrer Alltags-Box gefangen. Wie schon erklärt, öffnen Sie mit der Kraft der Meditation ganz neue Pforten, die Ihnen vollkommen neue und auch geniale Einfälle ermöglichen können.

Die größten Erfindungen wurden nicht durch das Nach-Denken vollbracht, sondern in Momenten der Entspannung und der gleichzeitigen, vollkommenen Hingabe (Flow). Viele Kreative berichten genau von diesen wunderbaren Phasen, die sich der genauen Beschreibung entziehen. Ich habe mit vielen Künstlern und anderen schöpferisch Tätigen gesprochen: Die Zustände, die sie beschreiben, ähneln denjenigen, die ich aus entspannten und innerlich doch sehr wachen Meditationen kenne. Sämtliche von mir entwickelten Methoden, so auch die sieben Schritte dieses Buches, entstanden in solchen Schaffensphasen.

Wenn Sie noch einen Schritt weitergehen wollen, verbinden Sie sich mit Ihrem Höheren Selbst. Das Einbeziehen der spirituellen Ebene eröffnet Ihnen weitere Informationskanäle. Ich persönlich integriere immer die spirituelle Dimension, um zu prüfen, ob das Erschaffene auch meinem Seelenweg dient.

Vorsicht: Aktionismus

Ich möchte Sie noch auf eine Gefahr aufmerksam machen: Das Meer der Möglichkeiten, das sich Ihnen nun eröffnet, verführt zum Aktionismus, wenn Sie meinen, jetzt und sofort mindestens eine davon angehen zu müssen. Wenn ich sage, dass Sie aktiv werden sollen, meine ich damit, aktiv im kreativen Prozess und noch nicht unbedingt im Handeln.

Das ist ungefähr so, als ob Sie mit Ihrem Segelschiff auf dem offenen Meer in eine Flaute geraten. Sie dümpeln nur vor sich hin. Jetzt packen die, die sich für ganz clever halten, die Ruder oder eine Handpumpe aus, mit der sie ein bisschen Wind erzeugen. Sie hoffen, dass sie sich damit in eine Region arbeiten, in der wieder Wind herrscht. Das kostet sie viel Kraft. Gleichzeitig wissen sie nicht, ob die Richtung stimmt oder ob sie sich in eine Region mit noch längerer Windstille hineinmanövrieren.

Dabei kann der neue Wind erst kommen, wenn Sie auf ihn warten statt ihm entgegenzuarbeiten.

Wenn Sie also in Aktionismus verfallen, statt auf den Abschluss des SEINS und der öffnenden Phase zu warten, werden Sie keinen sinnvollen Weg beschreiten.

So wie der frustrierte Verkäufer aus meinem letzten Seminar. Nachdem seine ersten Berufsjahre finanziell sehr erfolgreich gelaufen waren, ging es in den letzten beiden Jahren nicht mehr gut. Er grollte mit dem Chef, mit den Kollegen, mit dem Unternehmen. Nach dem ersten Aufwachen, Integrieren und Heilen war er von der Fülle der Möglichkeiten, die sich ihm auftaten, so begeistert, dass er den letzten Seminartag gar nicht abwarten konnte, sondern gleich heimwollte, um seinen Job zu kündigen und ganz große neue Pläne zu machen. Es kostete mich eine Menge Überzeugungsarbeit, ihn zu bremsen und zu überzeugen, dass er nicht nur den letzten Seminartag, sondern noch mehr Zeit verstreichen lassen sollte. Heute ist er mir dankbar, denn der Weg, den er heute mit innerer Ruhe und Kraft geht, ist ein ganz anderer als der, der ihm in dieser aktionistischen Phase vorschwebte.

Möglichkeiten werden wahr

Der Grund, warum ich so vor Aktionismus warne, ist so einfach wie schwer zu verstehen: Auch Möglichkeiten brauchen Raum und Zeit, um zu wirken. Nicht weil Sie dann die größere Menge an Varianten überblicken und die bessere Wahl für Ihren Weg treffen. Sondern weil Sie durch Ihre Öffnung es erst möglich machen, dass diese Option in Ihr Leben tritt.

Was nach Zauberei klingt, ist Realität. Es ist ein bisschen so wie die Geschichte von den zweidimensionalen Flachländlern, die ich Ihnen bereits erzählt habe: Diese können sich einfach nicht mehr als zwei Dimensionen vorstellen, schon die dritte Dimension liegt außerhalb ihrer Erfahrung. Eine Vorstellung davon werden sie sich erst machen können, wenn sie die Gelegenheit haben, die andere Dimension zu erleben.

Deshalb lassen Sie mich eine Geschichte erzählen von jemandem, der diese Dimension erlebt hat:

Ein CEO einer großen Schweizer Firma hatte mich für ein Coaching gebucht. Die Firma litt an sinkenden Umsätzen und fand einfach keinen Dreh, die Situation zu ändern.

In der ersten Sitzung jammerte er über alles und jeden: über die Märkte, die Kunden, die Mitarbeiter. Alle waren an der verfahrenen Situation schuld – nur er nicht. Ich gab ihm erste Beobachteraufgaben und machte mir bis zur nächsten Sitzung Gedanken über ihn.

Die zweite Sitzung begann wie die erste: Er jammerte. Ich sagte: »Ich will Ihnen ein Bild schildern, das mir dazu in den Sinn gekommen ist. Sie sind bei einer Messe, auf der auch viele Kunden von Ihnen sind. Sie haben einen großen Stand, aber dort sind Sie gar nicht. Sie sitzen in einem der Messe-Cafés und jammern zusammen mit einem Kollegen, wie schwierig die Märkte doch geworden seien. Zur gleichen Zeit läuft ein Kunde nach dem anderen an Ihrem Stand vorbei. Alle wollen einen großen Auftrag loswerden, finden aber keinen am Stand, der ihn haben möchte, und ziehen enttäuscht weiter. Sie bekommen diese Aufträge gar nicht zu sehen.« Daraufhin schluckte er hörbar und ich machte mich darauf gefasst, dass er mich rausschmeißt, weil das ja schon ein bisschen frech war. Nach kurzem Nachdenken aber sagte er: »Da ist etwas Wahres dran.« Das war sein erster Aufwachmoment: Er konnte realisieren, dass er gar nicht offen dafür war, vorbeiziehende Chancen wahrzunehmen.

Wir haben dann miteinander an dem Thema gearbeitet. Er beobachtete und integrierte. So hatte er sich zum Beispiel über sein Management beschwert. Als ich ihn daraufhin fragte: »Und wer hat die eingestellt?«, musste er gestehen: Er selbst war es gewesen. Es ging ihm die Erkenntnis auf, dass das Management nur ein Spiegel seiner selbst war. Diese Leute hatten nur das transportiert, was er selbst energetisch ausgedrückt hatte. Er war dann in der Lage, das für sich zu akzeptieren: Nicht jemand oder etwas da draußen war schuld, es war sein Anteil.

Und schließlich kamen wir zur Phase des Öffnens. Wir arbeiteten kreativ daran, Möglichkeiten zu finden. Mit großen Augen nahm er wahr, wie viele Chancen in dem Ganzen steckten.

Zum ersten Mal war er offen für alle Varianten. Da bot sich ein breites Spektrum: von Leute entlassen über neue Produkte kreieren oder neue Zielgruppen und Märkte erschließen; andere Messen besuchen oder andere Standorte eröffnen. Ja, er war sogar so offen, darüber nachzudenken, ob nicht ein anderer Mensch an der Spitze sinnvoller wäre!

Mit dieser Offenheit ging zum ersten Mal auch eine Kooperationsbereitschaft einher. Speziell diese Variante hatte sich vorher völlig außerhalb des Denkbaren befunden. Auf einmal aber entwickelte genau diese Möglichkeit für ihn einen großen Charme. Es kehrte ein wunderbares Leuchten in seine Augen zurück. Er war drauf und dran loszustürmen, aber ich sagte ihm: »Warte noch ab, lass die Varianten wirken.«

Insgesamt schien die ganze Firma durch seine Öffnung eine andere zu werden. Die gedrückte Atmosphäre wandelte sich in eine hoffnungsvolle.

An diesem Punkt machten wir eine Coaching-Pause.

Ein halbes Jahr später rief er mich an, die Stimme freudig gespannt: »Grigor, das muss ich dir erzählen. Die Firma hat den Turn geschafft und zwar durch eine Kooperation. Ein kleinerer Mitbewerber ist von sich aus auf mich zugekommen und wir waren uns schnell einig. Jetzt profitieren wir gegenseitig und haben ungeheuren Erfolg damit. Ich kann kaum glauben, wie sich das alles gefügt hat.«

Diese Geschichte schildert, was ich oft zurückgemeldet bekomme: Was undenkbar ist, geschieht auch nicht. Erst wenn Sie offen sind für neue Chancen und Möglichkeiten, können diese auch in Ihr Leben treten.

Manche nennen es Zufall, aber das ist es nicht.

Die Zukunft und das Jetzt

Die Variante, die Sie im Jetzt erleben, ist nur eine der vielen Möglichkeiten, die Ihnen zur Verfügung stehen könnten. Sie haben unbewusst jedoch genau diese gewählt.

Aber warum? Wieso leben Sie nicht ein komplett anderes Leben? Weil die Summe aller Ihrer Erlebnisse und die daraus gemachten Entscheidungen zu genau dieser Variante geführt haben.

Kennen Sie »Sliding Doors«? Der Film spielt zwei mögliche Varianten eines einzigen Lebens durch. Einmal verpasst die Protagonistin die U-Bahn, in der zweiten erwischt sie diese – mit den entsprechenden Konsequenzen. Es ist die berühmte Frage nach dem »Was wäre passiert, wenn ...«. Und genau an diesen Punkt möchte ich Sie führen: Was wäre wenn ...?

Von dem Punkt, wo Sie gerade stehen, führt eben nicht nur eine Version in die Zukunft, sondern eine Vielzahl von sich auffächernden Strängen. Wenn Sie jedoch in Ihrer Alltagstrance, Ihrem Schlaf gefangen sind, sehen Sie oft nur eine einzige Lösung, eine einzige Möglichkeit, ein einziges Ende der Geschichte. So sind Sie hoffnungslos ausgeliefert und erfahren immer nur die Wirkung. Sie sind oft das Opfer der Umstände, ohne Einfluss auf das Geschehen nehmen zu können. Wenn Sie dagegen heraustreten aus diesem Schlaf und sagen: »Nein, ich gebe nicht dem Normalen den Raum, sondern ich öffne mich auch anderen Möglichkeiten von mir«, dann werden auf einmal andere Zukunftsszenarien, sogenannte Parallel-Ichs, möglich. Seien Sie deshalb ein bisschen verrückt. Verrückt zu sein ermöglicht es Ihnen, Ihre festgefahrene Sicht zu ver-rücken.

Nach einer solchen Zukunftsschau konnte einer meiner Seminarteilnehmer sein wahres Potenzial als Heiler erkennen. Er konnte diese Möglichkeit in der Zukunft sehen und hatte sogar die Gelegenheit, die nötigen Schritte dorthin abzufragen. Das ist eine Meditation, die schon ein wenig mehr Übung braucht und die wir deshalb erst in unserem so genannten Level-2-Training anbieten. Dort nutzen wir das Quantenfeld, um die nötigen Informationen zu erhalten.

Zum Thema Zukunftsgestaltung gibt es sehr unterschiedliche Aussagen. So hält die Quantenphysik es für möglich, dass es ein Prozess mit Wechselwirkung ist: Danach beeinflusst die Zukunft Sie und Sie beeinflussen die Zukunft. Ist das nicht eine großartige Botschaft?

In meinen Seminaren bereite ich die Teilnehmer über mehrere Tage auf diese Vorstellung vor. Sie müssen lernen, ihre Schattenanteile zu integrieren, sich Ängsten zu stellen und offen zu sein. Sie müssen sagen können: »Alles ist möglich.« Denn für die Zukunftsreise, die ich dann mit ihnen mache, sollten sie möglichst alle Einschränkungen beiseite lassen können.

Und dann beginnen wir die Zeitreise. Das ist nicht so außergewöhnlich, wie es klingt. Jeder Mensch, selbst der, der tief schläft, hat von Zeit zu Zeit ein Déjà-vu, das Gefühl, dass er die Szene, die er gerade erlebt, bereits kennt. Das ist nichts anderes als die Erinnerung an eine Zeitreise, bei der diese Szene in Erinnerung geblieben ist. Außergewöhnlich an unserer Zeitreise ist nur, dass wir sie willentlich und bewusst antreten.

Diese Reise ist übrigens total offen. Es zeigt sich Ihnen dort nicht das, was Sie sich vorgenommen haben, sondern das, was für Ihren Seelenweg jetzt wichtig ist.

Die Zukunftsreise werden Sie nicht ohne die entsprechende Vorbereitung antreten können. Warum ich Sie Ihnen hier trotzdem beschreibe, ist, dass Sie eine Vorstellung davon bekommen, wie sie sich anfühlen könnte. Dafür beschreibe ich Ihnen die Variante, die vom Kraftplatz ausgeht, den Sie bereits als Zugangsort zu Ihrem Unterbewusstsein kennen.

Die Reise in die optimale Zukunft

1. Setzen oder legen Sie sich entspannt hin.
2. Schließen Sie die Augen.
3. Führen Sie die Übung »Puls spüren« aus dem Kapitel »Aufwachen« durch.
4. Beobachten Sie Ihren Atem: Ist er eher im Brustbereich oder im Bauchbereich? Atmen Sie durch die Nase in den Bauch ein und durch den Mund wieder aus. Wiederholen Sie dies dreimal.
5. Entspannen Sie bewusst Ihre Gesichtsmuskeln: Stirn, Augen, Lippen, Kiefer und Zunge.
6. Aktivieren Sie innerlich nach und nach die vier Elemente: Feuer, Erde, Wasser und Luft.
7. Nun stellen Sie sich Ihren Energiemantel vor, der Sie sanft umhüllt.
8. Dehnen Sie den Energiemantel aus und stellen Sie sich vor, wie Ihr Bewusstsein weiter und offener, leichter und freier wird.
9. Mit dieser Leichtigkeit machen Sie sich auf den Weg zu Ihrem inneren Kraftplatz.
10. Begrüßen Sie dort Ihren inneren Begleiter. Bitten Sie Ihren Begleiter, Sie in die optimale Zukunft zu führen.
11. Ihr Begleiter nimmt Sie nun mit auf eine spannende Reise in die Zukunft. Manche Klienten sehen eine Art Fahrzeug (zum Beispiel ein futuristisches Auto,

ein Lichtmobil), andere gehen auf einem Weg in die Zukunft oder fliegen einfach dorthin. Wichtig: Sagen Sie Ihrem Begleiter nicht, was Sie sehen möchten! Seien Sie wirklich offen für das, was Sie dort erwartet.

12. Lassen Sie jetzt vollkommen los und tauchen Sie in dieses Zukunftsszenario ein. Sollten negative oder störende Gedanken kommen, lassen Sie diese wie Wolken am Himmel vorbeiziehen. Gehen Sie mit allen Sinnen hinein in die Erfahrung.
13. Wenn Sie das Gefühl haben, alles gesehen zu haben, lassen Sie sich von Ihrem Begleiter wieder zurück zu Ihrem Kraftplatz bringen.
14. Setzen Sie sich dort noch einen Moment hin und reflektieren Sie über das Erlebte.
15. Schließen Sie nun Ihre Reise ab, bedanken Sie sich bei Ihrem Begleiter und kommen Sie vom Innen wieder ins Außen.

Wie das Ergebnis einer Zeitreise das Jetzt beeinflusst, hat zum Beispiel eine Bankerin erlebt. Sie hatte schon lange den Wunsch, in die Filiale der Bank in New York versetzt zu werden. Sie hatte auch schon X Anträge gestellt, aber es hat nie geklappt. Inzwischen hatte sie den Wunsch bereits als unerfüllbar abgehakt und war offen für Neues. In meinem Seminar hat sie dann diese Zeitreise gemacht, und wir arbeiteten auf der Ebene des Quantenfelds.

Sie kam tief beeindruckt zurück, denn sie hatte sich selbst in New York arbeiten sehen. Trotz der Freude blieb sie offen und ließ die Dinge geschehen.

Und kurz nachdem sie wieder in der Bank war, wurde ihr tatsächlich eine Stelle in New York angeboten, die überraschend frei geworden war. Sie hatte das Gefühl, dass auf einmal eine Türe nach der anderen aufging.

Ich arbeite viel erfolgreicher mit meinen Teilnehmern, wenn sie sich nicht aktiv Dinge vorstellen, sondern sie sich offen, ohne bestimmte Vorstellung dem Neuen annähern. Anderenfalls würden sie sich den Möglichkeiten verschließen und sich von vornherein begrenzen. Manchmal traut sich der Zeitreisende auch gar nicht, an das zu glauben, was er da gesehen hat. Ich hatte ein Paar im Seminar mit dem Thema Zukunftsreise. Die Frau hatte in ihrer Reise gesehen, dass sie gemeinsam mit ihrem Partner nach Neuseeland auswandern würde. Bei der Besprechung der Meditation sagte sie jedoch: »Grigor, ich glaube, das ist nur eine Wunschprojektion. Mein Mann hat schon so oft gefragt, ob seine Firma nicht eine Filiale in Neuseeland eröffnen dürfe, und das ist immer abgelehnt worden. Wir haben den Traum schon aufgegeben. Aber offensichtlich hänge ich noch daran.« Ich habe mich ein bisschen eingefühlt und gesagt: »Bleib da mal offen. Für mich fühlt sich das nicht nach einer Projektion an. Da könnte schon noch was kommen.«

Muss ich weitererzählen? Zwei Tage später lag das Angebot der Firma für die Eröffnung der Filiale auf dem Tisch.

Sie haben Zweifel? Es gibt nur einen Weg, diese Zweifel auszuräumen: Erfahren Sie es selbst! Wer immerzu zweifelt, der wird durch Beweise nicht überzeugt; und derjenige, der es selbst erfahren hat, braucht keine Beweise.

No limits

Das Öffnen ist ein unglaublich inspirierender Schritt. Sie treten aus der Stille des SEINS in die Fülle der Möglichkeiten ein. Nicht das Erwartbare wird geschehen, sondern Sie sind es, der Ihrer Zukunft den Weg weist.

Nun sind Sie bereit für Ihren nächsten Schritt im Essensia®-Prozess.

Schritt 6: VERBINDEN

Nehmen Sie mit Ihrer Seele Kontakt auf.
Warum sind Sie da?

Sie sind bereits einige Schritte gegangen seit dem ersten Aufwachen aus Ihrem Schlafzustand. Zuletzt haben Sie gelernt, sich zu öffnen, und Sie haben vielleicht die Euphorie beim Blick in die Zukunft gespürt: Alles ist möglich! Vor Ihnen liegt ein Raum unendlicher Möglichkeiten, den Sie erstürmen können.

Sie haben nun die Freiheit *Ihr* Leben zu leben, Ihre Lebensaufgabe umzusetzen und damit Ihrer Berufung zu folgen.

Falls Sie an dieser Stelle noch keinen Zug in eine bestimmte Richtung spüren, möchte ich Sie beruhigen. Das ist völlig normal. Sie haben angefangen sich vom Ballast der Vergangenheit zu befreien, haben den Zustand des Seins erkundet, ja ihn vielleicht sogar ausgekostet, und nun stehen Sie vor der Wahl: Es gibt tausend Richtungen, in die Sie Ihr Leben lenken könnten. Und Sie wissen nicht, wohin die Reise geht.

Es ist erstaunlich, wie lähmend die große Fülle im ersten Moment sein kann. Je mehr Möglichkeiten Sie erkennen, desto unübersichtlicher wird es, desto ratloser fühlen Sie sich. *Was fehlt mir noch? Was brauche ich?* Diese Fragen sind einerseits Ausdruck Ihrer Überforderung durch die Vielfalt, andererseits sagen sie auch etwas darüber aus, woher Ihre Wünsche kommen.

Fehlen, brauchen – das sind Formulierungen, die aus einem Gefühl des Mangels geboren werden, und deswegen sind es Fragen Ihres Egos, das immer aus einem Mangel heraus agiert, aus einer Unzufriedenheit, aus dem Gefühl, etwas unbedingt besitzen oder erreichen zu müssen. Dadurch entstehen Wünsche, die Sie umtreiben und Sie hindern, sich für das zu entscheiden, was wirklich gut für Sie ist. Die Fülle der Möglichkeiten, die für Sie bereitsteht, hilft da nicht. Im Gegenteil. Sie macht die Auswahl nur noch komplizierter.

Sie können sich das so vorstellen, als ob Sie mit großem Hunger nach der Arbeit noch kurz vor Ladenschluss einkaufen gehen. Da wird es sehr schwer für Sie, das auszuwählen, was für Ihren Körper nach so einem langen Arbeitstag das Richtige ist. Die Versuchung, irgendein schnell sättigendes, aber ungesundes Essen einzukaufen, wird sehr groß sein. Und je größer die Auswahl im Supermarkt ist, desto schwerer wird es für Sie. Wenn Sie jedoch in Ruhe und ohne Hungergefühl einkaufen, wird es Ihnen dagegen viel leichter fallen, gelassen und entspannt die richtigen Einkaufsentscheidungen zu treffen, und die Fülle des Angebotes wird Sie nicht überfordern, sondern Ihnen die Auswahl der für Sie passenden Lebensmittel erleichtern.

Solange Sie sich von Ihrem Ego aus einem Gefühl des Mangels heraus steuern lassen, solange werden Sie mit der unendliche Fülle an Wegen und Möglichkeiten überfordert sein. Was Sie angesichts dieser Fülle wirklich benötigen, ist die Wegweisung durch die Seele. Denn Ihre Seele agiert nie wie Ihr Ego aus einem Mangel, sondern aus der Fülle. Wenn Sie sich über Ihr Höheres Selbst von Ihrer Seele leiten lassen, werden Sie in den vielen Möglichkeiten das finden, was wirklich für Sie gut und richtig ist.

Es ist nicht immer einfach, zu erkennen, ob Ihr Ego Sie leitet. Wissen Sie denn nicht eigentlich genau, was Sie wollen? Leider ist das eben nicht so einfach. Das, was Sie wollen, ist in Wirklichkeit zumeist das, was Ihr Ego will. Aber was Ihr Ego will, ist nicht unbedingt das, was Ihre Seele will. Woran also können Sie erkennen, dass Ihre Wünsche eigentlich nur die Wünsche Ihres Egos sind?

Achten Sie darauf, ob Sie Ihre Wünsche vom Mangel bestimmen lassen. Ich bin sicher, Sie kennen die Gefühle, die uns Menschen in vielen Phasen unseres Lebens so sehr bestimmen und fehlleiten:

- **Angst zu sterben:** Eine unserer größten Ängste ist es, zu sterben – besonders in der heutigen Zeit, wo der Glaube an ein Jenseits der YOLO-Doktrin (»you only live once« = »du lebst nur einmal«) weicht. Das Diesseits wird mit immer mehr Aktivitäten angereichert, weil man Angst hat, etwas zu verpassen. Dies ist übrigens einer der Hauptauslöser für ein klassisches Burnout. Die Menschen versuchen auch, den Alterungsprozess zu beeinflussen, um so dem herankriechenden Tod sprichwörtlich nicht ins Gesicht schauen zu müssen.
- **Angst, verlassen zu werden:** Diese Angst kommt aus der frühen Kindheit. Es ist das Gefühl bei der Geburt, aus der Geborgenheit des Mutterbauches in die kalte Welt entlassen zu werden. Je nachdem wie die Geburt abgelaufen ist, können daraus Traumata entstehen, die uns das ganze Leben lang beeinflussen. Einige Menschen entwickeln Verlustängste gegenüber ihrem Partner, die auch krankhafte Formen annehmen können. Oder sie haben generell Verlustängste, auch materielle Dinge betreffend.
- **Angst, nicht wahrgenommen zu werden:** Diese Angst entsteht vor allem – wie im Einführungskapitel ausgeführt – in den ersten Jahren unserer Kindheit. Sie erwächst aus dem Gefühl, von den Eltern nicht gefühlt worden zu sein. Diese Menschen halten sich permanent für nicht wertvoll genug. Sie glauben, sie müssten sehr viel leisten, um gesehen zu werden. Einige von ihnen entwickeln ein großes Mitteilungsbedürfnis, damit sie wenigstens gehört werden.
- **Angst, verletzt zu werden:** Aus dem gleichen Gefühl entwickeln Menschen auch eine Angst vor Nähe und damit vor

dem Verletzt-Werden. Erinnern Sie sich noch, was ich Ihnen zu den Schutzschalen im Einführungskapitel erzählt habe? Diese sollen verhindern, dass wir nochmals verletzt werden können. Gleichzeitig machen sie uns gefühlskalt. Wir verlieren die Möglichkeit, mitfühlend zu sein. Solche Menschen tragen tief in sich Glaubenssätze wie »Ich lasse niemanden an mich heran, sonst werde ich nur verletzt«.

- **Angst vor Fremdbestimmung:** Aus der frühen Kindheit nehmen wir auch die Angst vor Fremdbestimmung mit. Als Baby sind Sie vollkommen ausgeliefert. Sobald wir selbstständiger werden, versuchen wir uns alleine durchzuschlagen und möglichst unabhängig zu agieren. In dieser Phase steuern Eltern und später die Schule idealerweise gegen und vermitteln jedem Kind auch soziale Kompetenzen. In den letzten Jahren hat sich gezeigt, dass nicht mehr Einzelkämpfer, sondern Teamplayer in der Politik, Wirtschaft und Forschung erfolgreich sind. Die Komplexität der Fragestellungen kann nicht mehr von Einzelnen bewerkstelligt werden. Mit der Anforderung, im Team zu arbeiten, nimmt aber auch die Angst zu, dass andere über uns bestimmen könnten bzw. wir in Abhängigkeiten geraten.

Wünsche, die aus Angstgefühlen (Mangel) heraus entstehen, sind unersättlich. Menschen mit diesem Mangeldenken können noch so sehr versuchen, solche Wünsche zu befriedigen, es wird immer das Gefühl bleiben: Es reicht nicht! Es braucht noch mehr. Es fehlt noch etwas. Die Unzufriedenheit wird bleiben. Sie wird nur von einem Wunsch auf den nächsten verlagert.

Das betrifft keineswegs nur die materiellen Wünsche. Auch die Wünsche, sich persönlich weiterzuentwickeln, können vom Mangel bestimmt sein. Diese Bedürfnisse lassen sich durchaus vorübergehend befriedigen, aber das dahinterstehende Mangelgefühl bleibt. Ich erlebe in meinen Kursen Teilnehmer, die mir sagen, dass sie schon seit über 15 Jahren meditieren. Da sie schon so lange daran arbeiten, wähnen sie sich automatisch auf einer anderen Ebene. Ihr Ego kann so weit gehen, dass es sogar glaubt, erleuchtet zu sein. Stattdessen hat der lange Weg sie noch weiter von sich weggeführt, weil er sie arrogant und überheblich gemacht hat. Nur weil jemand jeden Tag meditiert, heißt das noch lange nicht, dass er ein spiritueller Mensch ist. Daher beobachte ich die Menschen lieber in ihrem Alltag anstatt sie von ihrer Meditationserfahrung sprechen zu hören, denn es geht um eine gelebte und nicht um eine theoretische Spiritualität. Wie jemand mit sich selbst, mit seinem näheren Umfeld, den Tieren und der Natur umgeht, sagt viel mehr über die Person aus, als das, was jemand über sich erzählt.

Entscheidend für die Seelenverbundenheit ist immer eine ganz konkrete Frage. Diese Frage können Sie auch sich selbst stellen: Aus welchem Kanal kommt Ihr Wunsch, sich spirituell weiterzuentwickeln? Sind das Antriebe wie *Ich will da*s oder *Ich brauche das?*

Wenn ja, empfehle ich Ihnen dies: Fragen Sie sich stattdessen:

› *Was ist jetzt für mich seelisch wichtig?*
› *Was ist mein nächster Lernschritt?*
› *Wem oder was möchte ich meine Lebenszeit schenken?*
› *Was bringt mein Leben in mehr Harmonie?*
› *Was bringt mein Herz zum Lachen und springen?*

Allein schon, sich diese Fragen zu stellen, macht einen entscheidenden Unterschied aus. Es ist ein Schritt weg von der mangelorientierten Ausrichtung Ihres Egos. Ein Schritt hin zu Ihrer Seele.

Die Verbindung zum Göttlichen

Die Frage, die weiterhilft, lautet also nicht: »In welche Richtung will ich mein Leben lenken?«, sondern: »Was ist der nächste Schritt im Sinne meiner seelischen Entwicklung?« Mit dieser Formulierung entgehen Sie der Gefahr, sich vom Ego leiten zu lassen, und schränken gleichzeitig den Raum der Möglichkeiten nicht immer mehr ein. Doch wenn Sie es nicht gewohnt sind, sich mit Ihrer Seele zu verbinden, läuft diese Frage zunächst einmal ins Leere. Um weiterzukommen, brauchen Sie aber den Zugang zu Ihrer Seele. Denn erst die Verbindung mit der Schöpferkraft, aus der jedes Leben hervorgeht, eröffnet Ihnen die Möglichkeit, Ihr wahres Wesen wahrzunehmen, Ihre Lebensaufgabe zu finden, um in Einklang mit Ihrer Essenz zu leben. Also – wie können Sie diese Verbindung aufbauen?

Wenn Sie in der abendländischen Tradition aufgewachsen sind, fällt Ihnen vermutlich als Erstes die Kirche ein. Denn die Instanz, die die Verbindung zum Göttlichen herstellt, ist – und das ist kulturunabhängig – die Religion. Meine Erfahrung ist allerdings, dass nur ein Teil aller praktizierenden Christen, Hinduisten, Buddhisten, Spiritisten, Juden, Muslime etc. diese Verbindung tatsächlich durch religiöse Praktiken erlangen. Das liegt nicht an den Praktiken selbst, sondern hängt damit zusammen, dass der Weg zur spirituellen Erfahrung für jeden individuell ist. Er *kann* in der Ausübung traditioneller Rituale bestehen. Er *muss* es aber nicht. Und er *tut* es auch nicht immer. Es gibt sogar überraschend viele Menschen, die durch religiöse Praktiken Ihrer Seele nicht näherkommen, sondern sich sogar aktiv davon entfernen. Das berichten mir zumindest ein Großteil meiner Seminarteilnehmer. Dabei sind Gläubige jeglicher Glaubensrichtung Atheisten bei der Verbindung zum Göttlichen an und für sich einen entscheidenden Schritt voraus. Sie wissen, dass es mehr gibt als nur die materielle

Welt, und sie suchen nach dieser Verbindung zur Schöpferkraft. Und trotzdem ist diese Suche nicht immer von Erfolg gekrönt.

Woran glaubst du?

Eine der wichtigsten spirituellen Praktiken ist die Meditation. Der US-amerikanische Hirnforscher und Religionswissenschaftler Andrew Newberg untersuchte mit seinem Team in den 1990er-Jahren via Positronen-Emissions-Tomographie (PET) die Hirnareale tibetischer Mönche. Er beobachtete, dass die Probanden während der Meditation eine verminderte Aktivität an einer ganz bestimmten Stelle des Gehirns zeigten, dem Partiallappen. Diese Region ist für das Bewusstsein unserer Lage im Raum, von unseren Körpergrenzen und auch für unser Zeitbewusstsein zuständig. Diese Beobachtung erklärt laut Newberg die aus den meisten spirituellen Traditionen berichtete Erfahrung, dass die Körpergrenzen zerfließen, dass das Ich an Bedeutung verliert, dass man mit dem Sein oder mit dem Göttlichen regelrecht verschmilzt bzw. – so die traditionelle Bezeichnung – die Unio Mystica mit dem Göttlichen erlebt.

Auch bei christlichen Ordensfrauen, die im Gebet versunken waren, hatte er ähnliche Aktivitäten im Gehirn nachgewiesen. Daraus lässt sich folgern: Was sich im Gehirn eines Meditierenden abspielt, ist immer gleich – unabhängig von der spirituellen Tradition, unabhängig von der Kultur.

Die Differenzen liegen allenfalls auf der inhaltlichen Ebene – bei den Gotteserfahrungen. Intensiv meditierende Nonnen machen eher eine Christus-Erfahrung, buddhistische Mönche eine Buddha-Erfahrung. Die Bilder sind unterschiedlich, aber die in dem Gehirn ablaufenden Prozesse sind gleich.

Unsere Erfahrung zeigt, dass selbst ein überzeugter Atheist – unter bestimmten Umständen – an etwas glauben kann. Wird der Aufbau für einen tiefen Trance-Zustand richtig gewählt, ist es unerheblich, welches Glaubenssystem während der Meditation dahintersteht. Sobald das menschliche Gehirn in einen bestimmten Zustand gebracht ist, nährt es sich von demjenigen Bild, auf das es zuvor ausgerichtet wurde – ob Jesus, Engel, Ganesha, Krafttiere oder Naturgeister. Es ist, als wäre das entsprechende Dia »Glaubenssystem« in den Projektor »menschliches Gehirn« eingelegt.

Für mich zeigen diese Erkenntnisse, was im Leben der meisten Menschen passiert: Mystische Erfahrungen der Verbundenheit werden mit einem Glaubenssystem verwoben. Und das schon in einem frühen Alter. Ob durch das Lesen des Korans mehrmals am Tag, das gemeinsame Singen von Kirchenliedern im Gottesdienst, das Summen der Thora, das Tanzen bis zur Trance oder Yoga und Meditation. Das Problem ist nur, dass damit auch die Gefahr wächst, dass der Mensch sich von seinem spirituellen Ursprung immer mehr entfernt.

Wer von klein auf in einer religiösen Tradition aufwächst, wird deren Rituale als natürlich und gottgegeben einordnen und ohne sie zu hinterfragen »herunterbeten«. Oftmals jedoch ohne eine wirkliche Verbindung zum Göttlichen. Es ist eher ein weiteres Element, das uns vom Göttlichen abspaltet. Ein weiteres Dia in unserem Projektor.

In der christlichen Tradition kommen die Kirchenfenster diesem Bild von dem Dia schon sehr nah: Sie sind einerseits faszinierend mit ihren Farben, Formen und den Bibelszenen, die darauf abgebildet sind. Andererseits bilden sie aber eine Wand zwischen Mensch und Gott. Laut christlicher Tradition symbolisiert das Sonnenlicht das Göttliche, das durch die bunten Fenster zu den Gläubigen scheint. Auf einer gewissen Ebene ist das ein schönes Bild, auf einer anderen Ebene aber ein sehr trauriges. Denn es bedeutet nichts anderes, als dass die Gläubigen keinen direkten Zugang zu Gott haben, bzw. dieser außerhalb von ihnen ist. Sie können sich gar nicht unmittelbar mit der Schöpferkraft verbinden, sondern müssen sich mit dem

»Dazwischen« beschäftigen. In diesem Fall dem Fenster, das für die Theologie, also der entsprechenden Lehre über Gott, steht. Die Philosophie in dieser – und auch in allen anderen Religionen – ist nämlich: Wenn du diese Rituale einhältst, wirst du dort ankommen, wo Jesus, Allah, der Prophet etc. angekommen ist. Alle, die das nicht tun, sind Ungläubige und müssen bekehrt werden.

Manchmal denke ich,
es wäre besser, es gäbe keine Religionen.
Dalai Lama

Meine Philosophie ist, dass dies ein Trugschluss ist. Nur weil ich die Bibel lese, bedeutet das nicht, dass ich mit dem Göttlichen verbunden bin. Und nur weil ich den Lehren eines spirituell Erleuchteten folge, bedeutet das nicht, dass auch ich dadurch erleuchtet werde. Es ist eher so, dass ich in meiner spirituellen Praxis dadurch einen vorgezeichneten Weg gehe. Tauche ich in eine Meditation ein (sei es durch Beten, Meditieren, Singen etc.), werde ich – vermutlich durch die Erwartungshaltung, die durch mein Wissen über die Praxis geprägt ist – genau jene Erfahrung machen, die durch mein Glaubenssystem vorgegeben wird. Das ist aber keine wirklich ergebnisoffene Erfahrung, sondern eher eine Art Multiple-Choice-Erfahrung. Wenn ich zu Gott bete, weiß ich ungefähr, was meine Ergebnisoptionen sind. Ich erlebe das, was ich erleben »soll« bzw. was sich unter den bisher beschriebenen Erlebnismöglichkeiten befindet. So wird das Dia emotional bestätigt. Wenn die Praktiken wie vorgeschrieben gelebt werden, geht mit ihnen die Gefahr der Ablenkung vom eigenen Weg einher.

Eines ist mir jedoch in diesem Zusammenhang wichtig: Ich möchte mit meinen Worten keineswegs religiöse Glaubensgemeinschaften oder spirituelle Lehren verurteilen. Mir geht es nur darum, Sie zu ermutigen, religiöse Praktiken gegebenenfalls mit mehr Bewusstsein auszuüben und *Ihren* eigenen spirituellen Weg zu gehen. Ich möchte Sie einladen, gegebenenfalls Ihr vorgeprägtes Glaubenssystem auch zu hinterfragen und sich damit ein Stück näher an das Ursprüngliche zu wagen.

Mir ist vollkommen bewusst, dass auch das Wissen, das ich vermittle, nur eine Landkarte und nicht die eigentliche Landschaft ist. All die Modelle und Übungen können Ihnen als Orientierung dienen – den Weg gehen und die Erfahrungen machen müssen Sie immer selbst. Dazu gehören auch Ent-Täuschungen – also Momente, in denen Sie merken, dass Sie den »falschen« Weg gegangen sind. Doch eines kann ich Ihnen versichern: Jeder Weg ist der richtige, wenn Sie nach seiner Beschreitung in die Beobachterposition gehen und die Lernaufgabe dahinter erkennen.

Damit meine ich nicht, dass Sie Buddhist oder Yogi werden müssen, und zigverschiedene Glaubensbausteine wie christliche Mystik und positive Affirmationen in Ihre spirituelle Praxis mischen sollten, oder sich einem Guru anschließen müssen. Das meine ich alles nicht! Denn solange Sie die Hintergründe dieser Praktiken nicht kennen, verstanden und verinnerlicht haben – zum Beispiel, welche Gottheiten Sie mit den Mantras wirklich rufen –, wäre Ihr Vorstoß nichts anderes als das, was ich »Wellness-Spiritualität« nenne. Das halte ich eher für eine weitere Form des Schlafens als für eine wirkliche Öffnung hin zu mehr Bewusstheit. Vor allem ist fraglich, inwiefern Praktiken überhaupt noch spirituell sind, sobald sie nur als Technik gesehen und weitergegeben werden, also losgelöst von ihrem spirituellen Hintergrund. Das passiert aktuell vor allem beim Yoga – der immer mehr zu einem Körperkult verflacht, bei dem es nur noch darum geht, die verrücktesten Asanas zu schaffen. Die gleiche Entwicklung ist auch bei der Meditation zu beobachten. Mit zunehmender wissenschaftlicher Untersuchung wird das Meditieren zwar immer populärer, aber dadurch wird es auch auf die positiven körperlichen und mentalen Auswirkungen reduziert, anstatt damit einen spirituellen Weg zu verbinden und einen Bewusstwerdungsprozess anzustoßen.

Nein, die Öffnung, die ich meine, besteht nicht darin, sich bei den Weltreligionen zu bedienen wie an einem großen Buffet, sondern es bedeutet, in die Tiefe zu gehen. Es bedeutet, sich selbst wirklich zu begegnen. Es bedeutet, eine Antwort auf die Frage zu finden: Was ist der Sinn meines Lebens? Wozu bin ich da? Was ist meine Berufung? Um diesen essenziellen Fragen auf den Grund zu gehen, brauchen Sie eine Verbindung zu Ihrer Seele. Und Sie brauchen spirituelle Praktiken, die Ihnen diese Verbindung ermöglichen.

Wenn Sie bereits in dieser Richtung aktiv sind, hinterfragen Sie zunächst Ihre bisherigen Aktivitäten:

- Mache ich all diese Dinge, um den Arbeitsalltag und den Familienstress zu überleben? Oder gehe ich damit wirklich in die Tiefe?
- Mache ich es, um vor allem mein Ego zu befriedigen?
- Mache ich die Dinge, um mich selbst zu beruhigen und um sagen zu können »Ich tue ja was«?
- Sind die Aktivitäten schon zu einer Sucht, einer Art Zwang geworden?
- Habe ich mich in Abhängigkeiten verstrickt?
- Wo und wann bin ich zuletzt wirklich mir begegnet?

Sie werden bemerken, mit welchen der bisherigen Werkzeuge Sie weiterkommen, und wo es Nachjustierungen braucht.

Wichtig auf Ihrem spirituellen Selbsterfahrungsweg ist auf alle Fälle:

- Wissen nicht einfach zu übernehmen, sondern selber zu erfahren.
- Sich für eine gewisse Zeit auf einen Weg und Lehrer einlassen zu können, ohne sich in Abhängigkeit zu begeben. Bringen Sie ihm dabei Respekt und Achtung entgegen, ohne ihn

innerlich auf ein Podest zu stellen. Falls Sie es trotzdem tun, werden Sie ihn früher oder später von diesem stürzen müssen. So wenden sich dann ent-täuschte Schüler ab und reden schlecht über ihren vormaligen Lehrer, anstatt das Gelernte in Dankbarkeit zu würdigen.

- Nur dann mit einem Lehrer den Weg zu gehen, wenn er selbst die spirituellen Erfahrungen gemacht hat.
- Sich bewusst zu machen: Es gibt nicht nur einen spirituellen Pfad und nicht nur eine Methode.
- Alles, was Sie in die Verbindung mit Ihrem Ursprung bringt, ist gut. Alles, was Sie davon abbringt, können Sie einfach lassen, weil es Sie nicht weiterbringt.
- Jeder seriöse Pfad beinhaltet auch die Konfrontation mit dem Schatten.
- Es geht um Selbstermächtigung und die Übernahme von Verantwortung.

Eine echte Verbindung zu Ihrer Seele kann unheimlich viel bewirken. Es wird Ihrem Leben eine ganz klare Ausrichtung geben und Sie kraftvoll und lebensbejahend sein lassen.

Gut, und wie stellen Sie nun die Verbindung her?

Damit Sie die Anleitung, die ich Ihnen geben werde, tatsächlich für sich nutzen können, möchte ich Ihnen zunächst zeigen, mit wem Sie sich da eigentlich verbinden. Also was diese »Seele« überhaupt ist – und wozu Seelen grundsätzlich inkarnieren.

Schöpfung und Bewusstheit

Der US-amerikanische Autor Neale Donald Walsch erzählt in seinem Buch »Ich bin das Licht. Die kleine Seele spricht zu Gott« die Geschichte von der kleinen Seele, die inkarnieren möchte. Sie ist sehr treffend, darum gebe ich sie in meinen Worten frei wieder.

Die kleine Seele trifft auf Gott, tanzt und springt herum, und sagt: »Ich bin das Licht! Ich möchte jetzt gerne eine Erfahrung machen und inkarnieren!«

Gott fragt zurück: »Was möchtest du denn für eine Erfahrung machen?«

Die kleine Seele antwortet: »Ich möchte verzeihen lernen.«

Gott sagt: »Gut, alles klar.« Die kleine Seele ist außer sich vor Freude.

»Ich werde verzeihen! Ich werde verzeihen!«, sagt sie fröhlich, tanzt und hüpft herum.

Da fügt Gott hinzu: »Jetzt gibt es da noch eine kleine Sache. Wenn du verzeihen lernen willst, muss dir jemand etwas antun.«

Die kleine Seele schaut und wartet ab. Dann kommt eine andere Seele dazu und sagt: »Okay, ich werde es für dich tun. Ich werde inkarnieren und dir etwas antun, damit du mir verzeihen und so deinen Lernschnitt machen kannst.«

Die kleine Seele sagt: »Das bedeutet, dass du aber auf eine andere Ebene gehen musst, weißt du das?«

Die andere Seele: »Ja, und das werde ich für dich tun.«

»Jaaa, ich werde verzeihen! Ich werde verzeihen!« Die kleine Seele tanzt und hüpft und freut sich.

»Es ist nur wichtig, dass du dich daran erinnerst, dass ich es bin und dass ich es für dich gemacht habe«, sagt die andere Seele zur kleinen Seele. »Wirst du dich dann an mich erinnern?«

»Ja, ich werde mich erinnern!«, sagt die kleine Seele und tanzt und hüpft davon.

***

Diese Geschichte zeigt sehr anschaulich, wozu wir Menschen überhaupt auf der Welt sind. Weil unsere Seelen eine bestimmte Erfahrung machen wollen. Der Ursprung unseres ganzen Lebens auf Erden, der Grund, warum es uns gibt, ist die Tatsache, dass die Schöpfung sich ausdrücken möchte – und sich während dieses Ausdrucks selbst erkennen möchte. Ausdruck und Selbsterkenntnis: Dies ist der Motor der Schöpfung. Wir Menschen sind für die Schöpfung gleichsam ein Spiegel, in der sie sich wiedererkennt. Und das ist die Voraussetzung dafür, dass die Schöpfung lernt und sich weiterentwickelt.

Stellen Sie sich einen Menschen vor, der zum Beispiel das Golfspiel erlernen will. Nur dadurch, dass ihm sein Lehrer immer wieder seine Bewegungsabläufe spiegelt, durch Feedback, vielleicht sogar durch Videoanalysen, ist er in der Lage, sein Spiel zu verbessern. So lernt auch die Schöpfung durch die Betrachtung und Erkenntnis ihrer selbst in uns Menschen – und entwickelt sich weiter.

Genau genommen gehen zwei Prozesse vonstatten: der Schöpfungsprozess und der Bewusstwerdungsprozess. In der

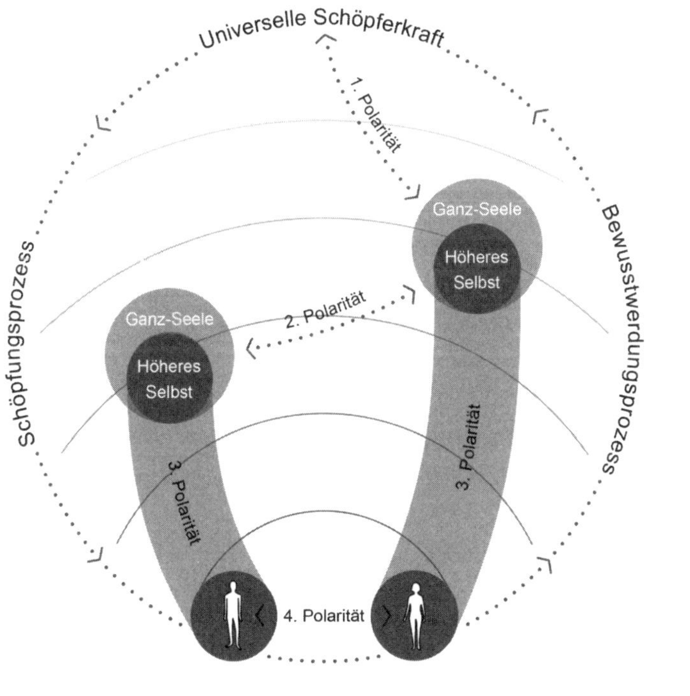

Abbildung sehen Sie anhand der beiden Pfeile (nach oben bzw. nach unten), in welchem Verhältnis diese zwei Prozesse zueinander stehen.

Wenn Sie sich das Bild genauer anschauen, sehen Sie oben die Schöpferkraft und unten die physische Realität, zum Beispiel die Erde. Die Schöpferkraft ist das göttliche Element, also nicht verdichtete, nicht definierte, nonduale Energie, während die Physis für verdichtete Energie steht. Das deutlichste Erkennungsmerkmal der Physis ist die hohe Polarität – also die Existenz von Gegensätzen wie schwarz-weiß, heiß-kalt, nass-trocken, traurig-glücklich, Liebe-Hass, Krieg-Frieden, gut-böse. Und diese Polarität ist auch der Grund, warum die Schöpfung sich auf der Erde ausdrückt, und nicht ausschließlich in seelischen Sphären.

Das heißt, die Seelen inkarnieren in Menschen, weil sie in der großen Vielfalt an möglichen Gefühlsnuancen, Empfindungen und Zuständen am besten Lernerfahrungen machen können. Für uns Menschen sind diese Erfahrungen teilweise furchtbar anstrengend, manchmal sogar sehr, sehr schmerzhaft und auf der Ebene der 4. Polarität, also der physischen Realität, vollkommen unverständlich. Gerade auch schmerzhafte Erfahrungen wie Gewalt, Missbrauch oder Suizid sind auf dieser Ebene schwer zu erklären und zu verarbeiten. Erst wenn die seelische Ebene hinzugezogen wird, wird der Sinn hinter diesen traumatischen Erfahrungen erkennbar. Wie bei der kleinen Seele.

Es gibt spirituelle Lehren, die sagen, die Menschheit sei die Kloschüssel der Entwicklung und spirituell Arbeitende müssten sich so schnell wie möglich von der irdischen Welt lösen, sich transformieren und in die spirituelle Höhe aufsteigen, um sich weiterzuentwickeln. Meine Philosophie ist eine andere: Auf der Erde ist Lernen *wegen* der hohen Polarität am leichtesten möglich. Hier hat die Schöpfung die Möglichkeit, die Entwicklung sogar richtig zu beschleunigen.

Auf dem Bild sehen Sie, dass es zwischen der Schöpferkraft und der physischen Realität (4. Polarität) noch drei weitere Polaritäten gibt.

Die 1. Polarität entsteht zwischen der universellen Schöpferkraft und den Ganz-Seelen. Die Ganz-Seelen sind somit der erste Ausdruck der Schöpfung und damit die erste Möglichkeit der Schöpfung, sich selbst zu erkennen.

Die 2. Polarität entsteht zwischen den Ganz-Seelen. Da sich die Seelen auf unterschiedlichen Dichte-Ebenen befinden können, entsteht dadurch auch Polarität. Somit geschieht auch eine Entwicklung auf der rein energetischen, seelischen Ebene.

Die 3. Polarität entsteht durch die Inkarnation, also die »Fleischwerdung« eines Seelenanteils. Somit inkarniert nicht die Ganz-Seele, sondern nur ein Teil von dieser.

Und die 4. Polarität entsteht in der physischen Realität, vor allem durch die Begegnung zwischen Wesen, also zum Beispiel zweier Menschen oder auch mit Tieren.

Das bedeutet, der Ausdruck der Schöpferkraft passiert nicht nur auf der physischen Ebene, sondern sie durchdringt alle Ebenen des Seins.

Eine Ganz-Seele kann immer selbst bestimmen, auf welcher Ebene sie ihre Lernerfahrungen machen möchte. Sie wird weder von einem richtenden Gott geschickt, noch muss sie ein schlechtes Karma aus einem früheren Leben abarbeiten. So kann sich die Seele auch entscheiden, auf der seelischen Ebene zu verweilen und dort ihre Lernerfahrungen zu machen (2. Polarität).

Entscheidet sich eine Seele zu inkarnieren, nimmt sie somit ihre Berufung (Lebensaufgabe) und verschiedene, damit verbundene Lernaufgaben mit. Sie bestimmt somit selbst, was sie lernen will. Wie oben bereits erwähnt, inkarniert nicht die Ganz-Seele, sondern immer nur ein bestimmter Seelenanteil. Und diesen Seelenanteil nennt man das Höhere Selbst. Wie im Kapitel »Sein« bereits erwähnt, ist das Höhere Selbst eine Art Blaupause, die bestimmt, wie dieses Leben auf der Erde angedacht ist. Wenn Sie also Ihr Leben im Optimum leben möchten, hilft es Ihnen, wenn Sie sich regelmäßig mit Ihrem Höheren Selbst verbinden. Ich selbst und viele spirituelle Lehrer verwenden hin und wieder den Begriff »Seele« in Meditationen, weil er dem allgemeinen Sprachgebrauch eher entspricht. Aber eigentlich sollten wir immer zwischen dem Höheren Selbst und der Ganz-Seele unterscheiden. Das Höhere Selbst ist sozusagen das Brötchen, das aus dem Brotteig der Ganz-Seele geformt ist.

Im Kapitel »Heilen« habe ich bereits zum Thema Reinkarnation Stellung bezogen. Dort ging es darum zu erklären, warum es sein kann, dass viele Menschen in Reinkarnationssitzungen scheinbar gleiche Leben geführt haben. Mit dem Modell der Polaritäten ist dieses Phänomen leicht zu erklären: Über unser Höheres Selbst sind wir mit allen Seelen und damit mit allen Leben, die je existiert haben, direkt verbunden. Ihr Wissen ist uns zugänglich.

Im gleichen Kapitel habe ich Ihnen auch den inneren Begleiter nähergebracht. Zudem habe ich Sie auf der Zeitreise eingeladen, auch Ihren spirituellen Begleiter um Unterstützung zu bitten. Mit diesem Begriff ist eine höhere Intelligenz gemeint – ein Wesen, das Ihre Seele von Anbeginn Ihrer Inkarnation begleitet. Diese Energien werden auch Geistführer, Seelenbegleiter oder in der christlichen Tradition zum Beispiel Schutzengel genannt. Während der innere Begleiter quasi aus Ihnen heraus wirkt, ist Ihre spirituelle Führung eine eigenständige, von Ihnen unabhängige Intelligenz.

Sie können neben Ihrem Haupt-Begleiter bzw. Ihrer Haupt-Begleiterin auch verschiedene weitere Begleiter haben, die Sie unterstützen. Je länger Sie sich auf Ihrem spirituellen Pfad befinden, desto größer wird Ihr Team in der geistigen Welt. Jedes Teammitglied hat bestimmte Eigenschaften und Qualitäten, die Sie für Ihre Entwicklung nutzen können.

Ich stoße immer wieder darauf, dass einige spirituelle Lehrer nur vom Christusbewusstsein und von Engeln sprechen.

Dabei ist Jesus Christus aus meiner Sicht »nur« einer unter vielen Wesen in der geistigen Welt, die uns in der Entwicklung unterstützen können. Wenn der spirituelle Lehrer jedoch in einer christlichen Tradition aufgewachsen ist, wird er auch nur aus dieser heraus lehren. Genauso ist es mit Menschen, die als Medium nur mit Verstorbenen kommunizieren: Auch dies ist lediglich ein Teil der geistigen Welt.

Jeder Mensch kommt also wie die kleine Seele aus der Geschichte mit einer »Lebensaufgabe«, einem »Auftrag« oder auch »Lernwunsch« auf die Welt. Wie im Einführungskapitel bereits erwähnt, schneidet sich der Mensch jedoch nach emotionalen Verletzungen von den eigenen Gefühlen ab und schläft dadurch ein. Oder anders gesagt – er vergisst seinen seelischen Auftrag. Und genau darum geht es bei der spirituellen Entwicklung, den Auftrag wiederzufinden, denn er ist der Sinn des Lebens!

Wenn der Mensch seine Aufgabe und seine Berufung findet, kann er die Erfahrung machen, für die die Seele inkarniert ist. Wenn der physische Körper stirbt, zieht sich der inkarnierte Seelenanteil zurück und nimmt die gewonnene Erkenntnis aus dem physischen Leben mit. Das wiederum bringt die gesamte Schöpfung weiter – auf eine neue Bewusstseinsstufe.

So ergibt sich aus dem Schöpfungsprozess und dem Bewusstwerdungsprozess ein Kreislauf der stetigen Weiterentwicklung. Das Lernen ist das Ziel der Schöpfung und gleichzeitig auch der Motor aller Menschen! Also auch Ihr Motor, der Sie antreibt und Sie zum Ziel und Sinn Ihres Lebens führt. Vorausgesetzt, Sie wissen, was Ihre Berufung ist! Somit gibt es aus Sicht der Schöpfung kein Gut und Böse, sondern lediglich Lernerfahrungen.

Das klingt vielleicht alles sehr abstrakt, deshalb gebe ich Ihnen an dieser Stelle eine irdische Metapher: Stellen Sie sich die Berufung wie ein Projekt vor, das die Schöpfung mit Ihrer Seele zusammen initiiert hat. Ein Projekt hat verschiedene Phasen, unterschiedliche Aufgaben, aber nur eine Zielsetzung. Und die Zielsetzung ist immer, etwas zu lernen und sich und damit die ganze Schöpfung weiterzuentwickeln. Ihre Chance ist nun, zu erfahren welches »Projekt«, also welcher individuelle Ausdruck Ihrer Seele sich manifestieren möchte. Dann können Sie diesen auch leben und Ihrem Leben die entsprechende Richtung geben.

Was das aber ist, das können Sie nicht von anderen Menschen erfahren, denn zum spirituellen Pfad gehört es, den Weg der Erkenntnis selbst zu gehen! Die Antwort ist in Ihnen und Ihre Seele kann Ihnen darüber Auskunft geben. So wie die Schöpfung ihre Schöpfungsenergie hat und sich durch Lernen weiterentwickelt, so haben Sie mit Ihrer Inkarnation Ihre ganz individuelle Grundenergie erhalten, Ihre Energiequelle, Ihren Antrieb im Leben. Es ist Ihre wahre Natur, Ihre Essenz, Ihre Berufung.

Ihre Berufung setzt sich aus drei verschiedenen Komponenten zusammen:

- Der Dichte der Seele
- Der Form, in der sie sich ausdrückt
- Den Lernaufgaben

Lichte und dichte Seelen

Die Seele inkarniert in uns Menschen und gibt uns dadurch unsere Prägung, mit der wir die Schöpfung ausdrücken – unsere Berufung.

Wenn Sie sich Ihre Berufung als eine Ausprägung Ihrer Seele vorstellen, dann ist sie natürlich stark geprägt vom individuellen Charakter dieser Seele. Denn der ist sehr unterschiedlich, und das hängt mit der jeweiligen Position zusammen, die diese Seele einnimmt: Der Position im Raum zwischen der Schöpferkraft, die unser Leben schafft und nährt, und der physischen

Realität, in der die Schöpferkraft in uns Menschen ihren Ausdruck findet.

Die Seelen sind nicht alle gleich weit von der Physis entfernt, sie existieren auf unterschiedlichen Ebenen in diesem Raum. Manche sind sehr nahe an der Schöpferkraft, andere sind sehr nahe an der Physis, und dadurch haben sie zum Beispiel eine ganz unterschiedliche Beziehung zur Erde und dem Leben auf der Erde. Ich nehme hier das Beispiel der Erde, auch wenn sie nur eine physische Realität abbildet. Es gibt auch andere Planeten, mit weiteren Möglichkeiten des physischen Ausdrucks, die wir bis jetzt noch nicht entdeckt haben.

Es gibt zudem viele verschiedene Ebenen und somit Schattierungen dieser Nähe. Ganz grob können Sie aber zwei Ausprägungen unterscheiden: Die lichten Seelen und die dichten Seelen. Die lichten Seelen sind ganz feinschwingend und haben eher Mühe, auf der Erde zu existieren. In der christlichen Tradition würden sie wohl als Engel bezeichnet werden. Sie tun sich oft schwer mit dem Materiellen, mit allem Harten, Konfrontativen. Sie haben eine Sehnsucht zurückzugehen, sehnen sich nach dem Tod, wenn sie unerfüllt sind und ihre Aufgaben nicht leben. Unter Drogenabhängigen entdeckt man zum Beispiel viele lichte Seelen. Die meisten von ihnen sind ganz feine Menschen, die sich nach der Verbundenheit mit der Seele sehnen und mit der harten Realität nicht zurande kommen.

Wenn die lichten Seelen jedoch erfüllt sind, haben sie das Gefühl von Leichtigkeit. Vielfach sind sie mit Energiearbeit, Geistheilen, Medialität und mit spirituellen Dimensionen beschäftigt.

Dichte Seelen fühlen sich sehr wohl und zu Hause auf der Erde. Sie lieben die Natur, die Naturgewalten, das Materielle. Der erfüllte Teil von ihnen ist präsent im Leben, mag das Menschsein, den Genuss, das Handeln und Machen. Sie lieben es einfach, hier zu sein. Herausforderungen für sie sind die spirituellen Dimensionen: Zu ihrem Unterbewusstsein finden sie vielleicht noch Zugang, aber der Zugang zu den spirituellen Ebenen stellt eine Herausforderung für sie dar.

Der unerfüllte Teil der dichten Seelen verfällt in den Materialismus. Ihm geht es um Macht, Gier, Besitztum. Er ist dann nur noch verbunden mit der Materie.

Vielleicht waren Sie gerade verführt, eine Wertung vorzunehmen und zu sagen: Aha, die lichten Seelen sind also die besseren, die dichten die schlechteren, weil sie ja weiter weg vom Göttlichen sind. Dem ist nicht so! Der Ausdruck des Göttlichen braucht diese Vielfalt, diesen Facettenreichtum, um eben verschiedene Erfahrungen machen zu können. Wäre es nicht langweilig und einfältig, wenn ein Garten nur rote Rosen haben würde? Zudem kann die Seele ja die Dichte-Ebene selbst bestimmen, es ist ihr überlassen, aus welcher Ebene heraus sie ihre Lernerfahrungen machen möchte.

Welche Art von Seele sind Sie? Erkennen Sie sich in den Charakterisierungen wieder? Sie kennen doch die Redensart, wonach einer mit beiden Beinen im Leben steht. Sind Sie einer von denen? Oder gehören Sie zu den Menschen, von denen wir manchmal sagen, sie seien nicht ganz von dieser Welt? Ich bin sicher, wenn Sie auf Ihr bisheriges Leben schauen und sich beobachten, dann werden Sie sich irgendwo in diesem Spektrum zwischen lichten und dichten Seelen wiederfinden und einordnen können. Damit kennen Sie noch nicht Ihre Berufung – aber Sie sind ihr ein Stück näher gekommen und haben eine Vorstellung von der spezifischen Ausprägung Ihrer Berufung, von Ihrem individuellen Verhältnis zum Göttlichen und zum Materiellen.

Die Form des Ausdrucks

Die zweite Komponente Ihrer Berufung betrifft die Form, also die Art und Weise Ihres seelischen Ausdrucks. Im Verlauf meiner Arbeit habe ich – ähnlich einer Typologie – verschiedene Ausdrucksformen entdeckt:

Künstler	Stoßen Entwicklungen über ihre Kunst an. Berühren Menschen in ihrer Seele durch den musischen Ausdruck, durch Farben, Formen, Klang usw.
Anführer, Motivator	Nutzen ihre feurige, begeisternde Kraft positiv als Orientierungshilfe für andere.
Weiser, Gelehrter, Lehrer	Übermitteln sinnvolles Wissen und fördern damit den Bewusstwerdungsprozess.
Umsetzer, Macher	Setzen Ideen um und packen an. Mit wenigen Worten wissen sie, was zu tun ist.
Kämpfer	Stehen für sich und andere ein, vor allem auch für Schwächere (zum Beispiel für Kinder, Tiere, …) oder (r)evolutionäre Ideen und Gedanken.
Visionär, Pionier	Leben gedanklich oft in der Zukunft. Haben neuartige Ideen und fordern andere durch Querdenken heraus. Provozieren (R)evolutionen.
Helfer, Heiler, Begleiter	Unterstützen andere in der Ganzwerdung und Gesundung: Körperlich, mental, emotional und spirituell-energetisch.
Nährer, Versorger, Diener	Durch ihre altruistische Grundhaltung stellen sie den anderen in den Mittelpunkt.
Forscher, Entwickler	Verbessern und treiben mit ihrer unstillbaren Neugierde das Bestehende voran.
Verbinder, Vernetzer, Vermittler	Bringen zusammen, um die Kraft der Gemeinschaft für Gutes zu nutzen. Ihre Stärke ist die Kommunikation. Gleichen aus und bringen ins Lot.
Wandler, Veränderer	Gestalten aktiv Veränderungen. In ihrer Nähe bleibt kein Stein auf dem anderen.

Die Liste ist nicht abschließend und soll Ihnen als Inspirationsquelle für den eigenen, seelischen Ausdruck dienen. Haben Sie das Gefühl, Ihre Form fehlt noch? Dann schreiben Sie mir auf info@grigor.live.

Ich werde immer wieder gefragt, wie man die eigene Ausdrucksform herausfindet. Eine Möglichkeit ist die tiefe Meditation, eine andere ergibt sich durch Resonanz. Dazu lesen Sie die Begriffe oben nochmals durch und schauen Sie, bei welchem Ihr Herz ein wenig höher schlägt, Ihre Gefühle sich ins Positive wenden oder sich Ihr Ausdruck erhellt. Wenn ich bei einem Vortrag oder im Seminar über die Ausdrucksformen spreche, fühlen sich einige Zuhörer direkt angesprochen und erkennen sich gleich wieder. Es ist, als würde ich ihre Seele direkt ansprechen.

Die Form, in der Sie sich ausdrücken, wird auch von der Dichte Ihrer Seele beeinflusst. Wenn Sie zum Beispiel eine Heilerseele sind, dann kann sich das ganz unterschiedlich manifestieren, je nachdem, ob Sie eine lichte oder eine dichte Seele sind. Die lichte Seele wird dann eher zu einer Tätigkeit als Geistheiler neigen, die dichte Seele ist prädestiniert zum ganzheitlichen Arzt. Wenn Sie eine Künstlerseele sind, können Sie als lichte Seele durch Seelenbilder und als dichte Seele als Rockmusiker Menschen erwecken.

Die Lernaufgaben

Wenn Ihre Berufung das Projekt ist, für das Sie hier auf der Erde sind, dann gehören zu diesem Projekt auch Projektphasen und in diesen Phasen unterschiedliche Aufgaben. Ich nenne sie Lernaufgaben. Es gibt also nicht nur eine davon, sondern viele unterschiedliche, die zu Ihren unterschiedlichen Lebensphasen passen. Das Projekt selbst, Ihre Berufung, die aus Ihrem wahren Wesen kommt, ist nicht nur eine Aufgabe, die Sie erfüllen und abhaken, sondern sie ist etwas Größeres, etwas Göttliches, etwas Umfassendes, es ist IHR WEG. Aber die Aufgaben sind Lernschritte innerhalb dieses Weges.

Als Sie inkarniert und ins Leben gestartet sind, haben Sie mit Ihrem spirituellen Begleiter bzw. Begleiterin definiert, welche grundsätzlichen Lernaufgaben Sie in diesem Leben erfüllen wollen. Da der eigentliche Sinn Ihres Lebensprojektes das Lernen und die Weiterentwicklung ist, sind es Lernaufgaben, hinter denen immer die Frage steht: Was möchte Ihre Seele lernen?

Haben Sie eine Vorstellung davon, wie sich Ihre Seele ausdrücken möchte und was Ihre aktuelle Lernaufgabe sein könnte? Ist es das, womit Sie sich gerade beschäftigen? Ist es der Job, mit dem Sie Ihr Geld verdienen und so Ihr Überleben sichern? Sie ahnen, dass Ihre Aufgabe jetzt in diesem Moment eine ganz andere sein kann, eine Aufgabe, die tief in Ihnen festgelegt und nur überdeckt ist von den Aufgaben, die Sie auf Ihrem bisherigen Lebensweg durch den Druck der äußeren Lebensumstände angenommen haben.

Ihre Seele weiß im Vorhinein nicht, wie schnell und wie weit Sie in Ihrem Lebensprojekt kommen, ob Sie Ihre Aufgaben annehmen und wie viele Sie davon erfüllen werden. Was SIE letztendlich mit diesem Projekt machen, ist Ihre Sache. Es gibt keinen richtenden Gott, der Sie lenkt, es gibt nur den Projektplan, Ihre Berufung, die Sie annehmen können oder nicht. Sie entscheiden darüber frei, und Sie bestimmen auch, wie schnell Sie lernen und sich entwickeln. Je schneller Sie sich entwickeln, desto mehr Aufgaben kommen dazu.

Dies bedeutet auch, dass es kein sogenanntes Schicksal gibt. Sie werden nicht fremdbestimmt durch göttliche Mächte oder sind Opfer der Umstände! Hüten Sie sich davor, sich mit dem Ausspielen der Schicksals- oder Karma-Karte der Verantwortung zu entziehen. Denn hinter den Ereignissen stecken Lernaufgaben, die es zu erkennen und zu erfüllen gilt.

Zum Thema Karma gibt es darüber hinaus viele Missverständnisse. Erstens gibt es verschiedene Arten von Karma und zweitens geht es nicht darum, dass Sie in diesem Leben für Ihre Vergehen aus einem vorherigen Leben büßen bzw. etwas wiedergutmachen müssen. Vielmehr geht es um den größeren Zusammenhang von Ursache und Wirkung. Sie setzen auf der seelischen Ebene jene Ursache für die Wirkung, die Sie im Hier und Jetzt erfahren.

Werden Ihre irdischen Wünsche, die Sie an das Universum senden, nicht erfüllt, kann Ihnen das zu schaffen machen. Dabei hängt dies damit zusammen, dass die »Logik« der seelischen und damit göttlichen Ebene nicht mit der der irdischen Ebene zusammenpassen muss. Oder anders ausgedrückt: Vielleicht wollen Sie nach links, Ihre Seele aber möchte, dass Sie nach rechts gehen. Das gibt Ihnen dann das Gefühl von Anstrengung und Mühsal. Und Sie folgern daraus: »Das Schicksal meint es nicht gut mit mir.« Oder: »Wahrscheinlich habe ich es einfach nicht verdient.« Dabei geht es in Ihrem Leben gerade um ein ganz anderes Thema und einen damit verbundenen, nächsten Lernschritt.

Aus diesem Grund funktionieren die Bestellungen beim Universum und alle anderen Wunsch- und Anziehungstechniken oft auch nicht. Sie sind vom Ego und nicht von der Seele gesteuert. Im Kapitel »Fokussieren« komme ich nochmals auf das Thema »Wünschen« zurück. Deshalb möchte ich Ihnen an dieser Stelle nur folgende Metapher an die Hand geben: Stellen Sie sich eine Kreuzung mit vier Ampeln vor. Sie fahren auf die Kreuzung zu und wünschen sich ganz fest, dass es grün wird. Gleichzeitig fahren andere Verkehrsteilnehmer aus den anderen Richtungen auf die gleiche Ampel zu und wünschen sich ebenfalls, dass es grün wird. Würden nun alle Wünsche gleichzeitig erfüllt werden, gäbe es einen Unfall und ein Verkehrschaos. Damit das nicht passiert, gibt es einen Ampel-Algorithmus, der dafür sorgt, dass der Verkehr geordnet abläuft. Und genauso gibt es einen seelischen oder göttlichen Algorithmus, der Ihre Wünsche zwar wahrnimmt, aber in einen größeren Kontext stellt. Entsprechend kann ein Wunsch sehr schnell in Erfüllung gehen und ein anderer sehr lange auf sich warten lassen: Vielleicht weil es der falsche Zeitpunkt war, vielleicht weil Sie selber noch nicht so weit waren oder der Wunsch einfach nichts mit Ihrer seelischen Entwicklung und der nächsten Lernaufgabe zu tun hatte.

Doch wie sehen solche Lernaufgaben aus? Das kann zum Beispiel in einer Lebensphase die Aufgabe sein, eine Familie zu gründen. Es kann aber auch die schmerzvolle Trennung von der Familie in einem späteren Lebensabschnitt sein. Oder Sie initiieren ein gemeinnütziges Projekt, zum Beispiel einen Verein, den Aufbau eines Spitals, einen Rückzugsort für andere Menschen, ein Naturschutzprojekt. Oder Sie nehmen sich ein Kunstprojekt vor, Sie gründen ein Unternehmen, gehen für eine Auszeit in ein Kloster, halten Vorträge, helfen und beraten Menschen, wechseln den Beruf, um neue Fähigkeiten zu erwerben. Oder Sie haben im privaten Leben Lernschritte zu machen: Sie lernen zu verzeihen, oder loszulassen, oder zu lieben, oder überhaupt erst, Ihre Gefühle mitzuteilen.

Im Alltag sind Ihnen diese Aufgaben, die Ihre Seele sich vorgenommen hat, zumeist nicht präsent, sie sind verschüttet. Aber auch Sie sprechen bestimmt manchmal von den Prüfungen, die Ihnen das Leben stellt. Oder Sie spüren, dass eine schmerzvolle Erfahrung wie eine Krankheit oder der Verlust eines nahestehenden Menschen im Nachhinein doch einen Sinn in Ihrem Leben hatte und Sie weitergebracht hat. Diese Redewendungen sind Zeichen dafür, dass in Ihnen eine Ahnung ist, was Ihre Lernaufgaben betrifft, und dass solche markanten Lebenssituationen Sie immer wieder daraufstoßen können.

Diese Ahnung von Ihren Aufgaben drückt sich auch in einer Sehnsucht aus, die Sie in sich tragen und die sich manchmal ganz unvermutet meldet. Eine Frau aus einem meiner Seminare erzählte mir, wie sie plötzlich in Tränen ausbrach, als sie mit einem Projekt für krebskranke Kinder in Berührung kam. Ihr Gefühl war: Oh, was für eine schöne Aufgabe…! Ganz offensichtlich trug sie eine unbestimmte Sehnsucht nach einem Projekt für Kinder in sich. Eine Aufgabe, von der sie bis dahin nichts wusste und der sie sich nach dieser Erfahrung ganz gezielt stellen konnte. Ein gutes Indiz für eine anstehende Aufgabe ist deshalb, wenn Ihr Herz berührt wird und Sie eine Idee einfach nicht mehr loslässt.

Die Suche nach Ihren tiefsten Sehnsüchten ist ein guter Weg, um Ihren nächsten Lernaufgaben auf die Spur zu kommen. Manchmal erhalten Sie so auch Informationen über zukünftige Aufgaben. Bei diesen merken Sie sofort, dass der richtige Zeitpunkt noch kommen wird. Je mehr Sie mit sich verbunden sind und auf Ihre Intuition hören, desto einfacher fällt es Ihnen, im richtigen Moment, die richtigen Entscheidungen zu treffen.

Wenn Sie herausfinden wollen, was JETZT Ihre Aufgabe ist, kann Ihnen eine Meditationsreise helfen.

Wie finde ich die nächste Lernaufgabe?

1. Setzen oder legen Sie sich entspannt hin.
2. Schließen Sie die Augen.
3. An dieser Stelle können Sie alle bereits erwähnten Techniken anwenden: Puls spüren, Atembeobachtung, Elemente-Ausgleich, Energiemantel.
4. Gehen Sie zu Ihrem Kraftplatz, wie Sie es bereits gelernt haben, und begrüßen Sie dort Ihren inneren Begleiter. Stellen Sie ihm folgende Fragen:
   a) In welchem Lebensbereich liegt meine aktuelle Lernaufgabe?
   b) Was soll ich in diesem Bereich seelisch lernen?
   c) Inwiefern hat die aktuelle Lernaufgabe mit dem Thema zu tun, das ich zu Beginn des Buches definiert habe?
   d) Was soll ich als Nächstes tun? Was ist der nächste Schritt?
   e) Wer kann mir dabei helfen?
5. Schließen Sie Ihre Reise ab, bedanken Sie sich bei Ihrem Begleiter und kommen Sie vom Innen wieder ins Außen.

Auf diese Weise kristallisiert sich Ihre aktuelle Lernaufgabe heraus. Sie können sich ihr jetzt widmen und sie erfüllen. Die Erfüllung kann sich unter Umständen über einen längeren Zeitraum erstrecken. Aber irgendwann spüren Sie, dass diese Phase abgeschlossen und die Aufgabe erfüllt ist. Dann ist es an der Zeit, dass Sie diese Übung erneut machen und sich wiederum die Frage stellen: Was ist *jetzt* wichtig für meine seelische Entwicklung?

Den Auftrag, dieses Buch zu schreiben, habe ich schon vor fünf Jahren in einer Meditation erhalten. Es war mir also vollkommen klar, dass ich es schreiben »muss«. Doch der Zeitpunkt war einfach nicht der richtige, es fühlte sich damals noch nicht stimmig an. Trotzdem ließ mich meine Ungeduld nicht warten, aber sobald ich mich hinsetzen wollte, kamen Widerstände im Innen und Außen auf mich zu. Es war mir nicht möglich, den Prozess zu beschreiben, auch wenn ich ganz genau wusste, wie es aussehen müsste. Vielleicht kennen Sie dieses Gefühl, wenn Ihnen etwas auf der Zunge liegt, es Ihnen aber unmöglich ist, es auszusprechen. Als der richtige Zeitpunkt gekommen war, schrieb ich das Buch innerhalb von wenigen Monaten – Flow!

Es kann Ihnen auch durchaus passieren, dass Sie nach der Lernaufgaben-Meditation so tiefe Erkenntnisse haben, dass ein erneuter Aufwachprozess mit anschließender Integration und den weiteren Schritten stattfindet. Die Essensia®-Prozessschritte sind nicht immer linear – wie auch das Leben nicht linear verläuft.

Woran erkennen Sie, ob eine Aufgabe erfüllt und abgeschlossen ist? Ein Freund von mir, der in Afrika ein Krankenhaus aufgebaut hatte, in dem alternative Heilmethoden angewendet werden, spürte beispielsweise eines Tages, dass es Zeit war, dieses in andere Hände zu übergeben. Er merkte, dass es nicht seine Aufgabe war, es noch weiterzuführen. Seine Aufgabe, als Visionär das Spital aufzubauen und gegen alle Widerstände zu etablieren, war erfüllt. Und seine nächste Aufgabe wartete bereits auf ihn.

Wenn Sie erst einmal gelernt haben, Ihre Lernaufgaben herauszufinden, werden Sie auch spüren, wenn sie abgeschlossen sind. Sie werden eine Leere spüren. Sie werden merken, da entwickelt sich nichts Neues mehr. Dann ist es Zeit für die nächste Aufgabe.

Spirituelle Prozessbegleitung

Vieles von dem, was ich Ihnen auf den vergangenen Seiten beschrieben habe, können Sie selbst angehen. Sie können erkunden, welche Dichte der Seele Sie haben, welche Form des Ausdrucks zu Ihrer Berufung gehört, Sie können Ihren Lernaufgaben näher kommen.

Vielleicht merken Sie aber auch, dass Sie an ganz bestimmten Punkten nicht weiterkommen. Dann ist es Zeit, sich Hilfe zu holen. Bei uns beginnt diese Entdeckungsreise mit zweimal drei Tagen, sie endet aber damit natürlich nicht. Die Teilnehmer vernetzen sich nach den Kursen und bleiben an ihren Themen dran. Manche nutzen die klärende und stärkende Kraft eines Einzelcoachings, um ausgewählte Hürden zu meistern. Als Wegbegleiter stehe ich bereit, um Türen zu öffnen, durchgehen müssen die Klienten dann jedoch selbst.

Für unsere ganzheitliche Ausbildung zum Persönlichkeits-Coach verwende ich deshalb gerne den Leuchtturm als Metapher: Wir sind für eine bestimmte Zeit Begleiter und helfen unseren Teilnehmern und Klienten den richtigen Weg zu finden – aber eben nur für eine bestimmte Zeit. Danach ziehen sie weiter. Und eines Tages werden sie vielleicht selbst zu einem Leuchtturm, um anderen Licht und Orientierung auf ihrem Weg zu bieten. Ich bezeichne mich deshalb lieber als spiritueller Prozessbegleiter denn als Lehrer.

Selbst wenn Sie an der einen oder anderen Stelle vielleicht

Hilfe brauchen werden, will ich Ihnen die aus meiner Sicht relevanten Fragen zeigen, die es auf diesem Weg zu beantworten gilt. So können Sie sich darauf vorbereiten und sind bereits mit einem Kompass ausgestattet, der Ihnen den Weg weisen kann. Auch Ihr spiritueller Begleiter wird Ihnen helfen, wenn Sie sich mit ihm verbinden. Hierfür gebe ich Ihnen ebenfalls eine Basis-Übung an die Hand, die Sie darauf vorbereitet.

Sich mit seinem spirituellen Begleiter (Seelenbegleiter, Geistführer) verbinden

1. Setzen oder legen Sie sich entspannt hin.
2. Schließen Sie die Augen.
3. An dieser Stelle können Sie wieder alle bereits erwähnten Techniken anwenden: Puls spüren, Atembeobachtung, Elemente-Ausgleich, Energiemantel.
4. Gehen Sie zu Ihrem Kraftplatz, wie Sie es bereits gelernt haben, und begrüßen Sie dort Ihren inneren Begleiter.
5. Vor Ihren Augen entsteht ein Lichtkanal, der von Ihrem Kraftplatz hinauf in die geistigen Ebenen reicht.
6. Sie stellen sich nun in die Mitte dieses Lichtkanals und verbinden sich mit Ihrem Höheren Selbst.
7. Nun bitten Sie Ihre spirituelle Führung, also Ihren Seelenbegleiter, Sie zu unterstützen. Vielleicht spüren Sie eine Energie, vielleicht ist es mehr ein Gefühl, ein klares Bild oder alles zusammen.
8. Varianten:
   a) Bitten Sie um eine Botschaft zur aktuellen Lebenssituation (zum Beispiel zu einem Thema aus dem Lebensrad).
   b) Bitten Sie um Informationen aus der spirituellen Ebene zur aktuellen Lernaufgabe.

c) Bitten Sie um Informationen zum nächsten Lernschritt.
d) Bitten Sie um Information zu der Frage: Wie komme ich meinem wahren Wesen, meiner Berufung näher? Was ist jetzt wichtig?

8. Schließen Sie Ihre Reise ab, bedanken Sie sich bei Ihrem Begleiter und kommen Sie vom Innen wieder ins Außen.

Der blaue See

Die Dichte der Seele, die Form, in der Sie sich ausdrücken, die Lernaufgaben – all das sind Facetten Ihrer Berufung, die Sie finden können. Vielleicht fühlen Sie sich zu zwei oder drei Ausdrucksformen besonders hingezogen? Grundsätzlich tragen wir über die Verbundenheit zu allen Aspekten des Lebens auch alle Formen in uns.

Wenn Sie aber spüren, dass zum Beispiel Ihre Grundenergie eine lichte Kämpferenergie ist, dann ist das etwas ganz Grundsätzliches. Sie merken, dass das ein roter Faden ist, der sich durch Ihr Leben zieht. Das ist unabhängig von den konkreten Lernaufgaben, die sich im Laufe des Lebens verändern. Wenn Sie ein Visionär sind, dann bleiben Sie ein Visionär – falls Sie Ihre Berufung leben. Dann sind Sie der Typ, der sich Dinge vorstellt, sie vordenkt, aber Sie sind nicht unbedingt der Umsetzer. Dafür braucht es vielleicht andere Menschen, die Machertypen, die gut darin sind, Ideen zu realisieren. Und dann die Forscher, die einmal Aufgebautes konstant vorantreiben und verbessern können.

Wenn Sie der Frage nachgehen, was Sie für ein Menschentyp sind, was für eine Grundenergie Sie antreibt, ob Sie eine dichte oder lichte Seele sind, dann nähern Sie sich Ihrer Berufung. Auch die Frage: *Wie würde es sich denn anfühlen, wenn ich meine Berufung leben würde?* gibt Ihnen einen gewissen Zugang dazu.

Die Hauptfrage aber, die hinter der Berufung steht, ist die Frage nach der tiefsten Sehnsucht, die Sie in sich tragen. Das kann, wie ich eben schon beschrieben habe, die Sehnsucht nach einer nächsten Lernaufgabe sein, es kann aber auch eine viel allgemeinere und umfassende Sehnsucht sein, die Sie antreibt und Ihnen Ihre Berufung anzeigen kann.

Ich erkläre diese Sehnsucht gerne mit einer Metapher. Stellen Sie sich vor, es gibt irgendwo weit von Ihnen entfernt, in einem entlegenen Gebirge, einen blauen See. Wenn Sie beschließen, sich zu diesem See aufzumachen, die lange beschwerliche Reise auf sich zu nehmen – warum tun Sie das? Was treibt Sie an? Sie haben diesen See noch nie gesehen, Sie wissen nicht, wie er aussieht, aber Sie machen sich dennoch auf zu ihm. Warum?

Sie tun das, weil Sie sich innerlich, also mental, zu diesem See begeben und ein Gefühl für diesen Ort entwickeln. Sie stellen sich vor, wie es wäre, an diesem Ort zu sein – und was noch viel wichtiger ist, wie Sie sich fühlen werden. Das treibt Sie an und führt Sie zu diesem See.

So ist es auch mit Ihrer Berufung. Sie kennen sie noch nicht, warum also sollten Sie sich aufmachen, sie zu erfahren? Was kann Sie dahin führen? Es ist das Gefühl, das tief in Ihnen schlummert, eine Art Ruf. Sie kennen dieses Gefühl aus Ihrer frühen Kindheit, und durch eine simple Frage können Sie es, wie bei Dornröschen, wachküssen. Die Kernfrage ist: Was ist meine tiefste Sehnsucht?

Es ist eine der wichtigsten Fragen überhaupt, denn sie führt Sie wie ein Kompass immer näher zu Ihrem Ursprung. Und wenn ich Menschen genau diese Frage stelle, sind sie oft zuerst verblüfft und wissen gar nicht, was sie antworten sollen. Denn die meisten wissen nicht, was ihre tiefste Sehnsucht ist. Sie rennen Tag für Tag durch die Gegend, erledigen scheinbar unglaublich wichtige Dinge und können diese so wichtige Frage nicht beantworten.

Und wenn sie sich dann meditativ auf die Frage einlassen, höre ich wunderschöne Sachen wie »gesehen werden«, »geliebt sein«, »schöpferisch und kreativ sein«, »Verbundenheit«, »ankommen bei mir«, »Mut«, »Lebendigkeit«, »mich spüren«, »weibliche Wildheit«, »Leichtigkeit«, »sinnvolles Handeln«, »Wissen teilen dürfen«, »Freiheit«, »grenzenloses Bewusstsein« und vieles mehr.

Wenn Sie nun Ihre tiefste Sehnsucht spüren, dann können Sie einen Schritt weitergehen und sich fragen: Was kann ich tun? Was muss ich in meinem Leben ändern, um genau dieses Gefühl zu erlangen?

Die größte Sehnsucht finden

1. Bereiten Sie einen Stapel mit farbigen Karten vor. Wählen Sie die Farbe, die für Sie am besten zum Thema »Meine größte Sehnsucht« passt.
2. Entspannen Sie sich und reisen Sie innerlich zu Ihrem Kraftplatz.
3. Verbinden Sie sich mit Ihrem Höheren Selbst.
4. Stellen Sie sich die Frage, wie es sich anfühlen würde, wenn Sie bereits Ihre Berufung leben.
5. Öffnen Sie nun die Augen und beginnen Sie alle Begriffe, die dieses Gefühl beschreiben, auf die farbigen Karten zu notieren. Ein Begriff pro Karte. Schließen Sie zwischendurch die Augen und erfühlen Sie die nächsten Begriffe – es können bis zu 30 Begriffe werden.
6. Beenden Sie Ihre Meditation.
7. Ziehen Sie nun jeden Morgen eine der Karten und meditieren Sie etwa 10 Minuten mit diesem Begriff:

Was bedeutet er für Sie? Wie fühlt es sich an, dies bereits zu leben? Wie könnten Sie dieses Gefühl bzw. diese Eigenschaft bereits am heutigen Tag mehr leben?

Diese Übung verändert Ihren Fokus nach und nach. Ihr Gehirn wird sozusagen neu programmiert. Führen Sie diese Übung mindestens 30 Tage hintereinander durch. Sollten Sie nicht so viele Begriffe haben, dann beginnen Sie einfach wieder von vorn.

Auch wenn Sie damit noch nicht Ihre Berufung gefunden haben, so wissen Sie jetzt, wie Sie sich fühlen werden, wenn Sie diese leben. Damit entziehen Sie sich der Berufungs-Falle! Sie können nicht mehr sagen: »Ach, ich weiß ja meine Berufung nicht, also verharre ich mal in der aktuellen Situation, bis mir jemand sagt, was ich zu tun habe.« So funktioniert das auch nicht! Sie können nicht eine Nummer wählen und einen hellsichtigen Kartenleger fragen, was denn Ihre Berufung sei. Es gehört zum spirituellen Pfad, dass Sie Ihre Wunden heilen, Ihre Persönlichkeit dadurch entwickeln, Ihr Bewusstsein ausdehnen und sich damit mit ihrem seelischen Ursprung wieder rück-verbinden. Das ist Teil des Lebens-Spiels.

Ich habe Klienten, die haben die Sehnsuchts-Übung über mehrere Monate durchgeführt und dabei die Begriffe auch noch um neue ergänzt. Sie haben mir berichtet, dass sich damit ihre Wahrnehmung nachhaltig zum Positiven verändert hat und sie mehr und mehr die Dinge angezogen haben, die sie sich wirklich wünschen. Auf diese Weise kämen sie ihrer Berufung automatisch näher.

In der eigenen Kraft

Wenn Sie Ihrer Berufung näherkommen oder diese sogar kennen, ändert sich sehr viel in Ihrem Leben. Bisher ging es in Ihren Tätigkeiten um das Überleben, jetzt sind sie ein Ausdruck Ihrer Lebendigkeit. Mit dem Finden Ihrer Berufung kommt ein Flow in Ihr Leben, der Sie entspannt, der alles leichter und einfacher macht. Sie wissen jetzt, dass Ihr Ego, das Sie bisher immer geführt hat, gar nicht so wichtig ist. Sie spüren Ihre Grundenergie und wissen, dass sie aus einem Ursprung kommt, der viel wichtiger und größer als Ihr Ego ist. Das gibt Ihnen Freiheit und Kraft.

Ich will nicht verhehlen, dass das auch zu Schwierigkeiten mit Ihren Mitmenschen führen kann. Eine Frau zum Beispiel, die meine Seminare besucht hatte, begann ihren Weg zu gehen, war voll in ihrer Kraft, aber ihr Partner ging nicht mit. Vorher war sie ihrem Mann einfach nur immer gefolgt, sie hatte keinen eigenen Antrieb, lehnte sich voll an ihn an. Wenn er »links« sagte, dann ging sie eben links. Nun spürte er ihre neue Kraft und Eigenständigkeit, war verunsichert und es kam zu Konflikten. Sie stellte an ihn die Fragen, die sie sich selbst gestellt hatte – warum er da ist, was ihm wichtig ist –, aber er konnte sie nicht beantworten, er wusste es nicht. Sie fühlte sich lebendiger, sie kannte ihre Richtung, aber das alles führte zu einer Entfremdung, weil er noch nicht so weit war.

Auch in ihrem beruflichen Umfeld führte die neue Sicherheit zu Irritationen. Sie trat auf einmal mit der Gewissheit auf: Das bin ich! Das ist mir wichtig! Dadurch wurden ihre Kollegen erst einmal verunsichert: »Das hat sie doch noch nie gemacht!« Sie konnten sie aber in ihrem neuen Auftreten bald akzeptieren. Als sie wieder einmal bei mir war, konnte ich sie in ihrer neuen Ausstrahlung sehen: Sie wirkte kraftvoll, sie sagte, was sie wollte, ohne dabei aggressiv zu sein. Sie war einfach klar, bestimmt und mitfühlend, aber nicht mitleidend.

Ein wunderschönes Beispiel erlebte ich auch mit einer meiner Teilnehmerinnen der Persönlichkeits-Coach-Ausbildung. Sie war gerade bei mir im Einzelcoaching und es ging um ihre Berufung. Ich fühlte, dass der Zeitpunkt für sie gekommen war, führte sie in eine Meditation und verband mich über das Quantenfeld mit ihr. In diesem Zustand ist es mir möglich, die für sie richtigen Worte zu finden und sie auf allen Ebenen gleichzeitig begleiten zu können.

In dieser sehr berührenden Meditation erkannte sie sich als Künstlerseele. Von einem Moment auf den anderen wusste sie, was sie ab jetzt tun wollte: Sie würde ihr liebstes Hobby, das Malen, zu ihrem Beruf machen.

In der gleichen Sitzung entwickelten wir bereits einen ersten Ansatz, wie sie das praktisch und auch finanziell interessant machen könnte. Sogar der Name wurde ihr geschenkt – für uns beide eine sehr berührende Erfahrung.

Aus dieser neuen, eigenen Kraft heraus, die auch Sie erfüllt, wenn Sie Ihre Berufung und Ihr wahres Wesen kennengelernt haben, können Sie sich daranmachen, Ihren weiteren Lebensweg zu fokussieren.

Schritt 7: FOKUSSIEREN

Richten Sie Ihre Energie aus.
Wie werden Ihre Träume wahr?

Wir können den Wind nicht ändern, aber die Segel anders setzen.
Aristoteles

Als Erstes möchte ich Ihnen gratulieren! Sie sind den Weg bereits bis hierhin gegangen! Vielleicht war er leicht, vielleicht aber auch schwierig und hat einiges in Ihnen ausgelöst.

Sie haben begonnen mit dem Lebensrad, um Ihr Leben aus einer übergeordneten Perspektive zu betrachten und sich einen ersten Überblick zu verschaffen. Sie erkannten, wo Handlungsbedarf ist und welche Lebensbereiche wieder ins Lot kommen dürfen.

Im ersten Schritt ging es darum, dass Sie lernten, aus Ihrer Alltags-Trance aufzuwachen und sich immer wieder als Beobachter des eigenen Lebens wiederzufinden. Nur so können Sie auch Dinge in Ihrem Leben verändern – wach, authentisch, klar.

Im nächsten Schritt ging es um Ihren Schatten, also um all das, was Sie verdrängen. Es ging darum, alle Anteile, auch die vermeintlich negativen, zu integrieren und die Geschenke, also die Entwicklungschancen, zu erkennen. Sie lernten auch, dass es wichtig ist, Projektionen zu erkennen und diese zurückzunehmen.

Erst dann widmeten Sie sich dem Thema Heilen, in dem Sie Licht ins Dunkle, in schwierige Erlebnisse aus Ihrer Kindheit brachten. Sie lernten auch, dass Ihnen niemand die Heilung abnehmen kann und das Heben jedes Steines im Lebensfluss ein wichtiger Schritt auf dem Weg hin zu Ihrem wahren Wesen ist.

Mit den ersten drei Schritten widmeten Sie sich stark Ihrer aktuellen Lebenssituation und den damit verbundenen Ursachen. Vielleicht erkannten Sie auch, dass es Zeit braucht, die eigene Geschichte aufzuarbeiten und sich vom Vergangenen zu lösen.

Dann kam die Phase der Windstille, des Seins. Sie lernten, dass es auf dem spirituellen Pfad Abschnitte der Leere und des Raums braucht. Es kann erst dann etwas Neues kommen, wenn auch der Raum dafür gegeben ist. Dieses Kapitel war wie ein Wendepunkt, ein Übergang, eine Art Schnittstelle zu etwas Größerem.

Im Kapitel »Öffnen« tauchten Sie in die Welt der Möglichkeiten ein. Es ging darum zu erkennen, dass es nicht nur eine Variante von Ihnen, sondern deren viele gibt (die Parallel-Ichs). Genauso wie es für Ihre Themen auch nicht nur einen möglichen Lösungsweg gibt. Mit der Zeitreise in die Zukunft, dem inneren Schatz und dem Raum der Möglichkeiten lernten Sie, Ihren Geist weiter zu öffnen, ohne bereits entscheiden zu müssen, was gerade zu tun ist.

Mit dieser Offenheit gingen Sie weiter in die Verbundenheit mit Ihrer Seele. Damit schloss sich ein Kreis. Es wurde für Sie klar, dass die seelische und irdische Ebene durch Sie verbunden sind – Sie sind Medium, also Vermittler zwischen dem Irdischen und dem Geistigen. Sie haben Ihre Wahrnehmung noch weiter ausgedehnt und sich mit der Frage »Was ist meine größte Sehnsucht?« auf den Weg gemacht, Ihrem wahren Wesen mehr Ausdruck zu verleihen.

Und jetzt sind Sie beim letzten Schritt im Kreis innerhalb der Entwicklungsspirale angekommen: dem Fokussieren. Sie richten Ihren Fokus von innen wieder nach außen. Denn nun ist es wichtig, dass Sie alles, was Ihnen auf Ihrem inneren Erkundungsprozess begegnet ist – Ihre Berufung, die Botschaften Ihrer Seele, die Inspirationen aus der Öffnung – in die Umsetzung bringen. Selbst ein tolles schnelles Auto wird Sie nirgendwo hinbringen, solange es aufgebockt ist und seine Kraft nicht auf die Straße bringt. So viel Sie auch Gas geben, die Räder drehen durch und Sie bewegen sich nicht vom Fleck. Doch zur Umsetzung gehört nicht nur Kraft, sondern auch ein Ziel: Wenn Sie am Bahnhof in ein Taxi einsteigen und dem Fahrer nur sagen: »Weg von hier«, wird er Sie kaum ans Ziel bringen können. Darum ist die relevante Frage für Sie jetzt: *Was wünsche ich mir?* Fokussieren Sie sich auf das, was Sie wollen – und machen Sie es wahr. Dabei wird Ihnen dieses Kapitel helfen.

Es geht jetzt also nicht mehr um das, was Sie *nicht mehr* haben wollen in Ihrem Leben, sondern um das, was Sie haben wollen. Es geht nicht mehr darum, das, was Sie behindert, zu beseitigen, sondern das, was wachsen soll, anzuschieben.

Es gibt so viele Menschen, die genau wissen, was sie nicht mehr wollen, sich jedoch nie Gedanken darüber gemacht haben, was sie denn eigentlich wollen. Sie ärgern sich den ganzen Tag, lamentieren und jammern über all das, was in ihrem Leben nicht gut ist. Falls Ihnen bei dieser Beschreibung jemand aus Ihrem Umfeld einfällt, dann gebe ich Ihnen folgenden Tipp: Das nächste Mal, wenn sich diese Person über ihren Expartner, Chef, Nachbarn, die eigene Gesundheit, die Kinder oder sonst was beschwert, stellen Sie ihr folgende drei Fragen:

1. »Was denkst du, hast du dazu beigetragen, dass es so weit gekommen ist?«
2. »Wie hättest du es gerne? Wie würdest du es dir wünschen?«
3. »Was könntest du dazu beitragen, dass es sich ändert?«

Solche Menschen fahren wie mit dem Müllwagen bei Ihnen vor und laden ihre schlechte Laune und alles, was sie bedrückt, bei Ihnen ab. Sobald Sie das aber stoppen und die genannten Fragen stellen, verändert sich etwas – garantiert. Einige von ihnen werden auf einmal nicht mehr anrufen oder vorbeikommen. Andere werden sich angegriffen fühlen und Sie total daneben finden (Projektion). Und wieder andere fangen an aufzuwachen, sind Ihnen dankbar und setzen sich mit den Fragen auseinander – ein guter Moment, ihnen dieses Buch zu empfehlen.

Der letzte Schritt im ersten Entwicklungskreislauf ist somit eine Art »Aktionsplan«, mit dem Ihre Träume wahr werden. Sie werden sich also Dinge vornehmen, die Sie sich bisher noch nicht vorgenommen haben. Sie werden sich Ziele setzen, die Ihr Leben in eine neue Richtung lenken. Die Herausforderung dabei ist, dass dies der Richtung Ihrer Seele entspricht, und Sie nicht die Wünsche Ihres Egos erfüllen. Denn selbst wenn Sie den Weg bis zur Verbindung mit Ihrer Seele gegangen sind, bedeutet es nicht, dass Sie diese Verbindung im Alltag nicht wieder verlieren können. Im Gegenteil – Momente der Entfernung von Ihrem Weg gehören dazu. Und Sie sind gut beraten, wenn Sie sich bewusst machen, dass Rückschritte kommen können. Denn nur wenn Sie diese Rückschritte erkennen, finden Sie auch den Weg zurück zu Ihrem Lebenspfad. So wie mein ehemaliger Seminarteilnehmer und Coachee Frank.

Ziel mit Sinn

Frank arbeitete im Investmentbereich und wollte sich von mir ab und zu coachen lassen. Er war erst 35 Jahre alt und hatte finanziell schon ausgesorgt. Aber er wollte mehr, denn es gab – bis zu diesem Zeitpunkt – nichts Wichtigeres als Geld in seinem Leben. Er hatte mit seiner aktuellen Firma große Ziele und wollte die Barrieren, die ihn auf dem Weg dahin hinderten, mit meiner Hilfe überwinden.

Frank erzählte mir von seinen Expansionsplänen und dem Ziel, noch viel mehr Geld zu verdienen. Ich hörte mir seine Ausführungen an und spürte in mich hinein. Ich fragte meinen spirituellen Begleiter, welche Frage ich ihm stellen solle, und diese lautete: »Frank, wofür tust du das alles? Was ist deine tief liegende Motivation?« Darauf hatte er keine Antwort. Dennoch hielt er an seinem Projekt fest, sein Vorhaben beschäftigte ihn weiterhin fast jede freie Minute.

Eine Zeit lang ließ er nichts von sich hören. Etwa ein halbes Jahr später meldete er sich und sagte: »Grigor, ich habe bisher alle meine Ziele erreicht. Aber mir geht es immer schlechter.«

Er kam nie in ein Gefühl der Ruhe hinein. Stattdessen hatte er Geldsorgen, obwohl er finanziell immer besser gestellt war. Er konnte sich alles leisten, und tat das auch. Körperlich sorgte er auch gut für sich. Wellness, Sport, Massage – all das betrieb er mit der gleichen Zielstrebigkeit wie seine beruflichen Ambitionen. Und dennoch streikte seine Gesundheit. Er bekam Schlafstörungen und fühlte sich innerlich leer.

Im Laufe der Zeit wurde ihm bewusst, dass er das, was er in den letzten sechs Monaten so intensiv betrieben hatte, schon seit Jahren machte. Er leistete, leistete, leistete und bekam nicht genug davon. Dann stellte er fest, dass er immer noch dabei war, einen Mangel aus seiner Kindheit zu beheben, was ihm aber nie gelang. Es war das Gefühl, nicht genug zu leisten, das durch seinen Vater geprägt war, sowie das Gefühl, im Vergleich zu anderen minderwertig zu sein, das sein Bruder ihm vermittelt hatte. Als er das verstand, bemerkte er, was hier *eigentlich* ablief. Und er merkte auch, dass er immer noch nicht wusste, wofür er sein Unternehmen ausbaute. Wofür die monetären Ziele gut waren.

Er hatte Freude an dem, was er tat. Aber er sah keinen Sinn dahinter.

Nachdem ihm diese Dinge in der zweiten Sitzung bewusst geworden waren, fragte ich ihn: »Was möchtest du mit all dem

Geld machen?« Er wusste auch zu dieser Frage keine Antwort: »Ich weiß es nicht und das habe ich mich auch noch nie gefragt.« Minutenlang starrte Frank auf den Boden und ein paar Tränen der Trauer liefen ihm über die Wangen. Er war aus seiner Trance aufgewacht und sein Bewusstwerdungsprozess begann.

Nach einer Weile äußerte er den Gedanken: »Ich könnte junge Musiker unterstützen. Musik war schon immer eine Leidenschaft von mir. Es berührt mich, junge Menschen zu sehen, wie sie mit der Musik wachsen und gedeihen.« Ich sah in seinen Augen dieses Funkeln und wusste sofort, dass es das Richtige für ihn war. Ein erster Schritt auf einem neuen Weg.

Von diesem Tag an hat sich für ihn extrem viel verändert. Er erlebte viel mehr Zufriedenheit und Frieden bei dem, was er tat – auch wenn er äußerlich genau das Gleiche machte wie vorher. Seine monetären Ziele hatten sich nur wenig verändert. Was sich aber verändert hatte, war seine Ausrichtung. Jetzt hatte er überhaupt erst eine! Und je mehr er sich auf diese Ausrichtung fokussierte, desto klarer wurde ihm, dass es ihm auch eine innere Befriedigung geben würde, sein Know-how an junge Unternehmer weiterzugeben, und alles, was er aufgebaut hatte, in einer Beziehung zu teilen. So verschob sich für ihn langsam der Fokus von »Ich will mehr Geld, mehr Erfolg, mehr Ansehen« hin zu »Eine Beziehung und die Unterstützung junger Musiker und Unternehmer geben mir innere Befriedigung«.

Franks Entwicklungsweg zeigt sehr klar, dass Ziele nur dann wirksam sind, wenn Sie bei ihrer Definition auf einer übergeordneten Ebene wissen, wo Ihre Seele hinwill bzw. was Ihr Herz zum Springen bringt. Wenn Sie also Ihren spirituellen Fokus kennen und ihn sich zum Zeitpunkt der Zielsetzung wieder bewusst machen. Natürlich habe ich den Prozess in diesem Beispiel verkürzt dargestellt, aber richtig ist, dass die richtige Frage zur richtigen Zeit so viel auslösen kann.

Wenn die Ziele aber dazu dienen, ein Gefühl des Mangels zu stopfen, sind sie nutzlos. Die einzelnen Elemente, wie zum

Beispiel einen Partner finden, sind mit entsprechendem Aufwand schon erreichbar. Aber Erfüllung finden Sie darin nicht, wenn Sie auf einer tieferen Ebene zum Beispiel mit Ihrer Beziehung ein Gefühl der Wertlosigkeit versuchen zu kompensieren. Dann wird die Wertlosigkeit trotz der Beziehung wieder hochkommen, und statt Beziehungsglück empfinden Sie eine noch höhere Frustration. Sie sind jetzt trotz der Beziehung, also trotz des erreichten Zieles, immer noch unglücklich.

Damit möchte ich keinesfalls anklingen lassen, dass Ziele generell unwichtig oder schädlich seien. Nein, ohne Ziele kommen Sie auf Ihrem Entwicklungsweg garantiert nicht weiter! Wenn Sie einmal wissen, dass es Ihre Lernaufgabe ist, ein Krankenhaus in Kenia zu bauen, dann brauchen Sie als Nächstes natürlich konkrete Umsetzungsmaßnahmen. Sie brauchen ein Budget, einen Projektplan, Meilensteine und alles, was dazugehört. Sie *können* nicht nur, Sie *müssen* sich dann klassische Ziele setzen. Zu deren Formulierung gibt es viele Bücher, deshalb gehe ich darauf hier nicht ein. Bei Interesse finden Sie in meinem Blog auch mehrere Artikel zum Thema.

Wenn Sie jedoch den Seelenfokus bei der Zielformulierung aus den Augen verlieren, ist die Gefahr sehr groß, dass Ihr Ego Ihre Ziele bestimmt. Dann eilen Sie diesen Zielen nach, erfüllen sie – und sind immer noch unglücklich. Dann haben Sie ein Ziel erreicht – Sie haben vielleicht endlich einen Partner an Ihrer Seite, oder Sie haben den Traumjob, den Sie sich gewünscht haben – aber Sie sind einfach nicht glücklich. Natürlich nicht, denn Ihre Seele wird nicht genährt.

Das bedeutet konkret: Ob Sie auf dem richtigen Weg sind, erkennen Sie daran, ob Sie nach der Zielerreichung zufriedener sind oder nicht. Ob Sie innere Ruhe, Frieden in sich gefunden haben. Ob Ihre tiefe Sehnsucht nach Seelenplanerfüllung gestillt wird, oder ob Sie weiter davon abweichen.

Wie Sie Ihre Fokussierung mit Ihrem Seelenplan abstimmen, zeige ich Ihnen anhand verschiedener Übungen in diesem Kapitel. Was Sie darüber hinaus noch tun können, ist, auf Ihre Sprache zu achten. Das hilft Ihnen zu erkennen, ob gerade Ihr Ego Sie leitet oder ob Sie Ihrer Seele folgen.

Wer verleitet mich gerade?

Wenn Sie sich Sätze sagen hören wie

- »Ich brauche …«
- »Ich will …«
- »Mir fehlt …«
- »Ich muss …«
- »Ich möchte unbedingt …«
- »Das muss auf jeden Fall klappen!«

dann horchen Sie genauer in sich hinein. Die Wahrscheinlichkeit ist groß, dass in diesen Momenten Ihr Ego am Werk ist. Bemerken Sie das und gestehen Sie es sich ein. Denn zu erkennen, dass Sie sich gerade vom Ego leiten lassen, ist die Voraussetzung dafür, selbst ins Handeln zu kommen und sich wieder nach Ihrer Seele auszurichten.

Das wiederum schaffen Sie, indem Sie bewusst offenere Formulierungen wählen wie zum Beispiel:

- »Ich bin offen für …«
- »Ich freue mich …«
- »Ich bin neugierig …«
- »Ich wünsche mir …«
- »Es darf mehr …«

Oder indem Sie sich fragen:

- »Wo möchte meine Seele hin?«
- »Was bringt mich meiner Seele näher?«
- »Was würde meine Seele jetzt gerne tun?«

Die Antwort wird zuerst allgemeiner sein, als dies für ein konkretes Ziel mit Datum und Messbarkeit nötig wäre. Aber sie ist eine gute Vorlage, um sich neuen Zielen anzunähern. Hier ein paar Beispiele:

- »Ich wünsche mir mehr Leichtigkeit und Lebensfreude.«
- »Ich bin offen, meinen Bedürfnissen in der Beziehung mehr Ausdruck zu verleihen.«
- »Ich erlaube es mir, erfolgreich zu sein und zu meinen Fähigkeiten zu stehen.«

Aus dieser weichen Art der Fokussierung können Sie konkretere Ziele formulieren. Jeder Mensch tickt dabei etwas anders: Die einen brauchen ein konkretes Datum und eine Messbarkeit, anderen wiederum reicht es, wenn es offener formuliert ist. Wenn Sie der Typ Mensch sind, der sich lieber nicht festlegen lässt und deshalb auch seine Ziele und Wünsche oft nicht erreicht, rate ich Ihnen, die Ziele so konkret wie möglich aufzuschreiben.

Falls Ihnen die Ideen für die Fokussierung und Konkretisierung ausgehen, rate ich Ihnen, Ihre Notizen aus den vorherigen Kapiteln zur Hand zu nehmen. Falls Sie die Übungen gemacht haben, haben Sie eine Reihe von Quellen der Inspiration erhalten, die Ihnen als Ideengeber für die nächsten Schritte dienen könnten:

- Was können Sie bereits aus dem Kapitel »Aufwachen« konkret umsetzen? Nehmen Sie sich zum Beispiel vor, einmal pro Tag bewusst in die Beobachterposition zu schlüpfen und Ihre inneren Anteile zu erforschen. Dazu beschriften Sie Ihre Haftnotizen mit für Sie passenden Aufwach-Sätzen.
- Und worauf möchten Sie aus dem Kapitel »Integrieren« Ihren Blick richten und damit in Ihr Leben einfließen lassen? Von welchen Personen möchten Sie Ihre Projektionen zu-

rücknehmen? Was gilt es noch in Ihrem Leben anzunehmen? Wann möchten Sie zum nächsten Mal die Übung »Treffen Sie sich im Zug« machen?

- Haben Sie wichtige Informationen aus dem Kapitel »Heilen« mitgenommen? Sie haben auf Ihrer Reise zurück in der Zeit zum Beispiel realisiert, dass ein Gespräch mit Ihren Eltern ansteht oder dass zur Ganz-Werdung ein bestimmtes Ritual sinnvoll wäre. Wann wollen Sie das angehen? Und wie soll es sein? Welchen Aspekt aus Ihrem Leben möchten Sie noch heil werden lassen?
- Oder Sie haben im Kapitel »Sein« erkannt, dass Sie viel zu wenig Raum für Ihre Seelenentfaltung haben? Sie können entscheiden, dass Sie lernen möchten, sich richtig zu entspannen und sich für einen Meditationskurs anmelden. Haben Sie die Daten herausgesucht und sich angemeldet?
- Eventuell haben Sie im Kapitel »Öffnen« bei der Zeitreise in die Zukunft eine wichtige Entscheidung getroffen oder eine Information zu Ihrer Gesundheit erhalten und möchten diese jetzt umsetzen. Was gilt es hier in die Wege zu leiten?
- Hat es Ihnen im Kapitel »Öffnen« der Raum der Möglichkeiten angetan und Sie haben eine neue Lösung für Ihr Problem erfahren? Jetzt ist der Moment, sich zu entscheiden und diesen Lösungsweg zu konkretisieren.
- Oder sind Sie im Kapitel »Öffnen« nach Ihrem inneren Schatz getaucht und haben ein neues Talent, eine neue Fähigkeit in sich entdeckt? Jetzt geht es darum, sich einen Plan zu machen und die nötigen Schritte einzuleiten. Wer könnte Ihnen dabei helfen?
- Haben Sie im Kapitel »Verbinden« vielleicht erkannt, dass Sie eine Wandler-Seele sind und diese Form jetzt mehr im Alltag leben möchten? Wie möchten Sie das tun? Wie darf sich Ihr Leben wandeln?
- Oder haben Sie auch Ihre nächste Lernaufgabe erkannt, und es gilt jetzt, die entscheidenden Schritte zu gehen, damit

Sie diese erfüllen können? Wie könnten diese Schritte aussehen? Holen Sie sich ruhig auch Hilfe.
- Und haben Sie den blauen See aus dem Kapitel »Verbinden« besucht? Integrieren Sie die Begriffe, die Sie auf den farbigen Kärtchen notiert haben, in Ihren Alltag und leben Sie sie dort.

Es liegt jetzt in Ihrer Macht, die gewonnenen Erkenntnisse und die damit mögliche Potenzialentfaltung »auf die Straße« zu bringen. Machen Sie sich eine Art Roadmap zur Seelenentfaltung – Ihre ganz persönliche Straße zu Glück, innerem Frieden und Erfüllung!

Ausrichten nach der Seele

Der erste neuralgische Punkt ist die Erstellung der Roadmap. Das ist der Moment, in dem Sie wie oben beschrieben eine Art To-do-Liste erstellen (ich spreche hier nicht von einer Einkaufsliste, sondern von Entscheidungen, die Ihr Leben prägen). Oder der Moment, in dem Sie zum Beispiel um Silvester herum das alte Jahr abschließen und eine Vision fürs nächste Jahr zeichnen. Hier gilt es, die Verbindung zu Ihrer Seele wieder aufzunehmen.

Im vorigen Kapitel habe ich Ihnen bereits gezeigt, wie Sie Ihrer größten Sehnsucht auf die Spur kommen und sich damit ein Bild von Ihrem persönlichen blauen See machen können. Wenn Sie das einmal in sich tragen, können Sie es auch weiter konkretisieren und auf den Bereich des Lebensrads beziehen, den Sie am Anfang dieses Buches ausgewählt haben, um sich intensiver damit zu beschäftigen und sich immer wieder darauf zu fokussieren.

Sie können sich auch mit Ihrem Höheren Selbst und Ihrem spirituellen Begleiter verbinden und nach Unterstützung bei der Erstellung Ihrer Roadmap bitten. Das ist der entscheidende

Schritt: weg vom Ego und den von ihm definierten Zielen. Und das ist auch der entscheidende Schritt weg von den Wünschen und Zielen, die aus einem Mangelgefühl heraus formuliert werden, und hin zu Wünschen, die aus der Fülle Ihrer Seele kommen. Nur so können Sie sicher sein, dass Sie die Ziele verfolgen, die wirklich gut für Sie sind und mit Ihrer Berufung korrespondieren.

Dadurch, dass Sie Ihre Seele einbeziehen, wird es für Sie auch viel einfacher, Ihre Ziele und Wünsche zu erreichen. Denn Ihre Seele verbindet sich mit allen anderen Seelen, die mit dem Thema, das Sie beschäftigt, ebenfalls verknüpft sind. Damit haben Sie nicht nur die Kraft Ihrer Seele zur Verfügung, sondern auch Seelenbegleiter, die Sie unterstützen und dafür sorgen, dass Sie nicht alles selber machen müssen. Seelen können untereinander Seelenvereinbarungen treffen und Dinge so in Bewegung bringen, wie Sie es alleine nicht schaffen könnten.

Dazu kann ich Ihnen die Geschichte einer Teilnehmerin meiner Seminare erzählen. Sie hatte beruflich eine andere Richtung eingeschlagen, als es der Vater wollte. Darüber waren beide in einen so massiven Streit geraten, dass der Vater den Kontakt vor vier Jahren abgebrochen hatte.

Wir haben in einem Wochenendseminar intensiv an dem Thema gearbeitet. Dazu machten wir am Ende eine Manifestationsübung, ähnlich wie ich sie Ihnen in diesem Kapitel noch beschreiben werde. Sie übergab ihrer Seele den Wunsch, dass die beiden einander verzeihen können würden. Sie selbst, also ihr Ego, zweifelte an der Erfüllung: »Na ja, mal sehen, was daraus wird…!« Aber das war nicht entscheidend. Wichtig bei dieser Übung ist, sich etwas zu wünschen – aber nichts zu erwarten.

Am Montag nach dem Seminar klingelte dann bei der Frau das Telefon und ihr Vater rief sie an! Und die beiden kamen endlich wieder ins Gespräch miteinander.

So skeptisch die Frau äußerlich auch war – sie war ihrer Sehnsucht nach Versöhnung gefolgt und hatte diese Sehnsucht ihrer Seele übergeben, die sich dann mit der Seele des Vaters verband, der offensichtlich dieselbe Sehnsucht gehabt hatte.

Wünschen und glauben

Solche Beispiele mögen oberflächlich gesehen bei Ihnen den Eindruck erwecken, als müssten Sie nur alle Ihre Wünsche einfach Ihrer Seele übergeben, und dann käme die Erfüllung des Wunsches fast von selbst. So einfach ist es aber nicht! Das hängt damit zusammen, dass es für die Erfüllung von Wünschen zwei Energien braucht, die sich ergänzen müssen: die weibliche und die männliche Energie.

Seelen sind, wie ich Ihnen im zweiten Kapitel schon erzählt habe, androgyn und vereinen die männliche und die weibliche Energie in sich. Der Wunsch an sich ist ein männliches Prinzip, für den es männliche Energie braucht. In dem Moment aber, in dem Sie diesen Wunsch abschicken, muss die weibliche Energie dazukommen. Sie sorgt für den Glauben und die Offenheit, dass der Wunsch erfüllt werden wird. Dabei geht es nicht um den Glauben vom Kopf her – wie er der Frau in meiner Geschichte fehlte, denn sie war sehr skeptisch. Es geht darum, ob sie innerlich offen und bereit war.

Das ist so, als würden Sie mit Ihrem Wunsch einen Pflanzensamen auswerfen. Er muss jedoch auf emotional fruchtbaren Boden fallen, das heißt auf einen Boden, der zum Seelenplan passt. Der Wunsch muss empfangen werden, und dafür braucht es ein inneres Gefäß, das groß genug ist.

Wenn Sie zum Beispiel sagen »Ich wünsche mir 100.000 Euro«, gleichzeitig aber etwas in Ihnen sagt, dass Sie es eigentlich gar nicht wert sind, diese 100.000 Euro zu bekommen, dann ist das weibliche Gefäß in Ihnen zu klein für diesen Wunsch. Oder wenn Sie sich einen tollen, gut aussehenden

Partner wünschen – sich zugleich aber eigentlich als zu minderwertig für so einen Partner empfinden, dann kann es mit der Erfüllung dieses Wunsches nichts werden. Wenn Sie sich innerlich klein fühlen, macht es keinen Sinn, dass Sie groß zu sein versuchen. Sie können nicht sein, was Sie nicht sind. Wenn aber Wunsch und innerer Glaube, wenn die männliche und weibliche Energie bei Ihren Wünschen und Zielen zusammenpassen – dann können Sie sich die Wünsche auch erfüllen und die angestrebten Ziele erreichen.

Wer dem Großen in sich folgt,
wird groß;
wer dem Kleinen in sich folgt,
wird klein.
Meng Tse

Somit ist es wichtig, dass Sie Ihre Innenwelt klären und auch innerlich wachsen. Wenn Ihr Kraftplatz und Ihr innerer Begleiter klein und unscheinbar sind, wenn Sie kaum ein paar Schritte in Ihrer Innenwelt gehen können und Sie schon an die Grenzen gelangen und wenn Sie Ihrem Begleiter nichts zutrauen, so fehlt Ihnen ganz einfach das Selbst-Vertrauen. Fangen Sie deshalb an, Ihren inneren Raum zu erkunden und zu erweitern.

Positive Projektionen zurücknehmen

Bei der Frage, ob Sie wirklich schon offen genug und bereit für die Erfüllung Ihrer Wünsche sind, spielen auch die Projektionen eine wichtige Rolle, mit denen Sie sich im zweiten Kapitel bereits beschäftigt haben. Jetzt, wo Sie Ihre Energien und Aktivitäten fokussieren, ist der richtige Zeitpunkt dafür, dass Sie sich noch einmal speziell mit Ihren positiven Projektionen beschäftigen. Jetzt können Sie sie zurücknehmen und dadurch positive Energien in sich freisetzen, die schon längst in Ihnen sind, aber bisher nicht zum Zuge kommen konnten.

Positive Projektionen – erinnern Sie sich? Wir Menschen projizieren nicht nur negative Aspekte auf andere, sondern wir projizieren auch positiv besetzte Rollen nach außen. Wir gönnen uns dann nicht den positiven Blick auf uns selbst und bewundern stattdessen diejenigen, die diesen positiven Anteil für uns tragen – wie die Frau, die gerne schlank wäre und sich deswegen unbewusst eine schlanke Freundin gesucht hat.

Dabei ist die Sehnsucht nach dem Schlanksein ein untrügliches Zeichen dafür, dass dieser Wunsch in der Frau angelegt ist und sie es selbst in der Hand hat, dieses Ziel zu erreichen. Weil sie aber das Gute bisher nach außen projiziert hat, hat sie es nicht wirklich in sich und findet dadurch keinen richtigen Zugang dazu.

Also machen Sie sich jetzt Ihre positiven Projektionen noch einmal bewusst. Überlegen Sie sich: Wen bewundere ich? Nehmen Sie zum Beispiel den Kollegen, dessen Fähigkeit Sie immer wieder beschäftigt: »Er kann so locker und begeisternd vor Menschen sprechen!« Wenn Sie das so lange beschäftigt, wenn Sie diese Eigenschaft an Ihrem Kollegen immer wieder voller Bewunderung registrieren, dann ist sie auch in Ihnen angelegt – Sie müssen sich nur den Zugang dazu verschaffen!

Sie können sich zu Hause mit erhobenem Haupt vor den Spiegel stellen und laut und deutlich zu sich sagen: »ICH kann locker und begeisternd vor Menschen sprechen!« Stärken Sie das, was in Ihnen schon angelegt ist. Und dann überlegen Sie sich konkrete Schritte, wie Sie diese positive Fähigkeit in sich entwickeln, stellen Sie sich Entwicklungsaufgaben, machen Sie einen Aktionsplan.

SIE werden bald locker und begeisternd vor Menschen sprechen!

Entwickeln Sie Ihren Fixstern

Auf jedem Weg, den Sie gehen, wohin Sie auch immer wollen, benötigen Sie eine Orientierung. Das können Karten oder Wegschilder sein, oder auch die Sterne, nach denen schon die frühen Seefahrer ihre Navigation ausgerichtet haben.

Auf Ihrem Weg zum blauen See benötigen auch Sie einen Leitstern, an dem Sie sich orientieren können und der Ihnen auch in schwierigen Teilstrecken den Weg weist – Ihren Fixstern. Diesen Fixstern können Sie sich in Form eines Leitsatzes selbst entwickeln. Er kann Sie über einen Zeitraum von zwei bis drei Jahren oder sogar länger begleiten, um Ihnen auf dem Weg, Ihre Berufung zu leben, Orientierung zu geben. Der Leitsatz ist konkreter als die Berufung, er muss sie gar nicht direkt benennen, sondern nur mit ihr in innerer Verbindung stehen und eventuell auf einen Abschnitt des Lebensrades hin ausgerichtet sein, mit dem Sie sich als Nächstes beschäftigen wollen. Der Leitsatz ist aber immer noch ein wesentlich beständigerer Weggenosse als die ganz konkreten und kurzfristigeren Ziele, die meist nur für ein paar Wochen oder Monate Gültigkeit haben.

Sie entwickeln diesen Leitsatz selbst, aber Sie werden nach meiner Erfahrung dabei auch eventuell Unterstützung benötigen. Es geht nicht darum, ganz schnell irgendeinen Satz zu formulieren, der sich gut anhört. Vielmehr sollten Sie einen Satz entwickeln, der wirklich zu Ihrem Weg passt und Sie verlässlich leiten kann. Da ist es hilfreich, jemanden an seiner Seite zu haben, der mit darüber wacht. Es braucht mehrere Tage, in denen Sie den gefundenen Satz täglich verinnerlichen, bis er wirklich verfestigt ist. Nehmen Sie sich die Zeit.

Worum geht es in so einem Leitsatz? Er formuliert prägnant eine Zielsetzung für Sie, die Sie aus drei Leitfragen für sich entwickeln können.

1. Wer möchte ich sein?

Zur Beantwortung dieser Frage gebe ich Ihnen im Folgenden eine Liste von Möglichkeiten, aus denen Sie sich das ankreuzen können, was Sie anspricht.

Natürlich können Sie die Liste auch erweitern und Begriffe zusätzlich aufnehmen, die zu Ihnen passen. Je nachdem, welchen Abschnitt des Lebensrades Sie sich vornehmen wollen, können die Begriffe auch sehr spezifisch darauf ausgerichtet sein. Falls Ihnen im letzten Kapitel die Form bewusst wurde, mit der sich Ihre Seele ausdrücken möchte, lassen Sie diese einfließen:

- ☐ AnführerIn
- ☐ BegleiterIn
- ☐ FreundIn
- ☐ FührerIn
- ☐ GenießerIn
- ☐ GestalterIn
- ☐ HeilerIn
- ☐ ImpulsgeberIn
- ☐ Kreative/-r
- ☐ KünstlerIn
- ☐ Lebemann / Lebefrau
- ☐ LebenskünstlerIn
- ☐ LehrerIn
- ☐ LeiterIn
- ☐ MacherIn
- ☐ MeisterIn
- ☐ MotivatorIn
- ☐ Mutter / Vater
- ☐ PartnerIn
- ☐ SchöpferIn
- ☐ UmsetzerIn
- ☐ UnternehmerIn
- ☐ VerbinderIn
- ☐ VisionärIn
- ☐ Vorbild
- ☐ VordenkerIn
- ☐ VorreiterIn
- ☐ WandlerIn
- ☐ Weise/-r
- ☐ …
- ☐ …
- ☐ …

2. Welche Eigenschaften möchte ich haben?
Wie möchte ich mich fühlen?

- ☐ attraktiv
- ☐ aufrecht
- ☐ aufrichtig gebend
- ☐ ausdauernd
- ☐ authentisch
- ☐ dankbar
- ☐ ehrlich
- ☐ energiegeladen
- ☐ geduldig
- ☐ gesund
- ☐ intelligent
- ☐ intuitiv
- ☐ klar
- ☐ kraftvoll
- ☐ kreativ
- ☐ liebend
- ☐ liebevoll
- ☐ locker
- ☐ mutig
- ☐ neugierig
- ☐ offen
- ☐ schön
- ☐ sein, wie ich bin
- ☐ selbstannehmend
- ☐ selbstbewusst
- ☐ selbstliebend
- ☐ selbstständig
- ☐ spirituell
- ☐ strahlend
- ☐ tiefgründig
- ☐ unabhängig
- ☐ verlässlich
- ☐ vertrauensvoll
- ☐ vital
- ☐ weiblich
- ☐ zugehörig
- ☐ zu sich stehend
- ☐ zuvorkommend
- ☐ …
- ☐ …
- ☐ …

3. Welche Worte sollen darüber hinaus vorkommen?

☐ Erfahrung	☐ Potenzial
☐ Fülle	☐ Spiritualität
☐ Gefühle	☐ Vertrauen
☐ Klarheit	☐ Wissen
☐ Lebensfreude	☐ …
☐ Leichtigkeit	☐ …
☐ Liebe	☐ …

Aus diesen Begriffen können Sie nun wie aus einem Baukastensystem Ihren ganz persönlichen Leitsatz bilden. Er kann nach einem Muster aufgebaut sein, für das ich Ihnen einige Beispiele gebe:

› *Ich bin ein kreativer Unternehmer, der klare Entscheidungen fällt und diese dann auch durchzieht.*
› *Ich bin eine attraktive und selbstständige Partnerin, die voller Vertrauen ihre Spiritualität lebt.*
› *Ich bin ein kraftvoller Heiler, der täglich seine Vision lebt.*
› *Ich bin eine strahlende und anziehende Frau, die ihrer Intuition vertraut und ihre Gefühle auslebt.*
› *Ich bin ein authentischer und liebender Partner, der aufrecht zu sich steht, sich vertrauensvoll einlässt und seine Liebe lebt.*

Nehmen Sie sich für die Auswahl der Begriffe und die Formulierung des Satzes Zeit, lassen Sie sie ein paar Tage auf sich wirken. Was klingt bei Ihnen an? Bei welchen Begriffen spüren Sie die Resonanz Ihrer Seele?

Es ist wichtig, dass Sie mit dem Satz ein wenig schwanger gehen, denn wenn Sie sich zu wenig Zeit lassen, wählt Ihr Ego etwas aus, was schön klingt und vordergründig zu Ihnen zu passen scheint, tatsächlich aber abgespalten von Ihnen ist.

Ich erinnere mich an einen Coaching-Klienten, der einen Leitsatz gefunden zu haben meinte. Er sagte ihn mir, und ich fand ihn etwas abgehoben. Ich riet ihm, den Satz noch etwas sacken zu lassen. Nach einer Woche kam er wieder zu mir und sagte: »Der Satz stimmt nicht, er war viel zu hoch gegriffen, das habe ich jetzt gespürt. Ich habe eine neue Formulierung.«

Irgendwann haben Sie dann einen Begriff, von dem Sie sagen können: Ja genau, das passt zu meiner tiefsten Sehnsucht. Nun begleitet Sie dieser Leitsatz für einen längeren Zeitraum. Geben Sie ihm eine schöne Form – schreiben Sie ihn auf eine Karte, gestalten Sie diese Karte, malen Sie etwas dazu, suchen Sie sich einen Platz für den Satz, an dem Sie ihn oft sehen, oder gestalten Sie ihn so, dass Sie ihn immer bei sich tragen können.

Der Zustand, den der Leitsatz beschreibt, ist nun für Ihren Alltag eine Art Referenzzustand. Wenn Ihr Leitsatz zum Beispiel lautet »Ich bin ein liebevoller und einfühlsamer Vater, der seinem Sohn Raum zum Wachsen gibt«, und Sie erwischen Ihren Sohn dabei, wie er etwas gestohlen hat, dann ist es eine große Hilfe, wenn Sie sich kurz vergewissern, was und wie Sie Ihrem Leitsatz gemäß reagieren wollen. Die Frage ist dann: Wie würde der liebevolle und einfühlsame Vater jetzt reagieren?

Damit beginnen Sie, Ihr Verhalten und Ihre Entscheidungen zu verändern, der Leitsatz weist Ihnen einen neuen Weg, den Sie so bisher noch nicht gegangen sind und der Sie nach und nach zu Ihrem eigentlichen Ziel, zu Ihrem blauen See führen wird.

Ein faules Brot

Bei der Beschäftigung mit den Leitsätzen mag Ihr erster Eindruck gewesen sein, dass es sich hierbei um eine Art von Affirmation handelt, wie Sie sie tausendfach in Büchern, Kalendern und Kursen finden können. Tatsächlich aber ist das etwas ganz anderes.

Der Leitsatz, wie ich ihn Ihnen vorgestellt habe, entwickelt sich aus der Beschäftigung mit Ihrer Berufung, er leitet daraus ein Bild ab, an dem Sie sich orientieren können. Er ist auch nicht nur auf eine einzelne Verhaltensweise gerichtet, sondern zum Beispiel auf einen Lebensbereich, in dem Sie sich weiterentwickeln wollen. Ein Leitsatz will und muss Sie nicht von etwas überzeugen, was nicht schon in Ihnen verankert ist.

Genau das ist aber die Gefahr bei Affirmationen. Sie sind immer ein Stück Autosuggestion, mit der Sie sich beeinflussen wollen. Viele Affirmationen formulieren nur Ego-Ziele. Sie sind bestimmt schon selbst damit in Berührung gekommen. Sie hatten ein Problem, wollten es lösen, und Sie stießen auf eine Affirmation, die genau dieses Problem zu lösen verspricht, zum Beispiel »Ich bin erfolgreich in allem, was ich unternehme«.

Das hört sich gut an, aber häufig ist es nur ein Schönreden oder Verdrängen von Problemen. Das bedeutet gar nicht einmal, dass es nicht kurzzeitig funktionieren kann. Aber wenn es nicht Ihrer Seele entspricht, dann ist es mit einer solchen Affirmation so, als würden Sie immer gegen etwas arbeiten, gegen sich selbst, gegen Ihr wahres Wesen! Das ist anstrengend und destruktiv und kann auf Dauer nicht zu Glück und Erfüllung beitragen.

Ich vergleiche das gerne mit einem faulen Brot, über das Sie wunderbare Marmelade streichen. Das sieht verlockend aus, aber darunter ist es marode und verschimmelt, es hat einen komischen Beigeschmack. Wenn Sie hineinbeißen, sagt etwas in Ihnen: Es ist nicht so, wie es aussieht. Genauso kommen mir viele Affirmationen vor. Sie streichen einen schönen Satz auf Probleme, die zumeist noch gar nicht richtig angegangen wurden. Sie lösen diese Probleme damit nicht dauerhaft, und es bleibt ein fader Nachgeschmack.

Seien Sie also auf der Hut vor oberflächlichen und spontan gefundenen Affirmationen, die Ihnen eine schnelle Lösung Ihrer Probleme versprechen. Gerade in diesem Kapitel, in dem es um nach vorne gerichtetes Fokussieren geht, ist die Verlockung groß, darauf hereinzufallen. Klassische Mentaltrainer würden Ihnen hier tolle Affirmationen empfehlen, die sich großartig anhören. Aber Fokussieren heißt eben nicht, einfach nur positiv zu denken und sich positive Affirmationen einzureden.

Affirmationen sind ein tolles Instrument – wenn sie mit Ihrem eigenen Seelenplan zusammenpassen. Es gibt dazu schöne Bücher, die Sie als Inspirationsquelle nutzen können, um dann aber Ihre eigenen zu formulieren. Sie sollten nicht zu eng, sondern offen formuliert sein, um einen gewissen Spielraum zu geben. Ich verwende oft in Meditationen eine Affirmation, die genau diesen Anspruch erfüllt, und mit der viele meiner Seminarteilnehmer gute Erfahrungen gemacht haben. Vielleicht kann sie auch Ihnen helfen:

»Meine Seele geht mir voraus und leuchtet mir meinen Weg.«

Die Kunst zu manifestieren

Sie haben sich nun mit Ihren Wünschen und Zielen auseinandergesetzt. Sie haben Ihren ganz persönlichen Leitsatz formuliert. Dann ist jetzt die Zeit für etwas Magie gekommen!

Bis jetzt ging es in der Regel um Informationen aus Ihrem Unterbewusstsein oder von Ihrem höheren Bewusstsein. Doch wie sieht der umgekehrte Weg aus? Wie sieht es aus, wenn Sie etwas abgeben und um Unterstützung bitten wollen? Wie sieht es aus, wenn Sie durch Ihre geistigen Fähigkeiten beginnen, das Quantenfeld mit zu formen?

Voraussetzung für das Gelingen der nächsten Übung ist, dass Sie sich wie oben beschrieben auch mit den Antagonisten, also den Ängsten, den inneren Beschränkern und Kritikern auseinandergesetzt haben. Nur so ist die Bahn zum erfolgreichen Wünschen frei.

Wie Sie den Antagonisten auf die Schliche kommen, haben

Sie in den ersten Kapiteln erfahren. Es sind innere Anteile, die Ihnen auch etwas mitzuteilen haben. Und sie entstehen aus Erlebtem, das sich als Stein in Ihrem Lebensfluss zeigt. Wenn Sie anfangen, Licht in Ihre Vergangenheit zu bringen, fällt Ihnen das erfolgreiche Wünschen immer leichter. Denn es geht auch hier um Ihren Glauben: »Ist es mir erlaubt, mir etwas zu wünschen? Darf ich mich der Fülle des Lebens öffnen? Darf etwas in mein Leben kommen, für das ich überhaupt nichts tun muss?«

Bevor Sie weitermachen, rate ich Ihnen deshalb, hier Klarheit zu schaffen und sich von überkommenen, einschränkenden Vorstellungen zu lösen. Sie sehen, wie wichtig es ist, Klarheit und Heilung in Ihr Leben zu bringen, um Ihre Träume wahr werden zu lassen. Ansonsten manifestieren Sie etwas in Ihr Leben, das Sie überhaupt nicht so wollten.

Aber wenn Sie bereit sind, kann es losgehen!

Manifestations-Übung

1. Machen Sie sich bewusst, was Sie manifestieren möchten: zum Beispiel einen Wunsch, ein Ziel oder Ihren Leitsatz.
2. Entspannen Sie sich, wie Sie es gelernt haben, und gehen Sie zu Ihrem inneren Kraftplatz.
3. Bitten Sie Ihren Begleiter um Unterstützung.
4. Verbinden Sie sich über den Lichtkanal mit Ihrem Höheren Selbst und damit mit Ihrer Seele.
5. Beim Einatmen (durch die Nase) stellen Sie sich vor, alle elementaren Kräfte (Feuer, Erde, Wasser, Luft) strömen durch Sie und durch den Lichtkanal zu Ihrem Höheren Selbst.
6. Beim Ausatmen (auch durch die Nase) kommt die gewandelte Energie über den Lichtkanal wieder zu-

rück zu Ihnen. Manche sagen, die gewandelte Energie fühle sich wie ein goldener Regen an. Wiederholen Sie den Zyklus von Ein- und Ausatmen zwölfmal.

7. Werden Sie sich Ihres Wunsches, Ihres Zieles oder Ihres Leitsatzes voll und ganz bewusst. Stellen Sie sich alles bildlich vor und aktivieren Sie alle Gefühle, die dazugehören – je intensiver, desto besser.
8. Formen Sie nun mit der Energie, die Sie über den Lichtkanal erhalten, eine Lichtkugel zwischen Ihren Händen. Sie können auch eine Farbe einfließen lassen. Spüren Sie mit jedem Atemzug, wie die Energie stärker wird.
9. Lassen Sie nun den Wunsch, das Ziel oder den Leitsatz ganz in die Lichtkugel fließen. Laden Sie die Kugel mit all den Gefühlen und Bildern auf, die Sie damit verbinden.
10. Übergeben Sie nun die Kugel über den Lichtkanal an Ihr Höheres Selbst. Atmen Sie dabei ein paar Mal tief ein und aus und lassen Sie vollkommen los! Fällen Sie die klare Entscheidung, jetzt die Kugel loszulassen und ins Vertrauen zu gehen.
11. Bitten Sie Ihr Höheres Selbst, Ihren spirituellen Begleiter und damit die geistige Welt um Unterstützung.
12. Schließen Sie Ihre Reise ab, bedanken Sie sich bei Ihrem Begleiter und kommen Sie vom Innen wieder ins Außen.

Richtig angewandt ist dies eine der stärksten Manifestations-Übungen, die ich kenne. Wichtig ist jedoch, dass Sie in dem Moment, in dem Sie die Kugel übergeben, auf keinen Fall Ängste, Vorbehalte oder Zweifel durch den Lichtkanal nach oben senden! Ansonsten kann es passieren, dass die Manifestation misslingt oder – was noch schlimmer wäre – Dinge manifestiert werden, welche nicht Ihren Vorstellungen entsprechen.

Erinnern Sie sich an die Ampel-Metapher aus dem Kapitel »Verbinden«? Dort ging es um die Logik des Göttlichen. Mit dem Loslassen in der obigen Übung, übergeben Sie Ihre Vorstellung auch an etwas Größeres. Somit dürfen Sie auch lernen, diesem Größeren zu vertrauen! Es macht daher bei dieser Übung überhaupt keinen Sinn, wie beim klassischen Mentaltraining das Ziel pro Tag siebenmal aufzusagen und dies über die nächsten Wochen beizubehalten. Denn mit jedem Mal, wo Sie das tun, holen Sie das Ziel wieder zurück in ihr System.

Auf dieser Ebene ist, wie schon erwähnt, alles mit allem verbunden. Somit sind auch alle anderen Menschen, die in das, was Sie abgegeben haben, involviert sind, mit Ihnen verbunden. Somit werden Sie auch die nötige Unterstützung erhalten, wenn es so sein soll. Eventuell erhalten Sie plötzlich Hinweise oder Tipps ohne Ihr Zutun – eben Magie!

Tun Sie etwas, was Sie schon immer tun wollten

Sie haben jetzt erfahren, wie Sie bei Ihren Zielsetzungen, im täglichen Tun, stets im Einklang mit Ihrer Seele handeln können. Mehr noch – wie Sie Ihren Seelenplan erfüllen und damit mehr Harmonie und Glück in Ihr Leben bringen.

Es sind aber nicht nur die großen Lebensaufgaben, die beim Fokussieren für die Verwirklichung freigegeben werden. Es geht auch um die besonderen Dinge in Ihrem Leben, von denen Sie sagen: »Wenn ich einmal auf dem Sterbebett liege, möchte ich das getan haben.«

Es geht um Ihre großen und kleinen Lebenswünsche. Das sind die Vorhaben, die Ihnen hin und wieder durch den Sinn gehen, die Sie zu einem sehnsüchtigen Lächeln verleiten und von denen Sie immer denken: »Irgendwann einmal möchte ich das realisieren.« Nur das Irgendwann kommt nicht. Und die Gefahr ist groß, dass es irgendwann zu spät ist: Weil Sie dann nämlich körperlich oder geistig nicht mehr in der Lage sind, den Wunsch zu verwirklichen.

Mit den Lebenswünschen ist es wie mit den Möglichkeiten. Erst wenn Sie sie in Ihr Bewusstsein dringen lassen, können sie Realität werden. Erst wenn Sie Ihre Lebensträume aufgeschrieben oder zumindest ausgesprochen haben, können sie sich manifestieren.

Deshalb empfehle ich Ihnen, Ihre persönliche *Bucket List* zu erstellen. Kennen Sie den Film »Das Beste kommt zum Schluss« – im Original »The Bucket List«? Morgan Freeman, der einen Krebskranken spielt, erstellt mit seinem reichen Zimmernachbarn, gespielt von Jack Nicholson, eine Liste. Auf dieser Liste stehen alle Sachen, die sie schon immer einmal tun wollten, aber entweder keine Zeit, kein Geld oder keinen Mut dafür hatten. Gemeinsam haken sie dann im Laufe des Films einen Punkt nach dem anderen ab. Eine wahrlich abenteuerliche Reise – ein Film, den ich Ihnen wärmstens empfehlen kann.

Wenn Sie Ihre *Bucket List* erstellen, soll sie Ihnen helfen, sich mit den Zielen und Wünschen zu beschäftigen, die wirklich zählen. Vielleicht haben Sie ja schon mal eine virtuelle Liste erstellt, bei einem Glas Wein im Urlaub, sie dann aber wieder vergessen. Was, wenn Zeit und Geld keine Rolle spielen würden? Welche Orte wollen Sie noch sehen, bevor die Uhr des Lebens abgelaufen ist?

Bauen Sie keine inneren Schranken auf im Sinne von »Das kann sowieso nicht klappen«. Sie sollen und dürfen alle Herzenswünsche niederlegen. Diese Wünsche müssen keinem Muster folgen, sondern allein der Vorstellung: »Was würde mir guttun?«

Um Ihnen einen Eindruck von der Bandbreite der Wünsche zu geben, hier eine kurze Aufzählung, was ich auf den *Bucket-Listen* meiner Seminarteilnehmer bereits gesehen habe:

- Am Great Barrier Reef tauchen
- Einen Sommer auf einer Alm verbringen
- Den Dalai Lama treffen
- Den Jakobsweg gehen
- Einen Eisbären in freier Natur sehen
- In einem Chor die Matthäus-Passion singen
- Im Tierheim helfen
- Einen Baum pflanzen
- Haikus schreiben lernen
- Meine erste Liebe noch mal treffen
- Klavierspielen lernen
- Ein Haus bauen

Die Bucket List

1. Setzen Sie sich in Ruhe hin.
2. Nehmen Sie ein Blatt Papier und einen Stift.
3. Schließen Sie die Augen und verbinden Sie sich mit Ihrem Höheren Selbst. Überlegen Sie, was Sie vor Ablauf Ihres Lebens auf jeden Fall getan haben möchten.
4. Schreiben Sie auf, was Ihnen einfällt.
5. Überprüfen Sie die Liste von Zeit zu Zeit: Können Sie etwas davon abhaken? Hat sich in der Zwischenzeit eine weitere Sehnsucht dazugesellt?

Das heißt nicht, dass Sie Ihre Liste erstellen und sie dann systematisch abarbeiten sollen. Das wäre ja wieder eine dieser Stress-Listen. Mit dem Niederschreiben geben Sie Ihren Wünschen nur eine Verbindlichkeit, keine Verpflichtung.

Sie können diese Übung wunderbar mit der Manifestations-Übung verbinden, die ich Ihnen schon vorgestellt habe. Sie übergeben auch Ihre Lebenswünsche an Ihre Seele und bitten um Unterstützung. Damit überantworten Sie auch den Zeitpunkt für die Erfüllung an Ihre Seele.

Denn auch für die Lebenswünsche gibt es einen richtigen Zeitpunkt. Wenn dieser noch nicht gekommen ist, wird auch die Verwirklichung des Traums nicht klappen. Manchmal ist das Warten auf den richtigen Zeitpunkt mühsam, aber solange Sie etwas verkrampft herbeisehnen, wird nichts geschehen. Erst wenn Sie die Dinge geschehen lassen, werden sie auch geschehen.

So hatte ich schon lange einen speziellen Wunsch auf meiner *Bucket List:* Ich wollte mit frei lebenden Delphinen schwimmen. Aber meinem Gefühl nach war die Zeit noch nicht reif dafür. Erst als ich meine jetzige Partnerin kennengelernt hatte und wir entdeckten, dass sie den gleichen Wunsch hatte, haben wir ihn gemeinsam verwirklicht. Auch das kann ein Zeichen für den richtigen Zeitpunkt sein, wenn Sie jemanden treffen, der zu Ihnen sagt: »Komm, das machen wir jetzt.«

Und ja, »ein Buch schreiben« stand auch auf meiner Liste. Abgehakt.

Ist der Weg richtig?

Es ist ein großartiger Moment, wenn Sie sich fokussiert haben und loslaufen. An dieser Stelle stocken aber viele Seminarteilnehmer noch einmal und fragen mich bang: »Wie merke ich denn, dass ich auf meinem Seelen-Weg bin? Dass ich die richtige Richtung einschlage?«

Für die Beantwortung dieser Frage braucht es keine Meditation oder Ähnliches. Das Einzige, was es braucht, ist ein achtsames In-sich-hinein-Hören: Bin ich nach Erreichung des Ziels zufriedener? Fühlt sich der Lebensbereich, an dem ich gearbeitet habe, jetzt vorwiegend harmonisch an? Oder dominieren die Disharmonien?

Disharmonien dürfen und müssen sein. Veränderungen verursachen zunächst fast immer Disharmonien – das gehört zum Lernprozess dazu. Wichtig ist, welches Gefühl über längere Zeit anhält: die Harmonie oder die Disharmonie.

Falls Sie viel Disharmonie spüren, ist das ein Anlass, wieder viel Aufmerksamkeit auf den Moment zu richten. Ist da gerade etwas passiert, was sich nicht gut anfühlt? Wenn so eine Situation auftaucht, wechseln Sie in die Beobachterposition: Was passiert da gerade? Worum geht es hier?

Und dann fragen Sie sich, was Sie in dieser Situation mehr in die Harmonie bringen würde und justieren entsprechend nach.

Wenn Sie aber merken, dass Sie an innerer Ruhe gewinnen, dass Ihre tiefe Sehnsucht nach Seelenerfüllung gestillt wird, dann können Sie sicher sein, dass die Richtung stimmt. Bleiben Sie stets aufmerksam und ich garantiere Ihnen: Sie werden ihn finden, Ihren Weg.

30 Tage

Wenn Sie nun die sieben Schritte gegangen sind, haben Sie ein gutes Stück von diesem Weg hinter sich gebracht. Es ist ein guter Weg, denn es ist Ihr Weg. Sie haben viele neue Erkenntnisse gewonnen und ich freue mich mit Ihnen darüber.

Meine Erfahrung zeigt, dass die ersten 30 Tage nach einer Neuausrichtung, nach einem Seminar oder nach einer Manifestationsübung wie in diesem Buch beschrieben entscheidend sind. Sie haben viele Impulse erhalten und Ihr Gehirn sowie Ihr Herz sehr gefordert. Sie haben Ihre Komfortzone verlassen und sich auf Neuland begeben. Doch gleichzeitig sind Sie weiter umgeben von Ihrem Alltag, den lieben Gewohnheiten und den Menschen, die diesen Prozess nicht mitgemacht haben. Ihre wichtigste Aufgabe ist jetzt, dass Sie die Trägheit Ihrer Umgebung überwinden und sich den Herausforderungen stellen. Nur so können sich in Ihrem Gehirn neue Nervenbahnen bilden. Verzetteln Sie sich deshalb nicht und fokussieren Sie sich in den nächsten 30 Tagen auf das, was jetzt wichtig ist.

Ich habe für Sie auch einige Tipps, die Sie in diesen 30 Tagen sinnvoll begleiten können:

- Lassen Sie sich nicht verbiegen und bleiben Sie sich treu. Stehen Sie auf für Ihre Sache.
- Nutzen Sie die natürlichen Zyklen. Alles hat seine Zeit. Auf einer höheren Ebene wird die Reihenfolge entschieden.
- Nehmen Sie regelmäßig über Ihr Höheres Selbst mit Ihrer Seele Kontakt auf.
- Stärken Sie Ihren Glauben an eine höhere Führung (Ihren spirituellen Begleiter, Ihren Seelenführer). Bitten Sie um Unterstützung, auch im Alltag.
- Werden Sie sich bewusst, dass Ihre Seele dieses Leben bewusst ausgewählt hat.
- Erkennen Sie mehr und mehr Ihre Lebensaufgabe und kommen Sie damit einem sinnerfüllten und gesunden Leben näher (Be-Rufung).
- Lösen Sie sich vom klassischen Glauben. Entdecken Sie Ihre eigene Spiritualität.
- Werden Sie sich Ihrer selbst bewusst und machen Sie sich unabhängig von Institutionen und Personen.

Nach diesen 30 Tagen haben Sie Ihre Spirale einmal durchschritten. Nun kann es an der Zeit sein, sich auf Ihren nächsten Zyklus vorzubereiten.

Das Ende ist der Anfang

Nehmen Sie jetzt – am Ende dieses Buches – noch einmal Ihr Lebensrad vom Anfang in die Hand. Schauen Sie sich das Lebensthema an, das Sie für diesen Durchgang ausgewählt hatten: Sie haben mit Ihrer Arbeit an diesem Thema schon viel bewegt. In Ihnen und in Ihrem Umfeld hat sich sicher schon einiges verändert.

Überprüfen Sie aus Ihrer jetzigen Sicht: Stimmen Ihre Einordnungen noch? Hat sich bei den Themen etwas verschoben? Haben sich vielleicht vorher unbekannte Lebensthemen in Ihr Bewusstsein geschoben?

Ihr nächstes Thema wird sich ganz von selbst ergeben. Vielleicht ist es ein ganz anderes als das, was Sie vorher auf Platz zwei der Bearbeitungsliste gesetzt hatten. Alles ist möglich. Und alles ist gut.

Das nächste Thema wird zu Ihnen kommen, vorausgesetzt Sie bleiben wach. Seien Sie nicht verwundert, wenn Sie in diesem Punkt anfangs noch unsicher sind: Auch das Vertrauen in die eigene Seele und die Kontinuität ihrer Botschaften muss erst wachsen. Ich habe erst kürzlich mit einer Teilnehmerin eines Grundkurses darüber gesprochen.

Sie sagte: »Grigor, ich weiß so gar nicht, was mein nächster Lernschritt sein könnte.«

Ich nahm Kontakt mit ihr auf und versicherte ihr: »Er wird zu dir kommen, schon bald. Er wird in Form eines Tieres zu dir kommen. Sei einfach offen.«

Ihr Blick drückte halb Hoffnung, halb Ungläubigkeit aus. Aber sie nahm es hin.

Nur eine Woche später rief sie mich an und sagte: »Du hast so recht gehabt. Kaum war ich wieder zu Hause, ist mir ein Hund zugelaufen. Ich habe überall herumgefragt, aber keiner vermisste ihn. Er war sichtlich krank, ganz abgemagert und struppig. Aber so dankbar für jeden Handstreich, den ich für ihn getan habe. Selbst beim Tierarzt hat er sich nicht gewehrt und mich die ganze Zeit vertrauensvoll angesehen. Aber ich konnte ihn nicht retten: Am dritten Tag ist er in meinen Händen gestorben. Grigor, ich weiß jetzt, was mein nächstes Thema ist: das Loslassen.«

In all ihre Traurigkeit mischte sich Dankbarkeit, denn ihre Seele hatte ihr gezeigt, was ihr nächster Schritt sein sollte.

Wenn Sie wollen, können Sie Ihre Seele auch aktiv um Auskunft bitten, welchen Lebensbereich Sie als Nächstes angehen sollten. Nehmen Sie in einer Meditation mit Ihrem Höheren Selbst Kontakt auf und fragen Sie nach, was es jetzt für Ihre weitere Entwicklung zu tun gibt. Vielleicht bekommen Sie eine Antwort, mit der Sie direkt vorne im Buch wieder beginnen können.

Wichtig ist auf jeden Fall, jetzt weiterzumachen!

Bleiben Sie nicht stehen!

Sie sind auf dem besten Weg zu Ihrem wahren Wesen!

NACHWORT

Die Kerze weiterreichen

»Das wirst du nie mehr vergessen und du wirst mir eines Tages dafür dankbar sein«, waren ihre Worte, als die Frau mich über den Rand des Sarges meines Vaters hob. Ich war damals sechs Jahre alt und sie sollte recht behalten: Vergessen habe ich den Anblick des verstorbenen Vaters nie. Für die Dankbarkeit aber habe ich Jahre gebraucht.

Der Anblick katapultierte mich weit von meiner Seele weg. Alles schien mir auf einmal wie Lug und Trug. Es gab gar keinen Gott und wenn doch, dann war er bestimmt nicht gerecht!

Der Vater war gegangen, hatte meine Mutter, meine Schwestern und mich zurückgelassen – ohne Abschied, ohne Geld, ohne Heimat. Für mich war mein Vater ein Feigling.

Erst mit den Jahren habe ich verstanden: Mein Vater hat mir damit das größte Geschenk gemacht, das er mir machen konnte! Denn mein Vater war ab diesem Moment mein Helfer in der geistigen Welt. Er war mein Brückenbauer und ist bis heute ein wichtiger Teil meines spirituellen Teams.

Im Inneren der Kerzenflamme

Zum ersten Mal erfuhr ich von diesem Geschenk, als ich allein an unserem einfachen Küchentisch saß. Es war dunkel, nur eine Kerze brannte. Eine tiefe Traurigkeit war in mir.

Ich starrte in die Kerzenflamme. Genau in die Mitte, wo sich die Helligkeit um den Docht vermindert, wo eine Klarheit zu sein scheint. Und langsam, ganz langsam bildete sich dort eine Kontur heraus. Ich wagte nicht mehr zu atmen, denn die Kontur formte sich zum Gesicht meines Vaters.

Er blickte mich an und lächelte.

Ich weiß nicht, wie lange ich ihn regungslos anstarrte – meine Traurigkeit wandelte sich erst in Erstaunen und dann in Freude. Dann flüsterte ich: »Vater?« Er nickte und ich konnte ihn antworten hören.

Diese und die folgenden Erfahrungen in der Begegnung mit meinem Vater behielt ich lange Zeit für mich. Zu groß war die Angst, meine Familie würde mich nicht verstehen oder mich für verrückt halten. Aber es war wirklich so: Ab diesem Moment war ich nicht mehr traurig, denn sobald ich mich allein fühlte, blickte ich in eine Kerze und konnte dort, im innersten Bereich der Flamme, meinen Vater sehen. Dies war für mich sozusagen das Tor in die andere Welt, in das Jenseits. Über diesen Kanal konnte ich mit ihm sprechen, ihn Dinge fragen, Sohn sein.

Wo andere Kurse über Kurse besuchen müssen, um die Existenz einer geistigen Welt zu erleben, war mir von diesem Moment an klar, dass eine andere Realität tatsächlich existiert.

Es war aber auch der Moment, in dem ich begann, in zwei Welten zu leben. Ein Teil von mir war durch den Tod und den damit verbundenen Schock in eine Art Trance gefallen. Dieser Teil meiner Persönlichkeit haderte mit der physischen Existenz und damit mit dem ganz normalen Leben. Dieser Teil von mir wollte immer »weg von hier«, wollte das Leben schnellstmöglich beenden. In der Jugendzeit flüchtete ich mich deshalb in Alkohol und Drogen.

Der andere Teil meiner Persönlichkeit aber blieb total verbunden mit der geistigen Welt, konnte innerhalb von Sekunden aus dem physischen Körper austreten und fantastische Reisen unternehmen, fremde Planeten besuchen und das grenzenlose Universum erkunden. Wenn dieser Teil aktiv war, konnte ich meiner Kreativität vollen Lauf lassen und stundenlang neue Dinge entwickeln.

Die Kerze und das Höhere Selbst

Die Kerze war nur ein Hilfsmittel für die Meditation. Und doch ist die Kerze für mich zum irdischen Symbol der Verbindung zu meinem Höheren Selbst geworden.

Ich hatte das Glück, mich schon als Kind der Meditation bedienen zu können. Ich hatte sie mehr zufällig als absichtlich entdeckt. Anlass war das extreme Erlebnis in Form des Todes meines Vaters. Gelungen ist mir das aber auch deshalb, weil Kinder noch so viel näher an ihrem Höheren Selbst leben als Erwachsene.

Auch Erwachsenen begegnet das Höhere Selbst immer wieder, aber sie nehmen es nicht wahr. Sie sind oft blind und taub für die Botschaften ihrer Seele. Ereignisse, die ihnen als Möglichkeit zur Weiterentwicklung gegeben werden, deuten sie als Zufall oder unverschuldeten Schicksalsschlag, und sie lassen die Chance ungenutzt verstreichen.

Die Unzufriedenheit, die Unruhe, die Leere in ihnen, die ein Ausdruck des Abgeschnitten-Seins von ihrer Seele sind, versuchen sie durch materielle Dinge oder körperliche Grenzerfahrung zu befriedigen. Ohne Erfolg. Sie können damit keinen Erfolg erringen und so geht die verzweifelte Suche weiter. Oder sie resignieren.

Dabei ist die Verbundenheit möglich. Jeder Mensch ist fähig, den verlorenen Kontakt zu seinem Höheren Selbst wiederzuerlangen. Er muss nur dafür bereit sein, er muss es wollen.

Wenn er darüber hinaus jemanden hat, der ihm die Kerze reicht, wird er es auch schaffen.

Ich an dich

Du hast mein Buch nun gelesen. Du bist mir damit nahgekommen, deshalb wechsele ich jetzt vom SIE zum DU.

Was mein Ziel mit diesem Buch ist, ist dir die Kerze weiterzureichen. Es ist meine Berufung, Menschen auf ihrem Weg zum Höheren Selbst und damit zur Seelenentfaltung zu unterstützen. Ich kann sie nicht dahin tragen, denn sie müssen den Weg – Schritt für Schritt – selbst gehen. Ich kann sie nur geleiten. Aber das tue ich Tag für Tag: in Gesprächen, in Coachings, in meinen Seminaren und nun auch mit diesem Buch. Einigen konnte ich auf ihrem Weg helfen, andere wiederum wandten sich ab und suchten einen anderen, für sie passenderen Pfad. Die einen verabschiedeten sich laut, die anderen leise. Und einige sind zu langjährigen Weggefährten geworden. Alles darf sein.

Die Inhalte des Buches haben sich über die letzten Jahre in meinen Seminaren und Ausbildungen entwickelt. In seiner Gesamtheit und Klarheit ist der Prozess, einschließlich der zu gehenden Schritte, nun erstmals für die breite Öffentlichkeit zugänglich. Vielleicht kennst du mich schon und wunderst dich, warum der Prozess nicht schon früher veröffentlicht wurde, aber dafür gibt es einen guten Grund: Alles hat seine Zeit, alles hat seinen Rhythmus.

Bist du bereits einige Schritte gegangen? Das ist gut. Lass es nicht die letzten sein, denn du weißt ja jetzt, dass nach den ersten sieben Schritten auf dem Weg die Spirale hinauf die nächsten sieben warten. Und danach die nächsten. Lass dich nicht entmutigen, schlaf nicht mehr ein, sondern gehe deinen Weg. Sei wach.

Nimm mein Buch immer wieder zur Hand. Suche dir das nächste Thema und gehe mit ihm durch die sieben Schritte. Die Seele wird sich weiterentwickeln und dir auch immer neue Themen zur Bearbeitung geben. Dein Weg geht immer weiter.

Ich will dir nicht versprechen, dass der Weg immer leichter wird. Ja, du wirst die Übungen immer einfacher durchführen können und die einzelnen Schritte viel bewusster angehen. Das verführt aber auch zur Eiligkeit und dazu, ein Thema nach dem anderen durchzuhecheln. Damit läufst du Gefahr, dir nicht genug Zeit für die Schritte SEIN und ÖFFNEN zu geben.

Aber ich verspreche dir eins: Wenn du deinen Weg weiter beschreitest, wirst du dein Leben aktiver gestalten lernen. Du wirst dich nicht mehr einschränken lassen von den abgespaltenen Anteilen deiner Selbst, von den Steinen der Vergangenheit, von dem Eingrenzen deiner Möglichkeiten und dem Glauben an eine unverrückbare Zukunft. Und du wirst immer mehr im Einklang mit deiner Seele leben, was dir Frieden und Freiheit bringt.

Deshalb lasse nicht ab von deinem Weg.

Du an die Welt

Und noch etwas möchte ich dir mit auf deinen Weg geben:

Ich weiß für mich, dass meine Berufung nicht nur die Unterstützung anderer auf ihrem Weg ist, also ihnen die Kerze weiterzugeben. Meine Berufung ist auch, denjenigen zu helfen, die lernen wollen, ihrerseits die Kerze weiterzureichen. Denn diese Fähigkeit steckt in vielen.

Viele sogenannte Gurus und Weisen beziehen das Weiterkommen ihrer Schüler auf ihre Person, statt auf den Weg. Das tue ich nicht. Ich glaube, dass das kosmische Wissen allen zur Verfügung steht, sobald sie den Kontakt ermöglichen. Und ich glaube auch, dass die Weitergabe dieses Wissens nicht die Aufgabe einiger weniger Auserwählter sein muss oder sein darf. Im Gegenteil: Je mehr Kerzen in der Welt weitergereicht werden, umso mehr Menschen handeln gemäß dem kosmischen Wissen und umso friedvoller und heller wird diese Welt.

Deshalb bilde ich regelmäßig Menschen aus, damit diese

noch viel mehr Menschen auf ihrem Weg zu ihrem wahren Wesen unterstützen können.

Deshalb sage ich auch dir:

Reiche die Kerze weiter!

Grigor Nussbaumer

PS: Die letzten Zeilen schreibe ich am Todestag meines Vaters. Dies war nicht so geplant. Es gibt keine Zufälle.

ANHANG

Weitere Informationen und Angebote

Ich biete regelmäßige *Info- und Erlebnisabende* an, wo du mich und mein Angebot persönlich kennenlernen kannst. Zudem halte ich auch *Vorträge* zu verschiedenen Themen.

Ich habe viele *Audio-Aufnahmen mit geführten Meditationen* erstellt. Die entsprechenden Hinweise und Links findest du auf meiner Website.

Falls du die Methodik der Meditation, wie sie in diesem Buch beschrieben ist, live erlernen und trainieren möchtest, eignen sich die Einführungskurse *DAS Intensivtraining, Level 1 + 2*. Dort geht es nicht darum, genau den Weg des Buches zu gehen, sondern die Methodik der Meditation zu erlernen, damit du die Schritte möglichst selbstständig gehen kannst.

Falls du selbst lernen möchtest, Menschen in diesem Prozess zu begleiten, eignet sich die *Diplom-Ausbildung zum ganzheitlichen Persönlichkeits-Coach*.

Auf meinem *Blog* findest du zudem zahlreiche interessante Artikel zu verschiedenen Themen.

Kontaktaufnahme

Meine persönliche Website ist www.grigor.live. Dort findest du alle Informationen über mich und meine Projekte. Mails bitte an info@grigor.live

Auf meiner Website www.mentalpower.com findest du die vielen Angebote, die ich oben beschrieben habe.

Mein karitatives Engagement findest du unter: www.asanja.org. Dort findest du auch Links zu weiteren spannenden Projekten, die ich unterstütze.

Kostenlose Impulse

Mit diesem Buch hast du gleichzeitig die Möglichkeit für eine kostenlose Begleitung per Mail erworben. Falls nicht schon geschehen, gehe doch jetzt auf die Seite www.grigor.live/wozu und trage dich in den Mail-Verteiler ein. Du erhältst dann in regelmäßigen Abständen Impulse, die dich auf deinem Weg begleiten. Damit ist jedoch kein Coaching per Mail gemeint – das würde meine Kapazität übersteigen. Wenn du jedoch Fragen zum Buch hast, dann stelle diese ruhig. Ich und mein Team versuchen, diese zeitnah zu beantworten. Ich freue mich natürlich auch auf spannende Erfahrungsberichte. Danke!

Mit dem Eintrag in den Verteiler halte ich dich auch auf dem Laufenden, was das Buch und den Essensia®-Prozess anbelangt. Wer weiß, was sich mit der Veröffentlichung dieses Buches alles ergeben wird. Ich bleibe offen und neugierig.

Meine Vision

Ich bin davon überzeugt, dass ein respektvoller Umgang mit Mutter Erde und den uns zur Verfügung gestellten Ressourcen möglich ist. Die Erde ist ein lebendiger Organismus und wir sind eng damit verbunden.

Meine Vision ist eine Menschheit, die achtsam, friedvoll und respektvoll miteinander umgeht und im Gleichklang mit ihrer Umwelt und den Tieren lebt.

Dafür setze ich mich täglich mit allen meinen Möglichkeiten ein und unterstütze karitative Organisationen, die diese Vision mittragen.

Dazu habe ich mit meiner Partnerin einen Verein gegründet. Einer meiner Grundsätze ist: Wer erfolgreich unterwegs ist, soll teilen. Deshalb fließt ein Teil der Einnahmen meiner Arbeit in diesen Verein. Alle weiteren Informationen und die Möglichkeit, den Verein mit Spenden zu unterstützen, findest du unter: www.asanja.org

DANKE

Ich weiß nicht mehr, wie oft ich an die Danksagung am Ende gedacht habe. Ich weiß nur, dass mir schon zu Beginn des Buchprojektes bewusst war, dass ich eine schreiben möchte. Etliche Versionen sind inzwischen mental entstanden und wieder verworfen worden. Nun folgt die finale Version:

Der erste Dank gebührt meiner geistigen Führung, die wirklich oft Geduld mit mir haben musste. Nicht immer verstand ich alles gleich sofort – sorry.

Meinem Vater danke ich, dass er mir mit seinem Tod das Tor zur geistigen Welt öffnete und den Weg frei für meine Seelenentfaltung machte. Und meiner Mutter bin ich dankbar, dass sie nie versuchte, mir irgendwelche Glaubenssysteme aufzuzwingen. Meine beiden älteren Schwestern nahmen auf sich, dass der Kleine auch mal ihre Nerven ordentlich strapazierte. Sie waren in bestimmten Phasen meiner Entwicklung sehr wichtig für mich.

Herzlichen Dank spreche ich auch allen meinen Mitarbeitern aus. Insbesondere Geri und Anetta, die für lange Zeit meinen Weg begleiteten – so einen Chef muss man erst mal aushalten. Auch Oliver, Lavinia, Achim, Petra und Martin danke ich für ihre wertvolle Unterstützung, die Impulse und Feedbacks. Meinen Freunden und ehemaligen Partnerinnen danke ich für alle Spiegel und authentischen Momente. Und natürlich leben alle Begegnungen mit meinen Klienten und Seminarteilnehmern in diesem Buch weiter. Ohne sie gäbe es dieses Buch und die facettenreichen Beispiele gar nicht. Danke!

Ein besonderer Dank gilt meiner Partnerin und wichtigsten Wegbegleiterin, Claudia: Du hast vom ersten Augenblick meine Seele berührt und mich mit deinem liebevollen und authentischen Wesen verzaubert. In endlosen Gesprächen hast du mich inspiriert und motiviert, dieses Buch zu schreiben. Ich danke dir aus tiefstem Herzen für alle Augenöffner und für den Raum, den du mir lässt.

Wenn ich mit meiner Hand unsere beiden Stubentiger Pai Kea und Rawi berühre, steht die Zeit für einen Moment still und die beiden erinnern mich immer wieder daran, was es heißt, bedingungslos zu lieben und einfach zu SEIN. Danke.